大学生心理健康教育
典型主题团体心理辅导

主　编◎张兴瑜　胡朝兵　胡小强
副主编◎赵秀娟　陈洪伟　李林霖

重庆大学出版社

图书在版编目（CIP）数据

大学生心理健康教育典型主题团体心理辅导 / 张兴瑜, 胡朝兵, 胡小强主编. -- 重庆 : 重庆大学出版社, 2024.5
ISBN 978-7-5689-4308-6

Ⅰ.①大… Ⅱ.①张…②胡…③胡… Ⅲ.①大学生—心理辅导 Ⅳ.①G444

中国国家版本馆CIP数据核字（2024）第044576号

大学生心理健康教育典型主题团体心理辅导
DAXUESHENG XINLI JIANKANG JIAOYU DIANXING ZHUTI TUANTI XINLI FUDAO

主　编　张兴瑜　胡朝兵　胡小强
副主编　赵秀娟　陈洪伟　李林霖
策划编辑：张慧梓　陈　曦
责任编辑：李桂英　　版式设计：陈　曦
责任校对：谢　芳　　责任印制：张　策

*

重庆大学出版社出版发行
出版人：陈晓阳
社址：重庆市沙坪坝区大学城西路21号
邮编：401331
电话：（023）88617190　88617185（中小学）
传真：（023）88617186　88617166
网址：http://www.cqup.com.cn
邮箱：fxk@cqup.com.cn（营销中心）
全国新华书店经销
重庆升光电力印务有限公司印刷

*

开本：787mm×1097mm　1/16　印张：18　字数：352千
2024年5月第1版　　2024年5月第1次印刷
ISBN 978-7-5689-4308-6　定价：56.00元

编　委（按姓氏音序排列）

陈　红　高　平　黄　帆　黄　晶　李　铃　李廷黎
李显一　李章红　连伟利　梁秀平　廖　杰　龙佳玉
卢婉玲　齐自玲　孙鲁壮　任　静　宋树慧　田姝舒
吴　宏　叶精华　曾莲子　张川丽　张文墨　邹　非

前　言

《思政教育与实践》丛

2020年4月，教育部等八部门联合发布了《关于加快构建高校思想政治工作体系的意见》，提出心理育人在思想政治工作体系中的重要作用。开展心理育人工作不仅仅是帮助问题学生解决心理问题，而是要面向全体学生开展心理健康教育，培育大学生自尊自信、理性平和、积极向上的社会心态。2022年10月，在党的二十大报告中，习近平总书记提出："重视心理健康和精神卫生。"这对新时代做好心理健康和精神卫生工作提出了明确要求。2023年4月，教育部等十七部门关于印发《全面加强和改进新时代学生心理健康工作专项行动计划（2023—2025年）》的通知提出，"统筹教师、教材、课程、学科、专业等建设，加强学生心理健康工作体系建设，全方位强化学生心理健康教育，健全心理问题预防和监测机制，主动干预，增强学生心理健康工作科学性、针对性和有效性"。

团体心理辅导在大面积高效提升学生心理健康水平，增强学生的心理免疫力，预防和主动干预学生心理健康问题方面具有独特的优势。但由于各种原因导致一些误解，团体心理辅导并未被正确地理解与运用推广。实际上，比如对新生进行班级凝聚力团体心理辅导，会让大学新生快速融入班集体，对他们的学校适应、人际适应、学习适应能起到立竿见影的作用。另外，新生心理健康筛查之后所做的团体心理辅导，对提升大学新生心理健康水平起到了主动预防与干预的重要作用。还有很重要的是采取"团体辅导式"活动课教学模式开展的大学生心理健康教育，也远远优于"传统式"常规心理健康课程教学的效果。因而，大学心理健康教师、辅导员及班主任掌握团体心理辅导技术，将大大提升大学生心理健康教育的预防与干预效果。

（1）团体心理辅导的模式与评价。大学生团体心理辅导主要有三种模式：①为研究而开展的辅导。先确定辅导主题，再招募或筛选存在相应困扰的对象设计方案与开展辅导。②为矫正而开展的辅导。在新生心理健康筛查或学校心理健康教育中发现有相似问题与困扰的学生被组织起来开展辅导。③为大学生的发展和预防而开展的常规性的班级团体心理辅导。对各个班级进行主题、问卷、访谈调查之后开展的班级团体心理辅导。第一种模式可以较好地筛选被试，按照研究的流程开展辅导，方便进行科学研究，不过也有为研究而研究之嫌；第二种模式可以大面积地同时干预有类似问题的对象，但参与者被单独抽取出来参加辅导有被贴标签之嫌；第三种模式是针对班级所有大学生的发展和预防需要而开展的团体心理辅导，他们不会被贴标签，也满足了绝大多数大学生的成长需要，但往往很少开展。

（2）团体心理辅导方案设计流程。①学情调查与分析。没有调查就没有发言权，学情分析绝不是凭空而论或纸上谈兵，需要对被试进行需求主题调查、全员现状调查、抽样访谈调查，收集尽可能详细的信息。②目标制定与分解。有了调查为基础，明确了问题所在，才可能制定有针对性的目标，并将目标分解到团体心理辅导的各个阶段、每个单元、每个活动，形成统一的目标体系。③理论指导与启示。团体心理辅导本身具有扎实的理论基础，在辅导主题上也有相应的理论为指导，这对我们理解团体心理辅导参与者的心理困惑与情绪、行为问题具有重要的启示。④文献分析与借鉴。站在前人的肩膀上我们才能超越前人，也能得到很多的借鉴而少走弯路，这是一条模仿与超越的学习捷径。⑤具体方案与内容。主要包括团体心理辅导名称、性质、对象与规模、时间、地点及具体内容，包括辅导阶段、单元主题、针对问题、单元目标、单元方案：活动与作业、准备事项等内容，特别是单元方案中具体活动的目标与操作流程等。⑥方案设计的评价。这是对整个方案进行全方位的评价，明确了评价的要点，我们自己设计方案就心中有数，学习借鉴别人的方案时也能有所鉴别。

（3）大学生团体心理辅导的主题。针对大学生班级的团体心理辅导属于发展和预防性心理健康教育的部分，必须符合班级绝大多数同学的需求，按照上述流程与规范进行调查与设计，而非按照教材的编写顺序或教师的好恶及统一安排进行主题选择。经过对大学生的调查发现，发展性班级团体心理辅导前6学期一般安排的典型主题依次是：①班级凝聚力建设；②同伴交往与室友关系；③生命教育与危机预防；④异性交往与恋爱心理；⑤情绪调节；⑥挫折应对；⑦自信提升；⑧生涯规划；⑨战胜拖延与时间管理；⑩意志品质；⑪手机依赖；⑫职业决策与面试求职。

本书正是基于对大学生心理健康主题的调查，为解决大学生团体心理辅导实务工作者的困惑，提升团体心理辅导的专业性、科学性与操作性，对大学生班级团体心理辅导，提出方案设计的流程、规范与评价，并针对大学生班级团体心理辅导的典型主题进行了方案设计，相信对于参与团体心理辅导的教师、学生、研究者都具有重要的参考价值，进而推动团体心理辅导技术在大学生乃至中小学生及社会大众的心理健康工作中发挥更为积极的作用。

本书的编写得到了教育部高等学校心理学类专业教学指导委员会项目"在《团体

心理辅导》教学中实现教学相长与教书育人"（项目号：20221020）、重庆师范大学2023年度校级基金项目"大学生心理健康教育课程团辅式教学实验研究"（23SZZL03）、重庆市2023—2024年高等教育研究重点项目"高校辅导员班级心理环境及凝聚力建设对大学生心理健康的影响研究"（cqgj23013B）、"2023年重庆师范大学自编教材建设项目资助出版"（2023JC15）、"重庆师范大学辅导员心理工作室"（李林霖工作室020402002706）的支持。

　　本书的写作得到相关领导的大力支持，出版社相关老师的悉心编辑，在此一并致以衷心的感谢！

编　者
2023年6月13日

目 录

第 1 章

大学生班级团体心理辅导主题调查与对策探讨

1.1 研究背景

1.1.1 大学生心理健康问题现状

大学生作为学习要求和社会参与都在不断提高的特殊群体，他们会经历生理、心理需要迅速走向成熟但又尚不能良好适应的过程。在这个过程中，由各种因素导致心理健康问题的可能性大大增强。许英华（2018）曾对 762 名大学生进行调查，发现22.57% 的学生存在抑郁、焦虑情绪，其中 40.81% 的大学生存在严重抑郁情绪，抑郁倾向已经严重影响了大学生的心理健康。马川（2019）研究发现，"00 后"大学生较明显的心理问题包括：心理问题呈现低龄化趋势、真实交往更为敏感、更容易紧张焦虑、现实感较弱、脆弱性突出。还有很多研究结果均显示大学生的心理健康状况不容乐观，高校心理健康工作任重而道远。

1.1.2 大学生团体心理辅导开展现状

团体心理辅导是在高校心理健康工作中运用于改善大学生心理健康状况的主要心理辅导技术之一，其重点是在团体的情景下，借助团体的力量和各种心理辅导技术，通过团体内人际的交互作用，促使个体在交往中通过观察、学习、体验，认识自我、探讨自我、接纳自我，调整和改善与他人的关系，学习新的态度与行为方式，以发展良好适应的助人过程。沈丹（2020）研究发现，团体干预有效降低了大学生的学习倦怠水平，尤其在改善大学生的情绪低落和行为不当问题上有显著的效果，且影响作用是非常稳定和持久的。闫明和吴亚子（2020）研究得出焦点解决取向团体辅导能显著增强大学生的积极自我建构，提升自我接纳水平，提高自我满意度。李永慧（2019）研究证明团体心理辅导不但提升了大学生希望特质水平，而且显著降低了大学生考试焦虑水平。侯振虎（2018）也提出综合性团体心理辅导能够有效改善大学生的主观幸福感，干预方案具有良好的实践应用与推广价值。诸多研究皆表明大学生团体心理辅导的开展有效改善了大学生身心状况，引导其培养健康生活习惯，促进其健康成长。团体心理辅导的理念、技术和方法还能弥补现有心理健康教育教学方法和内容中的不足。

除表明大学生团体心理辅导的显著成效之外，诸多研究也显示出大学生团体心理辅导的主题纷繁杂多，大致可分为内在调控和外在干预两个部分：①内在调控上，研究者的辅导主题多为大学生抑郁水平、心理资本、主观幸福感、孤独感、自尊水平、自信水平、希望特质、自我效能感、心理韧性、自我评价、自我接纳、生命意义感、自我控制、社会责任感、生活习惯、无聊倾向等，均旨在针对学生内在品质的调节与控制。②外在干预上，研究者的辅导主题多为人际交往、考试焦虑、学习倦怠、学校适应、原生家庭、社会适应、网络成瘾、就业压力、职业决策、目标管理等问题。其中人际交往是研究最多的一个焦点问题，人际交往问题具体包括同伴交往、宿舍人际关系、恋爱关系、师生关系、与父母的相处等，均旨在直接干预学生与外界因素相接触产生的问题与困境，缓解因此而产生的焦虑、抑郁情绪和症状。

1.2 问题提出

当前大学生心理健康状况并不乐观，心理健康教育工作的积极建设与发展急不可待，而团体心理辅导作为一种在大学生群体中运用成效显著的心理辅导模式，已经在高校心理健康工作中广泛展开。诸多研究也表明将大学生团体心理辅导运用于心理健康教育能改善学生心理状况，满足学生实际心理需求，可以积极推动校园健康心理环境的创建。纵观已有的大学生团体心理辅导研究，主要存在两种模式。

一是先确定辅导主题，再寻找存在相应问题的辅导对象开展辅导，这是为研究而开展的辅导。这种模式并不是对辅导对象做事先调查来明确他们此时阶段的最大困扰，然后再开展有针对性的团体心理辅导，这有一点为研究而研究之嫌。例如张黎等人

（2018）开展的大学新生宿舍人际关系团体心理辅导，先确定辅导主题，后在山东某大学以宿舍为单位直接选取被试，采用自编问卷和吴连海等（2007）编制的《大学生宿舍人际关系质量调查问卷》作为效标，结果显示大学新生刚进入大学，宿舍人际关系尚未形成，大学新生宿舍人际关系的总体状况一般，并不为学生当前显著困扰，辅导针对性与时效性会大大降低。因此，相关研究在设置辅导主题时未做前期调查而带有一定的主观性，并不一定能有效和具有针对性地改善大学生当下阶段的最大的实际问题状态。

二是在新生心理健康筛查中发现有类似问题的学生被组织起来开展团体心理辅导，这是为矫正而开展的辅导。这种模式的弊端在于学生被单独抽取出来参加辅导，有被贴标签之嫌，加重其心理负担，而且所有参与者都是有类似问题的人，并没有榜样可以学习模仿。

综合以上得出，团体心理辅导能有效改善大学生身心健康状况，但对于大多数学生而言，其每个班级、每个学期进行的针对性的、发展性的团体心理辅导更值得重视。它可以避开为研究而做或为矫正而做的团体心理辅导的弊端，而是在调查大学生班级某阶段实际存在的主要心理问题而开展的预防与发展性班级团体心理辅导，同时对于某些大学生而言辅之以个体心理咨询更能起到矫正的作用。在这样的辅导当中，学生不被单独抽取出来贴标签，也有榜样可以模仿学习，而且有事先调查，符合班级大多数同学的心理需求，其针对性、参与度和实效性都会更高。特别是为一个自然班级开展的团体心理辅导，更能建设好这个班级的心理环境，对大学生心理健康的维护与发展具有持续性的作用。

本研究试图通过对大学生进行发展性的班级团体心理辅导主题调查，来明确大学生 1—6 学期每学期一般应设定的团体心理辅导主题，以便大学生团体心理辅导能更具针对性、应用性、推广性、高效性，实质改善大学生身心状况，缓解其每个阶段的焦点心理问题状态。

1.3 研究设计

1.3.1 研究对象

本研究邀请在校重庆市大学生 3618 人参与调查，其中大一年级 1653 人、大二年级 944 人、大三年级 861 人、大四年级 160 人。

1.3.2　研究方法

　　采用半开半闭式问卷调查的方式，邀请被试回答：大学前三年六个学期每学期应该开设什么主题的团体心理辅导进行选择。①班级凝聚与学校适应；②生命教育与危机预防；③异性交往与恋爱辅导；④同伴交往与室友关系；⑤生涯规划与目标管理；⑥战胜拖延与时间管理；⑦游戏成瘾与手机依赖；⑧职业心理与面试求职；⑨自我认识与自信提升；⑩情绪调控与挫折应对。在选择的主题后写上相应的学期序号 1—6，还可以进行自我需求上的主题补充，也相应填上学期序号。

1.4　研究结果

1.4.1　大学 1—6 学期发展性班级团体心理辅导主题调查结果

1）发展性班级团体心理辅导主题总频次排列情况

　　综合大学生发展性班级团体心理辅导主题在每个学期的开展意见（表 1.1），排列前 10 位的主题分别是：①生涯规划与目标管理（86.41%）；②班级凝聚与学校适应（73.41%）；③同伴交往与室友关系（69.69%）；④自我认识与自信提升（67.44%）；⑤职业心理与面试求职（64.83%）；⑥战胜拖延与时间管理（61.56%）；⑦异性交往与恋爱辅导（55.16%）；⑧情绪调控与挫折应对（47.50%）；⑨生命教育与危机预防（46.76%）；⑩游戏成瘾与手机依赖（27.25%）。

表 1.1　大学 1—6 学期团体心理辅导主题调查频次排列情况表（%）

主题	1 学期	2 学期	3 学期	4 学期	5 学期	6 学期	小计
生涯规划与目标管理	7.13	11.63	15.56	14.06	27.87	10.16	86.41
班级凝聚与学校适应	55.66	7.62	3.99	2.73	1.83	1.58	73.41
同伴交往与室友关系	11.63	24.95	12.12	15.12	3.55	2.32	69.69

主题	1 学期	2 学期	3 学期	4 学期	5 学期	6 学期	小计
自我认识与自信提升	4.20	8.14	12.07	15.97	16.90	10.16	67.44
职业心理与面试求职	1.50	2.35	4.64	6.93	11.79	37.62	64.83
战胜拖延与时间管理	2.29	6.09	12.09	14.78	11.98	14.33	61.56
异性交往与恋爱辅导	5.92	10.29	21.88	8.44	4.78	3.85	55.16
情绪调控与挫折应对	2.05	4.12	6.74	10.21	12.12	12.26	47.50
生命教育与危机预防	7.64	20.80	5.24	5.11	4.12	3.85	46.76
游戏成瘾与手机依赖	1.97	4.01	5.68	6.66	5.05	3.88	27.25

2）每学期发展性班级团体心理辅导主题频次排列情况

1—6 学期每个学期的发展性班级团体心理辅导主题总频次排序前三名分别为：

第 1 学期：班级凝聚与学校适应（55.66%）、同伴交往与室友关系（11.63%）、生命教育与危机预防（7.64%）。

第 2 学期：同伴交往与室友关系（24.95%）、生命教育与危机预防（20.80%）、生涯规划与目标管理（11.63%）。

第 3 学期：异性交往与恋爱辅导（21.88%）、生涯规划与目标管理（15.56%）、同伴交往与室友关系（12.12%）。

第 4 学期：自我认识与自信提升（15.97%）、同伴交往与室友关系（15.12%）、战胜拖延与时间管理（14.78%）。

第 5 学期：生涯规划与目标管理（27.87%）、自我认识与自信提升（16.90%）、情绪调控与挫折应对（12.12%）。

第 6 学期：职业心理与面试求职（37.62%）、战胜拖延与时间管理（14.33%）、情绪调控与挫折应对（12.26%）。

1.4.2 大学生团体心理辅导实施中的问题调查结果

根据已有文献，结合本次开放式问卷调查，发现以下四个方面的问题：

第一，教师/辅导者方面。收集的调查提到"教师缺乏实际组织设计与带领的经验""团体领导者的专业背景问题""有些团体领导者在开展团体心理辅导的过程中，并没有严格遵守团体心理辅导的设置，打着团体心理辅导的招牌，将心理辅导做成了游戏娱乐""从事团体心理辅导工作的人员获得知识的路径不够多元，经验不够丰富，对突发性内容应对不足，若发现了组内有不适宜团体的同学，他可能也因为合群压力会假装投入，对此种情况很少作出调整和处理"等。总的来说，存在的问题有：①教师和辅导者的专业度不够，对团体心理辅导方案的设计缺乏理论指导和针对性，并且欠缺实际组织带领的经验。②主题的设置没有经过深入调查，无法满足学生的实质心理需求。③团体心理辅导活动方案设计没有系统性，缺少具体的目标，活动形式也不够有趣新颖，实践训练也很少。辅导的时间、次数少，而每次参与的人数较多，对于团体成员个性和认知方面的挖掘不够深入。④教师角色定位不稳定，主控地位太强，团体心理辅导的实效性不高，缺少科学、有效的效果评估和后期追踪。

第二，学校方面。总的表现出学校专业师资力量薄弱，对团体心理辅导的重视程度、宣传程度不够，在团体心理辅导的安排上也不够合理和完善。具体例如"能够开展团体心理辅导的机会很少，不能普及""可能由于领导重视程度不够或者其他原因导致团体心理辅导容易流于形式""没有宣传心理不健康的影响或对心理辅导没有宣传""心理中心挂靠学生处，老师身兼数职，无法专注专业领域深耕学生心理辅导"。还有提供给教师接受专业培训的机会也不多，使其缺乏理论指导和实践训练，以及大多学校都没有提供特定和合适的团体心理辅导活动场所，以供教师更好地开展活动和学生更加积极地参与活动。

第三，学生方面。总体上表现出参与度、积极性不高，也不了解团体心理辅导活动，带有一定的刻板印象。具体例如"学生容易将其理解成简单的游戏，对其重视程度不高，导致参与积极性不高""学生对团体辅导的不了解，导致认可度可能较低，在参与过程中可能不会表现真实的自己，并且可能会影响整个团体辅导过程""半校半生数目较多，师资有限，学生个体差异难以照顾周全"。因为团体的人数相对较多，在一定程度上没有考虑到每个成员的个性化问题，难以做到因材施教，学生认为团体心理辅导对自己并没有帮助，抱着做做表面功夫来参与活动玩玩而已，所以了解学生的真实需求、设计针对性方案、限定适当的团体成员人数、提高教师的专业水平等至关重要。

第四，扩展结合方面。有调查对象提出"团体心理辅导和个体心理咨询的关系以及如何衔接？""团体心理辅导过程中，有同学融入不了，用什么标准去判断他是否适宜团体辅导？""学校中的团体心理辅导是否可以与家庭疗法结合，积极促动家长的参与，如何开展？"等等，都是对团体心理辅导功能和应用范围的一种扩展和补充。团体心理辅导在当前大学生中的运用缺乏灵活性，缺少在其他专业课程上的应用，也缺乏与其他疗法技术的针对性结合，没有最大限度地发挥出团体心理辅导的功效。有研究者认为，若干预对象在干预 3 个月后仍有问题症状，说明此次干预方案需要和其他干预方法联合提高干预效果。

总的来说，本次调查发现，大学生团体心理辅导主要存在方案设计不合理、缺乏针对性、缺乏学校支持、教师专业水平不够、学生参与不积极、扩展结合不多的问题，其中学校与教师问题尤其明显，也是问题的关键所在。

1.4.3　大学生团体心理辅导实施的对策与建议

结合已有文献，针对大学生团体心理辅导中存在的问题，以及在调查中被试的建议，特提出以下对策：

第一，教师/辅导者方面。①教师需要提高对团体心理辅导的重视程度以及专业素养，打好坚实的理论基础。②教师需要多参与专业实践培训，以此获取设计经验，合理设计团体心理辅导方案。③教师需要做问卷和访谈调查实际了解大学生的心理需求，以此来设计针对性方案，合理安排辅导时间与次数，还要加强作业反馈，重视对学生辅导后的追踪研究。④效果评估对象应兼顾团体和个人两个层面，评估的执行者不再局限于团体成员本人，而要加入团体领导者、督导及观察员等人。⑤需要特别关注在团体心理辅导中效果不佳的学生的身心状况，实时了解学生情况，及时进行个案处理，尽力预防其身心问题的发生与恶化。

第二，学校方面。团体心理辅导能够大面积提升大学生的心理健康水平，学校一定要给予充分的支持。首先是体制机制上的规定，从课程设置、师资管理与专业培训上加强对团体心理辅导的重视与支持。其次是宣传力度，可以利用海报、信息墙、微博、公众号等渠道来宣传和普及一些团体心理辅导相关的知识与案例，积极带动学生正向看待团体心理辅导的力量和有效性。最后是硬件设施的提供，比如团体心理辅导开展的场所、所需的道具、经费、教师待遇等都需要学校积极重视。

第三，学生/团体成员方面。学生需要正视自己的心理需求，积极了解团体心理辅导方面的知识，努力消除刻板印象，卸下防备，带着真诚、专注的态度参与辅导，从辅导中收获成长，收获进步。

第四，扩展结合方面。首先是在其他专业课程中的应用，团体心理辅导不仅作为一种心理辅导模式，还可作为一种教学方法。其次，在团体心理辅导中可以结合其他疗法技术，针对不同的学生群体及学生的不同焦点问题开展因材施教的团体心理辅导。

最后，可以扩展辅导环境，结合家庭成员一同开展课程活动，更加深入地改善大学生身心状况。

1.5 讨论与分析

1.5.1 关于大学生发展性班级团体心理辅导主题的调查与安排

根据大学生的心理辅导需求，调查排列前 10 位的主题以及每学期排列前 3 位的主题发现：

（1）如果前 6 学期每学期只能安排一个主题的发展性班级团体心理辅导的话，那么大学第一学期进行班级凝聚与学校适应的团体心理辅导是非常必要的，学校适应包含学习适应、环境适应、人际适应，可以帮助大学生很快适应学习、环境、人际。

（2）大学第二学期的发展性班级团体心理辅导主题，根据调查应该安排同伴交往与室友关系、生命教育与危机预防，这是两个相关的主题，可以结合进行辅导。这也是学校的一个重点工作，因为大学生在第一学期如果适应不好，学习挂科、人际冲突、恋爱受挫、环境不适等等，都可能导致一系列的心理问题，并可能引发心理危机。

（3）大学第二学期的发展性班级团体心理辅导主题，根据调查应该是异性交往与恋爱辅导，同时可以把情绪调控与挫折应对纳入其中。因为这个时间有很多学生都可能进入恋爱阶段，及时对他们进行恋爱辅导、情绪调控与挫折应对，有利于正确处理恋爱关系，预防不良事件发生，也属于危机预防工作的延续。

（4）大学第四学期的发展性班级团体心理辅导主题，根据调查排在第一位的是自我认识与自信提升，第二位是生涯规划与目标管理，正好让学生对自己有一个正确的认识与提升自信心以后进行生涯规划与目标管理，有利于大学生及时规划自己，朝着自己的目标，管理好自己，努力前进。

（5）第五学期在第四学期的基础上进行战胜拖延与时间管理，包括对游戏成瘾与手机依赖一起进行辅导处理，有利于大学生抗拒诱惑，继续朝着自己的目标努力前进。

（6）第六学期毫无疑问是职业心理与面试求职主题，这是大学生非常关心的话题，有利于帮助大学生在实习中锻炼自己，在面试中展示自己。

1.5.2　关于大学生团体心理辅导问题的调查与对策

大学生团体心理辅导开展中存在的问题主要表现在教师／辅导者、学校、学生及扩展结合方面，相应的对策与建议也是针对这些方面：

（1）在教师／辅导者方面，问题主要存在于辅导主题的确定、辅导方案的设计、辅导过程中教师的操作技能和实践经验。为此，辅导者应该针对这些问题做出相应举措：事先对辅导对象实际心理需求进行调查以便确定辅导主题，调查该主题下学生的实际心理问题现状，访谈具有代表性的一些学生收集的更具体的资料，设计更具针对性的辅导方案。同时还应该积极参与相关技能培训，积累实践经验。辅导者除了还需要提升专业技能和实践经验以外，也应当重视辅导对象的主体地位，平衡在团体心理辅导过程中的调控作用。

（2）在学校方面，问题主要是学校的重视程度低，心理健康工作的软实力和硬实力都不够。为此，学校应该做出的努力是重视和鼓励学校的心理健康教育工作，不仅支持学校专业教师的软实力培养，建立完善的心理健康教育工作体系，增强学校对团体心理辅导的宣传力度，也要与教师心理健康教育的工作做出相应硬件设施的积极配合，例如设立专门的团体心理辅导活动教室，提供活动道具。

（3）在学生方面，问题主要是学生不主动参与团体心理辅导活动，就算参与活动，辅导过程中也难以打开自己。对此，学生应该做出的对策是积极关注自我的心理需求，积极了解团体心理辅导的相关知识，参与心理委员培训或是与心理委员多交流沟通。

（4）在扩展结合上，问题主要是应提高当前团体心理辅导运用的灵活性，减少设计活动与结构多模仿、少创新的缺点，多与其他技术相结合。团体心理辅导的发展可以作为教学方法结合不同的专业课程；可以结合其他疗法技术针对不同焦点问题开展因材施教的辅导过程；可以结合网络渠道加强网络团体心理辅导的知识普及；可以扩展到家庭环境，开展家校联合的团体心理辅导，父母学习成长才能高质量地陪伴孩子。

综合以上，根据实际调查和安排的团体心理辅导主题在一定程度上符合学生真实的心理需求，但这并不等于我们对每个班就是按照这个顺序进行团体心理辅导，或者进行心理健康教育课程教学时就选择这些主题，而是提供给大家一个研究与教学、辅导的思路。心理健康教育绝不是按照教材完成教学任务，而是根据调查得出的该班学生实际的心理需求，开展有针对性的心理健康教学、团体心理辅导、个体心理咨询。大学生团体心理辅导的开展离不开四个方面的共同努力，辅导者与辅导对象作为辅导过程中的两大主体，学校和扩展结合作为辅导活动的能量补给站，形成了团体心理辅导活动能顺利和有效开展的必要充分条件。

1.6　结　论

（1）大学生发展性班级团体心理辅导的主题排列前 10 位的依次是：①生涯规划与目标管理；②班级凝聚与学校适应；③同伴交往与室友关系；④自我认识与自信提升；⑤职业心理与面试求职；⑥战胜拖延与时间管理；⑦异性交往与恋爱辅导；⑧情绪调控与挫折应对；⑨生命教育与危机预防；⑩游戏成瘾与手机依赖。

（2）大学生发展性班级团体心理辅导前 6 学期安排的主题依次是：①班级凝聚与学校适应；②同伴交往与室友关系 + 生命教育与危机预防；③异性交往与恋爱辅导 + 情绪调控与挫折应对；④自我认识与自信提升 + 生涯规划与目标管理；⑤战胜拖延与时间管理 + 游戏成瘾与手机依赖；⑥职业心理与面试求职。

（3）大学生团体心理辅导开展中存在的问题主要表现在教师 / 辅导者、学校、学生及扩展结合方面：教师 / 辅导者专业水平不够，操作技能与实践经验有待继续进步；学校不重视、不支持，宣传不到位；学生对团体心理辅导不了解，不主动参与；团体心理辅导的具体应用过程中太过因循守旧，一味模仿传统的辅导活动和方案结构。

（4）对应问题的策略有：辅导者不断提高自身专业水平，参加团体心理辅导的技能培训与实践锻炼，并且意识到辅导对象的主体地位，平衡在辅导过程中的调控作用；学校要高度重视大学生团体心理辅导在学校心理健康工作以及专业课程中的运用，对于团体心理辅导知识的宣传要到位，还要大力培养和提高活动开展所需的软实力与硬实力；学生更应当积极关注自我的心理需求，关注心理健康知识，多了解团体心理辅导活动；团体心理辅导的开展应遵循四个结合，结合其他专业课程，结合其他疗法技术，结合网络渠道，结合家庭环境。

第 2 章

大学生班级凝聚力建设团体心理辅导

——以重庆某大学大二某班级为例

　　增强大学生班级凝聚力和学校适应能力，对大学生的身心健康发展、班级建设和学校管理具有十分重要的作用。可以说班级心理环境的好坏，一定程度上影响了大学生心理健康的水平和危机预防的效果。凝聚力强的班级群体成员的适应能力越好，他们的归属感越高，越不愿意离开自己所在的群体，因此群体内部的生命力越强。班级作为学校开展教学活动的载体，是一个有组织、有纪律的群体，其凝聚力的高低程度直接关系着学校教学、管理工作能否顺利开展。班级的凝聚力低不利于构建良好的班风、文明的学风和优秀的校风。因此，班级凝聚力的建设对大学生发展的重要性不言而喻。通过对重庆某大学大二某班级学生进行心理健康需求主题调查发现，该班大学生普遍对班级凝聚力主题最为需要。

2.1　学情调查与分析

2.1.1　调查目的

　　了解该班学生在班级凝聚力方面的现状，为后续进行班级凝聚力提升团体心理辅导方案设计与实施提供依据。

2.1.2 调查对象

重庆某高等院校大二年级某班43名学生，其中男生18人，女生25人；农村户籍21人，城镇户籍22人；独生子女16人，非独生子女27人。

2.1.3 调查方法

（1）问卷调查法。采用问卷调查法了解大学生某班级凝聚力现状。

（2）访谈法。根据问卷调查结果，选取低分数方向27%的部分学生进行访谈，为后续进行班级凝聚力团体心理辅导方案设计提供更加具体详细的针对性信息。

2.1.4 调查工具

（1）《大学生班级凝聚力问卷》（熊娇，2010），包括组织认同、集体参与、人际和谐、团队业绩、管理支持5个维度共25题，采用李克特五点计分法。问卷一致性系数为0.7，总体上具有较好的信度和结构效度。

（2）《大学生班级凝聚力访谈提纲》（自编）。

2.1.5 调查结果

1）问卷调查结果与分析

（1）该班大学生班级凝聚力的总体水平。由表2.1可知，调查班级大二学生在各维度均分以及量表总均分都低于理论中值3分，属于中下水平，适合进行团体辅导。

表2.1　调查班级凝聚力的描述统计结果（N=43）

维度	M	SD	Min	Max
组织认同	2.75	0.85	1.17	4.83
人际和谐	2.84	0.79	1.17	5.00
管理支持	2.92	0.81	1.20	5.00
团队业绩	2.86	0.90	1.00	5.00
集体参与	2.88	0.91	1.00	5.00
量表总分	2.85	0.79	1.20	4.80

（2）该班大学生班级凝聚力在性别上的差异。从表 2.2 可知，各维度均分以及量表总均分在性别上不存在显著差异。

表 2.2　调查班级的凝聚力在性别上的差异（N=43）

	男生（n=15）	女生（n=28）	t	p
组织认同	2.65 ± 0.99	2.82 ± 0.75	−0.635	0.141
人际和谐	2.68 ± 0.92	2.96 ± 0.68	−1.150	0.377
管理支持	2.87 ± 1.03	2.96 ± 0.63	−0.323	0.136
团队业绩	2.75 ± 1.05	2.95 ± 0.80	−0.708	0.352
集体参与	2.69 ± 1.05	3.03 ± 0.78	−1.192	0.405
量表总分	2.72 ± 0.95	2.93 ± 0.65	−0.853	0.238

（3）该班大学生班级凝聚力在生源地上的差异。由表 2.3 可知，各维度均分以及量表总均分在生源地上不存在显著差异。

表 2.3　调查班级的凝聚力在生源地上的差异（N=43）

	城镇（n=22）	农村（n=21）	t	p
组织认同	2.78 ± 0.94	2.72 ± 0.76	0.249	0.366
人际和谐	2.87 ± 0.99	2.82 ± 0.54	0.187	0.070
管理支持	2.91 ± 0.90	2.93 ± 0.73	−0.060	0.452
团队业绩	2.90 ± 0.97	2.82 ± 0.85	0.313	0.708
集体参与	2.94 ± 0.95	2.83 ± 0.89	0.390	0.933
量表总分	2.87 ± 0.92	2.82 ± 0.64	0.225	0.226

（4）该班大学生班级凝聚力在是否独生子女上的差异。从表 2.4 可知，组织认同均分、人际和谐均分、团队业绩均分、量表总均分在是否独生子女上存在显著性的差异。其表现为在组织认同上，独生子女的分数显著高于非独生子女，而在人际和谐、团队业绩和量表总均分上，非独生子女的分数显著高于独生子女。

表 2.4　调查班级的凝聚力在是否独生子女上的差异（N=43）

	是（n=16）	否（n=27）	t	p
组织认同	2.79 ± 1.16	2.73 ± 0.63	0.209*	0.015
人际和谐	2.81 ± 1.08	2.87 ± 0.58	−0.228*	0.011
管理支持	3.01 ± 1.02	2.87 ± 0.67	0.534	0.134

续表

	是（$n=16$）	否（$n=27$）	t	p
团队业绩	2.78 ± 1.17	2.91 ± 0.72	−0.468*	0.031
集体参与	2.68 ± 1.12	3.00 ± 0.76	−1.118	0.070
量表总分	2.82 ± 1.06	2.86 ± 0.60	−0.180*	0.045

2）访谈调查问题与结果

根据问卷调查结果，设计了大学生班级凝聚力访谈提纲（如表2.5左边部分）。选取该班班级凝聚力调查结果后27%的13名同学，与学生通过微信、QQ聊天的方式进行半结构式访谈，以求能够从访谈结果中找到这个群体所具有的具体问题来帮助设计有针对性的方案。

表2.5 调查班级访谈调查问题与结果（$n=13$）

问题	回答
Q1: 请按照 1—10 的等级为你所在班级的凝聚力打分。	$M=6.44$　$SD=0.64$
Q2: 你觉得是什么原因导致班级凝聚力低下？	弱凝聚力班级学生对于班级凝聚力影响因素的认识有以下观点：①班干部和辅导员（班主任）的领导作用。②班级的交流，班级活动的开展。③班级的共同目标。④同学关系的协调。⑤班级责任感和荣誉感的强弱。
Q3: 你曾经为解决班级凝聚力低下这个问题做过哪些尝试？	主动与同学和老师进行交流，积极参加各类比赛，为班集体争光，争做优秀班集体和优秀寝室。
Q4: 你的班级给你带来了怎样的影响？	帮助我适应大学生活，帮助我学习，不会的地方我可以问同学，教会了我一些生活技能和为人处世的技能。
Q5: 你认为增强班级凝聚力的措施有哪些？	（1）班级应该有计划地开展形式多样的集体活动，并鼓励学生积极参与校内外各种类型的活动比赛，培养集体荣誉感，提高综合素质。（2）营造良好的学风班风。要培养同学们在政治上有崇高的理想和坚定的信念，在思想上有强烈的集体荣誉感和巨大的凝聚力，在学习上有浓厚的学习兴趣和浓郁的研究氛围。
Q6: 在生活中，你希望你的班级有什么样的表现才满意？	根据学生的回答，主要概括为两个方面：（1）明确班级的共同目标，确定班级的发展方向。共同目标需要有较大的前瞻性和可实现性，这个目标的确定需要辅导员的引导和全班同学的共同参与。（2）充分发挥辅导员和班干部的领导作用，为班级带好头。辅导员和班干部要深入了解同学们的生活学习情况，并能及时发现问题。

续表

问题	回答
Q7: 如果有很好的班级凝聚力, 你的大学生活会怎样?	学习效率会更高, 班级内的氛围会更加融洽, 班级会取得更加好的成绩。
Q8: 如果老师要为你们做几次团体心理辅导, 你自己要承诺做出哪些努力呢?	遵守课堂的纪律, 遵守团体心理辅导规则, 尽自己最大的努力认真上课, 完成老师布置的任务。

2.2 目标制订与分解

根据前面的问卷调查和抽样访谈调查, 可以得到下面几个方面的信息: ①该班的凝聚力总体上处于中等偏下的水平, 在性别和生源地上无显著性差异, 只在是否独生子女上差异显著。②管理支持方面。班干部工作积极性较高, 但在同学中缺乏一定的威信和号召力, 导致班级缺乏凝聚力。③集体参与方面。弱凝聚力学生对参与集体活动关注度不高, 对集体活动中的成绩不重视, 更倾向于关注自身情况和小团体活动。④人际和谐方面。弱凝聚力学生相处时间少, 同学之间人际关系比较冷淡, 互相帮助、团结协助的精神和行动不够。

2.2.1 总体目标

(1) 认知信念目标: 在认知方面, 让班级成员增强对班级凝聚力重要性的认识, 增强班级成员的责任感、集体荣誉感和团体意识。

(2) 情绪情感目标: 让班级成员提升对班级的归属感与责任感, 热爱班级, 以班级为荣, 帮助学生正确处理个人情绪与班级利益、荣誉的关系。

(3) 技能行为目标: 促进班级成员学会交流和沟通, 以及增强团队合作精神、解决困难的能力, 构建一个和谐友爱的集体, 提高团体凝聚力。

(4) 思政辅导目标: 培养学生的集体主义精神和团队意识, 以集体利益为重, 为班级付出与担当, 正确对待个人利益与集体利益的冲突, 提高对班级的责任感。

（5）过程方法目标：通过认识我·了解我、特别的我、唯你懂我心、我们在一起、I believe、人际信任墙、团结就是力量、我爱我家这八个板块的团体心理辅导，全班同学为建设高凝聚力的班集体而努力。

2.2.2 阶段目标

（1）初期阶段：增进同学间相互了解，活跃现场气氛，调动大家的积极性，明确个人、团体目标及团体规范。

（2）转换阶段：以认同与接纳自我为目标，增进成员之间的相互了解，营造一种良好的班级氛围，成员分享自己的感受。

（3）工作阶段：解决团队成员关于同学、班级的不良认知，形成团队的标识和精神，从而便于加强团队成员间的了解，更好地适应新环境，并在活动中充分展现自我。增进团体成员之间的情感信任，体验团队合作，增强团体凝聚力，感受幸福，传递正能量。

（4）结束阶段：珍重再见。再次感受团队凝聚力，处理离别情绪，使全班同学对班级有归属感，升华凝聚力。

2.3 理论指导与启示

团体辅导及凝聚力都有强大的理论支持，包括团体动力学理论、社会凝聚理论、马斯洛需求层次理论等，这些理论在进行班级凝聚力的团体辅导时具有重要的指导作用。

（1）团体动力学理论。该理论认为，群体动力是群体活动的方向和对其构成各因素相互作用的合力，群体中的各种力量相对处于平衡的状态。多数情况下，群体各部分的力量大于群体的总力量。团体动力学解释在群体凝聚力作用下群体中所形成的疆界和立场。群体凝聚力的提升可以使群体内的成员责任心更强，成员间的互动更积极，安全感更高，归属感更强，效率更高，满意度更好。该理论对本次班级团体心理辅导方案设计的指导与启示是：协调班级内各个小群体的力量，比如男生与女生、班干部与非班干部、独生子女与非独生子女等，特别是各个寝室同学之间的互动与交流，激发团队的动力。

（2）社会凝聚力理论。该理论认为，社会凝聚力就是社会共同体及其成员在观念、行为方面显示出来的一致性和协同性。班集体是一个社会共同体的一种，班集体有其自己独有的凝聚力。在观念上，班集体的成员有集体意识、利益观、责任观等价值观，有与同学和老师相处等方面的人际观念，有班级制度和目标方面的观念等等。在行为上，班集体的成员之间更好地和谐相处，更好地遵守各项制度并约束自己的行为，更好地为班里的同学和这个集体做贡献，更好地实现自己和班级的目标，互帮互助、互相关心，进而大家更团结，使这个集体更具有凝聚力。该理论对本次班级团体心理辅导方案设计的指导与启示是：要注重对班级成员集体意识、利益观、责任观的培养，在行为上积极鼓励，营造人人为集体的气氛。

（3）马斯洛需求层次理论。该理论认为，人们满足了生理需求和人身安全需求，会寻求更高层次需求的满足。群体由每位成员组成，成员在心理上强烈地想成为群体中的一员，希望被其他成员接纳、尊重、支持、帮助和交流等。成员通过与人交往、个人的智慧等提高群体凝聚力，群体中群体凝聚力越高，成员的归属感、人际关系、安全感、自信度等程度越高。该理论对本次班级团体心理辅导方案设计的指导与启示是：注意尊重、接纳班级成员，让成员感受到爱与归属，从而增强班级凝聚力。

综上，在本次团体心理辅导中，将在以上理论指导下设计一个安全、放松、充满动力的方案，主要是通过团体的形式促进成员之间互动沟通，促进班级成员学会交流和沟通，以及增强团队合作精神、解决困难的能力，构建一个和谐友爱的集体，从而培养学生的集体主义精神和团队意识，以集体利益为重，为班级付出与担当，正确对待个人利益与集体利益的冲突，提高对班级的责任感，使全班同学为建设高凝聚力的班集体而努力。

2.4 文献分析与借鉴

王稳建（2009）对大一学生进行班级凝聚力团体心理辅导，共八次，每次一个半小时。共八个部分：自我介绍、大风吹活动、我是谁、大树与松鼠、解开千千结、大学生生涯规划、户外体验和新生联欢会。研究表明，团体心理辅导促进了大学新生班级凝聚力。

张淑萍（2012）根据大学护士生的特点，设计了六个部分的团体心理辅导方案，分别是自我认识、角色适应、人际交往、情绪调控、合作与竞争和学习适应的训练。通过六周的训练，每次一个半小时到两个小时，学生的前测和后测凝聚力水平差异显著，这说明团体心理辅导有助于提高班级的凝聚力。

谭锦绣（2012）对大学一年级学生开展了六次团体心理辅导，每次 2 ~ 3 个小时。通过大家的认识和了解、相互信任、合作和离别的内容进行团体心理辅导，班级凝聚力增强了。

综上所述，可以发现团体心理辅导对大学生的凝聚力是有着比较显著的作用的。在团体辅导中，要着重建立信任接纳的环境和氛围，以此来感染每一位成员，从而达到提升班级凝聚力的目标。团体心理辅导的关键在于促进大学生的自我认知和自我评价，转变消极认知，让每个人都能尊重、接纳其他班级成员，让成员感受到爱与归属，从而增强班级凝聚力，在接下来的团体心理辅导方案设计中也要着重于以上策略。

2.5 方案设计与内容

2.5.1 团体心理辅导名称

携手共进——班级凝聚力提升团体心理辅导。

2.5.2 团体心理辅导性质

封闭性、结构性团体。

2.5.3 团体心理辅导次数

8 次，每次 90 分钟。

2.5.4 团体心理辅导地点

团体心理辅导教室。

2.5.5 方案内容

辅导阶段	单元主题	针对问题	单元目标	单元方案：活动与作业	准备事项
初期阶段	认识我·了解你	成员不熟悉彼此，不明确目标与规范。	（1）成员相互认识，初步共融。 （2）明确成员目标与团体心理辅导目标。 （3）增进同学间相互了解，活跃现场气氛，调动大家的积极性。 （4）制定规则，规范同学的行为。	（1）开场短讲大风吹（10 min）； （2）连环自我介绍（25 min）； （3）开开心心大家笑（30 min）； （4）团体心理辅导规则与承诺（20 min）； （5）课后作业（5 min）。	纸、笔、多媒体设备
转换阶段	特别的我	成员对自我的接纳与自信不足。	以认同与接纳自我为目标。	（1）松鼠与大树（10 min）； （2）我的核桃（20 min）； （3）优点轰炸（15 min）； （4）特别的我（40 min）； （5）课后作业（5 min）。	纸、笔、多媒体设备
工作阶段	唯你懂我心	成员的集体责任感不够。	（1）增强同学的责任感和荣誉感。 （2）集体参与活动，感受团结的力量。 （3）成员分享在活动中的感受。	（1）拍七令（25 min）； （2）背对画图（20 min）； （3）责任体验（40 min）； （4）课后作业（5 min）。	纸、笔、多媒体设备
	我们在一起	成员的团队精神不足。	（1）认识和发现团队的共性，形成团队的标识和精神。 （2）便于加强团队成员间的了解，更好地适应新环境，并在活动中充分展现自我。	（1）接龙—按摩（10 min）； （2）小小搬运工（25 min）； （3）气球大赛（20 min）； （4）无敌风火轮（25 min）； （5）课后作业（10 min）。	纸、笔、多媒体设备
	I believe	成员的信任感与团结精神需要提升。	（1）在彼此的肢体接触中，进一步化解组员间尴尬的气氛。 （2）让大家体验到信任别人与被别人信任的快乐。 （3）组员分享自己的感受。 （4）组员对他人的分享作有效的回馈。	（1）乌龟和乌鸦（15 min）； （2）信任圈（30 min）； （3）解开千千结（40 min）； （4）课后作业（5 min）。	纸、笔、多媒体设备

续表

辅导阶段	单元主题	针对问题	单元目标	单元方案：活动与作业	准备事项
工作阶段	人际信任墙	成员的信任度、合作精神、幸福感不够。	（1）增进团体成员之间的情感信任。 （2）体验团队合作，增强团体凝聚力。 （3）感受幸福，传递正能量。	（1）玫瑰花开（10 min）； （2）风吹草动（20 min）； （3）信任坐（20 min）； （4）盲人过"雷阵"（35 min）； （5）课后作业（5 min）。	纸、笔、多媒体设备
	团结就是力量	成员的团队合作精神不足。	以增强全班同学的认知合作为目标。	（1）鸡蛋的孵化（25 min）； （2）螃蟹走（20 min）； （3）同舟共济（40 min）； （4）课后作业（5 min）。	纸、笔、多媒体设备
结束阶段	我爱我家	升华班级凝聚力、统整所学、离别处理。	使全班同学对班级有归属感为目标。	（1）一个萝卜一个坑（30 min）； （2）班级生日（20 min）； （3）回首来时路（30 min）； （4）合唱《相亲相爱一家人》（5 min）； （5）道别与祝福（5 min）。	纸、笔、多媒体设备

2.5.6 方案详解

1）单元一：认识我·了解你

活动名称1	开场短讲大风吹
活动目标1	锻炼反应能力和注意力，同时能尽快解除成员之间、成员和老师之间的陌生感，使其积极融入团队。
活动流程1	①成员围坐成一个圆圈，领导者致欢迎词，并讲解本次团体心理辅导的基本目标。 ②"大风吹"活动：大风吹，吹呀吹，吹到具有某种特征的人，这样的同学就要起立去找别人的位置来坐。有以下几种情况需要到场地中央展示自己：A.吹到具有这种特征的同学没有去坐别人的位置；B.吹到具有这种特征的同学弄虚作假，比如吹到戴眼镜的同学，结果他取下眼镜而不移动位置；C.吹到具有这种特征的同学，虽然也起立去找，但是别人两两相换，他又回到自己的位置；D.没有被吹到的同学也在移动位置；E.最后才坐到位置上的同学。特别提醒：a.保证自身安全，只要你先碰到凳子，那个凳子就是你的；b.保证凳子的安全，不要损坏凳子；c.展示自己的方法有很多，但必须与前面所有同学展示的方式不一样。

活动名称 2	连环自我介绍
活动目标 2	扩大交往范围，引发个人参与团队的兴趣。
活动流程 2	成员按照生日邻近原则分成 6 个小组，每组 6 人。从其中一人开始，每人用一句话介绍自己。一句话必须包括 5 个内容，比如：老家、喜好、品质、生日、昵称。规则是：当第一个人说完后，右手边的同学必须重复第一个人的信息之后再介绍自己，第三个人一直到第六个人都必须从第一个人的信息讲起，最后介绍自己的五个信息，要求所有人都要在尽量短的时间内记住小组成员的五个信息。前面一半的小组有奖励，后面的小组有惩罚。
活动名称 3	开开心心大家笑
活动目标 3	①增加组外联系，分享快乐经验，训练表达技巧，强化倾听品质。 ②培养共感力，增加团体意识。 ③认识自我表现原则中的现象：角色获得，相互支持，特殊的自我表现策略（逢迎、自我抬高、表现高尚品质、恳求）。
活动流程 3	①两组成员合围坐成一圈，分享自己最想让别人知道的有趣或有意义的经历。 ② 25 分钟后停止分享，并选出最有趣或有意义的故事在全体成员面前分享。 讨论问题： A. 当自己在陈述时，成员表现出注意听的样子，自己心里有什么感受？当那些关注过自己故事的人在说他们的故事时，自己是否也投入更多的关注？ B. 有没有人的故事是关于自己出丑的事？听过这些故事的人有什么感受？ C. 全部成员都分享完了，随后讨论与团体意识、团体责任感相关的问题：有没有人在分享前就进行时间分配的计算？自己在说的时候有没有把握时间？当发现别人用时过长时，你有没有提醒他？
活动名称 4	团体心理辅导规则与承诺
活动目标 4	让成员理解规则及其用意，激发大家遵守并维护，以使大家收获更多。
活动流程 4	领导者说明本次班级团体心理辅导的主题与内容，同学设立好目标，然后讨论哪些行为会影响团体的进行，应该建立怎样的团体规范。在一致通过的基础上订立合约。
课后作业	重复记住所有人的信息，留意自己平时的团队意识与行为。

2）单元二：特别的我

活动名称 1	松鼠与大树
活动目标 1	活跃氛围，提高成员反应能力

续表

活动流程1	①三人一组。两人扮大树，面对对方，伸出双手向上搭成一个"棚"，一人扮松鼠，蹲在两人搭成的"棚"下。 ②老师喊"松鼠搬家"。大树不动，扮演"松鼠"的人必须离开原来的大树，重新选择其他的大树；老师或临时人员扮演松鼠并插到大树当中，落单的人表演节目。 ③老师喊"樵夫砍柴"。松鼠不动，扮演"大树"的人必须离开原先的同伴重新组合成一对大树，并圈住松鼠，落单的人表演节目。 ④老师喊"森林大火"。扮演大树和松鼠的人全部打散并重新组合，扮演大树的人也可扮演松鼠，扮演松鼠的人也可扮演大树，老师可随意扮演松鼠或大树插入队伍当中，落单的人表演节目。
活动名称2	我的核桃
活动目标2	让学生学会接纳独特的自己，认识到每个人的独特性，领悟到相互尊重。
活动流程2	①每人选择一个核桃，好好观察自己的核桃（约3 min）。 ②把核桃放在一起弄乱，再请每个人认领自己的核桃。 分享：个人在这个过程中的感受，首先可以在组内进行，接着想发言的同学在全班（组间）分享。
活动名称3	优点轰炸
活动目标3	让学员明白每个人都很优秀，要相信自己；在团队中，每个人都有闪光点，要善于挖掘他人优点，尊重他人。
活动流程3	分成小组，成员围成圆圈，依次由一名成员坐在圆圈中，其他成员轮番指出其优点（可重复）。 要求：赞美要真诚、客观、实事求是。被轰炸的同学只需认真地听，不用回答，注意体会被大家指出优点时的感受。
活动名称4	特别的我
活动目标4	促进成员自我认识与自我接纳。
活动流程4	①请大家在纸上写下以"我"开头的句子。 ②当人家写的时候好像发现自己总是无法写下什么，发现自己其实并不是那么认识自己。接下来老师会与大家分享一则特别的故事"你很特别"。故事中的胖哥也是个不认识自己，常常生活在别人影子下的人，但是最后他改变了，看看他是怎样改变的。 ③播放"你很特别"PPT。 ④老师发言：相信听过胖哥的故事后，大家心里都有一些想法，胖哥从自卑以及害怕别人贴灰色标签，到后面慢慢开始接纳自己，你的心里有没有小小的触动呢？有可能你想到了自己，也有可能你很同情胖哥。 ⑤分成6个小组，每人分享一下：A."你很特别"这个故事中让你印象最深刻的是什么地方，为什么？B.如果你是胖哥，那你认为在你的身上会被贴上标签吗？如果会，那是灰色的还是星星呢，这些标签象征着什么？
课后作业	写出20个"我"字开头的句子来描述自己。根据提升与改变自己的计划写出自己的行动。

3）单元三：唯你懂我心

活动名称1	拍七令
活动目标1	集中注意力，活跃气氛，训练担当精神。
活动流程1	多人参加，从1—99报数，但有人数到含有"7"的数字或"7"的倍数时，不许报数，要拍下手，下一个人继续报数。如果有人报错数或拍错手的则表演节目，或者说一声"对不起，我错了"。
活动名称2	背对画图
活动目标2	考验沟通能力
活动流程2	①组长先预备数张画了圆形的纸，每两人配对比赛。 ②开始前，每一组合背对背而坐。 ③在指定时间内，一人负责讲圆形，另一人则负责画圆。画圆的人，只可听不可问，也不可让讲的人看到。 ④时间到，就看谁画得快而准。 ⑤也可互换角色。 备注：这活动可看到各人不同的沟通问题，组长可在活动后，讲解沟通的艺术和重要性。
活动名称3	体验责任
活动目标3	增加责任感和荣誉感
活动流程3	①每队4个人，两人相向站着，另外两人相向蹲着，一个站着和一个蹲着的人是一边。 ②站着的两个人猜拳，猜拳胜方蹲着的人去刮对方输的蹲着人的鼻子。 ③输方轮换位置，即站着的人蹲下，蹲着的人站起来；继续开始下一局。 ④活动点评：如何看待责任？当别人失败的时候，有没有抱怨？两个人有没有齐心协力应对外面的压力？
课后作业	写本次团体心理辅导的自我感想和收获。

4）单元四：我们在一起

活动名称1	接龙—按摩
活动目标1	轻松的氛围，提高同学们的亲密度。
活动流程1	①全体成员先围成圈站立，当老师说开始时，每个同学自由去寻找一个同学和自己猜拳（石头、剪刀、布）。 ②两人猜拳，输了的人站到赢家身后，双手搭在其肩上，跟随赢家。赢家再去找新的人继续猜拳，成员之间彼此接龙，最后会一个搭一个地形成一条长龙。

续表

活动流程1	③接龙成功后，可以请"龙头"带着大家随意走动一下（如果在室外效果更好）。在走动的过程中，老师请"龙头"唱一句歌，其他同学跟着学。再说一些话，如"我们是×××学院""我们是×××班""我们相亲相爱""你是我的兄弟姐妹""我们都是一家人"。 ④之后，让"龙头"接住"龙尾"，形成一个圈。也可以让后面的同学给前面的同学"揉揉肩，拍拍背"。
活动名称2	小小搬运工
活动目标2	促进小组合作。
活动流程2	①道具：30 cm的空心塑料管90根，乒乓球30个（每组5个），小纸箱12个，绳子2条。 ②活动过程：a.每组成员每人一根空心塑料管，每组一个乒乓球和一个小纸箱；b.两条绳子直线摆好，相距约50米，标记好起始线和终点线；c.每组的小纸箱放到终点线外一排；d.每组成员从起始线到终点线相距约3米一字排开；e.在领导者的主持下由各组的协助者拿着乒乓球放到给每组的第一个人手里的空心塑料管中；f.每组成员从第一个人开始用手中的塑料管合作送乒乓球到终点的小箱子里，在规定时间内看哪一组最先把规定的5个乒乓球运送到终点的小纸箱内；g.给最先完成任务的小组颁发积分卡。 ③活动规则：a.每组的协助者为监督员，每组成员必须遵守规则，一人违规，全队取消参加此项活动的资格；b.运送乒乓球过程中，成员的手不能触碰乒乓球，必须用手中的工具——空心塑料管；c.各小组乒乓球运送过程中如果掉地，必须从起始线开始运送；d.每一个乒乓球运送过程中必须全部小组成员一起合作运送，不可以部分成员（1个或几个）单独运送。
活动名称3	气球人赛
活动目标3	提高团队协作完成任务的能力，激发团队活力。
活动流程3	①老师设置2条线为起点和终点，距离5～6米。 ②每组分发多个各种颜色的气球及系气球口的细线。 ③老师召集所有的小组长告诉他们各组的任务。a.小组长要对小组成员进行分工，一部分人吹气球，一部分人运气球。吹气球和运气球的人在一轮中不能互换。领导者可自行决定充当吹的还是运的，也可只是坐镇指挥。b.吹气球的人要将气球吹大，大小无限制。c.运气球的人要将吹好的气球从起点运到终点。运输过程中运气球的人必须始终背靠背，气球夹在2人的背中间。运球的人除了背之外身体的任何部位不能碰到气球，否则犯规罚下场。气球被运到终点后随意放置，即使被风吹跑或落地爆裂也得分。但在运输途中，若气球爆裂、被风吹走、落地或没气了统统不得分。d.每个小组可以试一轮，之后以比赛形式进行。e.每组的目标是在规定的时间内将尽量多的气球从起点运到终点。 ④在第一轮开始前，老师给大家5分钟时间让每小组讨论和准备。 ⑤引导成员思考：团队协作的重要性在生活中是如何体现的？你在这个过程中扮演了什么样的角色？

活动名称4	无敌风火轮
活动目标4	建立信任，提升团队合作意识，塑造团队成员彼此之间的配合能力。
活动流程4	①每个组用提供的材料将报纸围成一个可以行进的履带式的环，这个环能让所有的组员站在里面。 ②各组组员要全部站到所围成的环内，并走完规定的路线，在这个过程中所有的组员都要在环内，不能踏到外面，并且要保证火轮不得有损，否则，重新来过。 ③比赛开始后，老师要留意各组在滚动"风火轮"的过程中出现的情况（如某小组因为步调不一致报纸被踩断了，或者有的人脚不小心踩到地了等），以便引导成员分享时提问。 ④各组成员围坐成一圈，用 10 分钟的时间讨论一下问题：a.活动中你有哪些特别深刻的感受？ b.活动中促进和阻碍完成任务的因素有哪些？ c.现实生活中你遇到过合作不良的情况吗？原因是什么？今后你会如何做？
课后作业	写自我感想和收获。

5）单元五：I believe

活动名称1	乌龟和乌鸦
活动目标1	热身并进行初步的身体接触。
活动流程1	①活动规则：成员围成一圈，每个人左手手心朝下，右手仅伸出食指朝上，接触自己右手边队友的左手掌心。老师之后会念一段故事，当听到乌龟和乌鸦的时候，所有人立即尝试抓住自己左边队友的食指，同时防止被自己右手边的人抓住。抓住别人得 1 分，被人抓住扣 1 分，老师自行决定是否有惩罚。 ②念故事：从前有座山叫乌山，乌山里面住了一位巫婆，巫婆养了一只乌鸦和乌鸦的朋友乌龟，住在同一个屋檐下。乌鸦常常问乌龟一些奇怪的问题，乌龟常常无法回答乌鸦的问题，只好求助他的朋友乌贼，所以也难不倒乌龟。有一天，乌鸦、乌贼、乌龟相约到乌来餐馆吃宵夜，乌鸦点乌龙面，乌龟点乌骨鸡，乌贼只点了乌龙茶。乌龟问乌鸦："乌龙面好不好吃？"乌贼说："看起来好像不怎么好吃。"乌鸦回答乌龟："可能乌骨鸡比较好吃。"吃饱之后，乌龟、乌贼、乌鸦到海边散步。看到天空一片乌黑，乌贼说："看起来好像是乌云。"乌龟说："咦，那不是乌鸦的朋友吗？"乌龟也认识，乌鸦向他们打招呼说了声"嗨！"那群乌鸦朋友也回应了乌龟、乌贼、乌鸦。原来这年头都变了，乌鸦也能和乌贼、乌龟成为好朋友！
活动名称2	信任圈
活动目标2	在彼此的肢体接触中，进一步化解组员间尴尬的气氛，让大家体验到信任别人与被别人信任的快乐。

续表

活动流程2	①各组成员分别围成小圈，指定从各组某一同学开始"一二一二"报数。②各组报数为一的同学向前跨一步，并将各自的胳膊搭在相邻同学的肩上，围成一个牢固的圆圈。③报数为二的同学将头伸进报数为一的同学围成的圆圈里，用自己肩上最大的努力将围圈的同学抬起来，并原地转一圈。④完成后让相邻两组合并成一个大圈，继续完成上面的活动。⑤让组员分享自己的感受，尤其是让高个子同学和矮个子同学来分享在被别人抬和抬别人时是否相信别人或是自己的感受。⑥其他组员对其做出有效的反馈，并表达自己的感受。
活动名称3	解开千千结
活动目标3	强化认识过程，增进成员的熟悉程度，同时明白心结的解开，需要一起努力。
活动流程3	①按照活动"信任圈"前的组为单位，各组成员分别围成一个小圈。②各组成员手拉手站成一个面向圆心的圈，并且记住自己左右手两边的同学。③当主持人喊"大家在圈内自由走动"的时候，大家就都在自己各自组的圈里自由走动。④当主持人喊"停"的时候，大家就站在原地不动，然后各个成员举起自己的右手，抓住刚才右边同学的左手，再举起自己的左手，抓住刚才左边同学的右手，这样就形成了一个复杂的结。⑤然后要求成员在不松手的情况下，想办法把这个"结"解开，回到最开始时候的状态。⑥完成后让相邻两组合并，继续完成上面的活动之后进行分享感悟。
课后作业	写自我感想和收获，并反思自己在生活中的团队合作。

6）单元六：人际信任墙

活动名称1	玫瑰花开
活动目标1	集中注意力
活动流程1	主持人说玫瑰花开，学生问开几朵，老师说开5朵的话就要5人手牵手站成一组。主持人定玫瑰花的朵数，单独一人将受到惩罚。
活动名称2	风吹草动
活动目标2	提高团体协作、配合能力，提高信任度
活动流程2	①让每组成员围成一个向心圆，一名较为瘦小的成员（也就是"草"）站在各组中央，剩下的全部成员都是"风"。②站在中间的"草"做出特别的姿势，其他成员做"风"的姿势，紧扣左右两边队员，做好准备迎接"草"倒过来的安全防护工作。"草"："我叫……（自己的名字），我准备好了，你们准备好了没有？"全体队员回答："准备好了！""草"："我要倒了？"全体学员回答："倒吧！"

活动流程 2	③然后"草"将身体完全倒在团队成员的手中，这时队员把"草"按顺时针推动一圈，各组的每位成员都要去体验一下，注意太胖的队员的安全。 ④分享：（注意：自愿分享或者每个队选一个代表起来分享） a. 倒下的那一刻你害怕了吗？你相信其他成员会稳稳托住你吗？当你被大家稳稳托住的时候感觉怎么样？ b. 现在的感觉是什么？你从这个活动中学到了什么？（责任，信任）
活动名称 3	信任坐
活动目标 3	深化小组间信任
活动流程 3	每个小组围成一圈，指导者喊"开始"，小组成员坐在彼此的腿上，形成牢固的一圈。比比哪一个组坐得最稳，可以全班一个圈来体验。
活动名称 4	"盲人"过雷阵
活动目标 4	让成员明白人际交往中信任和合作的重要性。
活动流程 4	①给每对参赛者发一个眼罩，其中有一个人要被蒙上眼睛。各组参与者眼睛都蒙好之后，剩下的人开始布置地雷阵。把两根绳子平行放在地上，绳距约为 10 米，这两根绳子标志着地雷阵的起点和终点。 ②在两绳之间尽量多地铺上一些"地雷"（硬纸板或泡沫垫子来代表活动中的"地雷"）。被蒙上眼睛的队员在同伴的牵引下，走到地雷阵的起点处，挨着起点站好，他的同伴后退到他身后两米处。 ③蒙上眼睛的队员要在搭档语言的指引下顺利穿越"雷区"，尽可能少地"踩雷"，活动过程中监护员负责记录队员的踩雷次数并且维持规则，保证引路的队员身体不接触其搭档。 ④最后选出踩雷最少的搭档作为胜者。 ⑤分享活动感受与收获。
课后作业	写自我感想和收获，拿出行动在生活中践行。

7）单元七：团结就是力量

活动名称 1	鸡蛋的孵化
活动目标 1	活跃团体氛围，有效的暖身完成后，按照上一次活动的分组回到各小组。
活动流程 1	由指导者带领示范，全体团员蹲下成"鸡蛋"，接着鸡蛋寻找鸡蛋进行"石头、剪刀、布"的游戏，赢的成员进化成为半蹲着的小鸡，输的成员还是鸡蛋，继续寻找鸡蛋，小鸡可以寻找其他小鸡再次进行"石头、剪刀、布"的活动，赢的成员进化成为凤凰，回到座位上休息，输的成员退化成为鸡蛋寻找其他的鸡蛋进行"石头、剪刀、布"的活动力争进化。
活动名称 2	螃蟹走

续表

活动目标2	促进小组成员的合作
活动流程2	两人一组，背靠背之间夹一个气球从起点走到终点，比赛哪一对花费时间最少，并给予奖励，时间花费最多的一组要表演。
活动名称3	同舟共济
活动目标3	使团体成员彼此信任、相互协助、融洽相处，感受团结的力量与温暖。
活动流程3	①先将报纸放地上，然后第一个人站上去，站上去的概念是不能有身体的额外部分接触到报纸以外的地面，然后是第二个人站上去，第三个人、第四个人，以此类推，直到有人掉下来接触到报纸以外的地面，统计有多少人，然后第二批人上，用记录来终结第一批人。 ②分享：成功完成这次任务后有什么样的感受？
课后作业	写自我感想和收获。

8）单元八：我爱我家

活动名称1	一个萝卜一个坑
活动目标1	集中注意力，全员参与
活动流程1	①三人一组，二人面对对方，拉上双手蹲在地上搭成一个圆圈扮坑；一人扮萝卜，并站在圆圈中间。 ②指导员喊"萝卜"，"坑"不动，扮演"萝卜"的人必须离开原来的坑，重新选择其他的坑，落单的人表演节目。 ③指导员喊"坑"不动，扮演"坑"的人必须离开原先的同伴重新组合成别坑，圈住萝卜，依补人员临时抽调出，落单的人表演节目。
活动名称2	班级生日
活动目标2	增强班级凝聚力和成员对集体的归属感。
活动流程2	①老师说："对于需要在一起生活四年的你们，班级是大家的归属和依靠，班级在你们大一开学的时候就已形成，希望大家今天能给班级过一个生日。" ②每人写一句对整个班级或同学的期望和祝福，作为送给班级的生日礼物，把写在便利贴上的"祝福"贴在一面墙上，贴成一个心形，合影留念。
活动名称3	回首来时路
活动目标3	分享收获和感受，收集改进意见，评估成效，处理离别。
活动流程3	①课前调节好室内的光线、通风和音响音量的大小，准备好要播放的轻音乐。 ②让成员除去身上有压迫感的物品，如眼镜、手表、首饰，身上过紧的衣服、皮带、鞋带等，然后调整坐姿直到最舒服为止。 ③领导者指导成员进行缓慢而有节奏的深呼吸，并要求他们保持这种呼吸的节奏，

活动流程 3	然后在轻柔的背景音乐中，用指导语引导成员进入想象，如"想象你正躺在树林里一片舒服的草地上，阳光透过树梢暖暖地照在你的身上，风柔柔地吹拂着你的脸庞，树林里很安静，草丛里有一种不知名的虫子在轻声地鸣叫。树林的前方隐隐约约有一条路，弯弯曲曲不知通向何方，你想探个究竟，于是你开始沿着这条路往前走。路开始还比较宽阔，但越往前走变得越狭窄，像是进入了一个没有尽头的隧道，隧道的前方隐隐约约看到一些亮光。隧道旁边立有一些路牌，路牌上的字迹已经有些模糊，不过你仔细辨认，还是能看清上面写着'时光隧道'四个字……"然后开始用指导语引导成员回顾团体的整个过程。 ④采用轮圈发言的形式，请每位成员将下列句子补充完整：a. 我印象最深刻的团体活动是……b. 我觉得在这个团体中最大的收获是……c. 我感觉自己参加团体后发生了……的变化；d. 我觉得团体可以改进的地方是…… ⑤领导者鼓励成员将在团体中所学到的关于人际交往的知识继续运用于日常学习生活中，相信团队合作的力量，并鼓励大家一起为努力建设班级而奋斗。
活动名称 4	合唱《相亲相爱一家人》
活动名称 5	道别与祝福

2.6 效果评估与评价

2.6.1 成员评估

1）问卷调查

再次对班级成员进行《大学生班级凝聚力问卷》调查，与前期结果进行对比。

2）个人评价

学员填写《团体满意度自我评量表》。

3）个案访谈

对问卷调查结果提升非常显著和分数不理想的同学再次访谈，从提升显著的同学那里获得成功经验，从分数不理想的同学那里询问具体问题，看看是否是活动设计或操作的缺陷，如是同学个人问题，可建议进行个体咨询处理。

2.6.2　领导者评估

1）领导者自评

领导者填写《团体领导者个人评核量表》，总结和分析此次团体心理辅导过程中的优缺点。

2）观察员评估

观察员通过对领导者带领团体心理辅导的过程的观察，对领导者进行全方位的评估，主要目的是给领导者提供第三者视角的观察所得，供领导者思考与改进。

3）督导评估

领导者提供方案、操作视频、评估结果等与督导进行探讨，对团体心理辅导效果进行评估。

2.6.3　整体评价

通过前期的需求主题调查、问卷调查、对教师与学生的访谈调查可以证明，班级凝聚力是当前学生所需的团体辅导主题，同时通过归纳总结学生的问题现状原因，针对性地提出阶段目标和单元目标，最终逐步达成认知信念目标、情绪情感目标、技能行为目标、思政教学目标和过程方法目标。

在理论指导和文献支撑方面，利用社会动力学理论、团体凝聚力理论等，为方案的整体设计提供理论基础。与此同时，通过对文献的梳理，借鉴了前人的团体设计方案，并同时在前人的基础上，进行了一定的创新和改进，使方案的可行性和实用性进一步提高。在理论的指导与文献的支撑之下，形成了一套四阶段八单元的系统的环环相扣、层层递进的团体辅导方案，每个单元的设计都是在考虑了安全性、性别、年龄、文化程度、前后衔接等方面后，按照暖身、过渡、工作、结束进行设计的，前后衔接自然流畅。

第 3 章

大学生同伴交往与室友关系班级团体心理辅导

——以重庆某大学大三某班级为例

大学生交往能力的强弱是其能否健康成长的关键因素之一。很多学者也在研究中发现，大学生人际关系这一话题超越了就业和学习压力，已变为导致大学生产生心理问题的第一要素，宿舍人际关系在大学生各种社会人际关系中是最重要的关系。近年来，国内几所大学相继发生大学生室友关系矛盾导致恶性事件，这些事件的出现引发了全社会对大学生宿舍人际关系问题的激烈讨论。许多高校的调查都显示，宿舍人际关系是让大学生感到最苦恼、最难适应的人际关系，对于当今大学生来说，宿舍人际关系已经成为当前最突出的问题。

导致大学生人际关系不良的心理问题集中在三个方面：一是自我认知问题；二是社会知觉问题；三是交往态度与沟通技巧问题。团体心理辅导专家樊富珉则认为，在课程上通过团体内人际交互作用，促使个体在交往中通过观察、学习、体验，认识自我、探讨自我、接纳自我，调整改善与他人的关系，学习新的态度与行为方式，以发展良好适应的助人过程——团体心理辅导，是一种新的发展趋势。通过对重庆某大学大三某班级的学生进行调查发现，该班大学生对同伴交往与室友关系的调节非常需要和关注。

3.1 学情调查与分析

3.1.1 调查目的

了解该班学生同伴交往与室友关系的现状，为后续进行班级团体心理辅导方案设计与实施提供依据。

3.1.2 调查对象

调查对象为重庆某大学大三某班级的学生，共 60 名，其中，男 19 名，女 41 名；性格内向学生 16 名，性格外向学生 20 名，无明显倾向学生 24 名。

3.1.3 调查方法

（1）问卷调查法。采用问卷调查法了解某班级大学生同伴交往和室友关系现状。

（2）访谈法。根据问卷调查结果，选取低分数方向 27% 中的 5 名学生进行访谈，为后续进行人际交往团体心理辅导方案设计提供更加具体详细的针对性信息。

3.1.4 调查工具

（1）采用北京师范大学郑日昌教授编制的《人际关系综合诊断量表》。量表共 28 个项目，包括交谈方面的行为困扰程度、交际与交友方面的困扰程度、待人接物方面的困扰程度、异性朋友交往的困扰程度四个维度。采用两点计分，回答是得 1 分，否得 0 分，总分 28 分。得分在 0 ~ 8 分表示与朋友相处上困难较少；得分在 9 ~ 14 分表示与朋友相处存在一定程度的困扰；得分在 15 ~ 28 分表示与朋友相处上的困扰程度较严重。

（2）《室友关系调查表》。这个量表由杨荣根据郑日昌等人编制的《人际关系诊断量表》改编而来。该量表主要调查内容为宿舍交谈、宿舍交际、待人接物、室友支持四个方面的困扰程度。量表采用五级评分制，"肯定不是"记 0 分，"大部分不是"记 0.25 分，"时有时无"记 0.5 分，"大部分是"记 0.75 分，"肯定是"记 1 分。总分在 0 ~ 8 分说明宿舍人际关系困扰较少；总分在 9 ~ 14 分说明存在一定的宿舍人际关系困扰。

（3）《大学生同伴交往与室友关系访谈提纲》（自编）。

3.1.5 调查结果

1）同伴交往与室友关系问卷调查结果与分析

（1）该班大学生同伴交往与室友关系的总体水平。该班大学生同伴交往与室友关系现状的描述性统计结果，见表3.1。从表3.1可知，本次调查的大学生同伴交往自评的平均得分为 9.28 ± 5.34，处于中下水平，说明该班同学与朋友相处存在一定程度的困扰，个别同学面临严重困扰。各维度得分从高到低依次是交往方面（3.50 ± 1.918）、交谈方面（2.28 ± 1.698）、异性朋友交往（2.05 ± 1.702）、待人接物（1.45 ± 1.466）。从平均数的高低可以看出，该班大学生在交际方面存在更多困扰，在待人接物方面较少存在烦恼。从室友关系来看，总体处于中下水平，存在一定的宿舍人际关系困扰。其中宿舍交际得分最高，其次是待人接物，室友支持均分较低，说明室友之间情感交流与支持相对缺失。该调查结果将为团体辅导方案设计提供部分重要参考指标。

表 3.1　调查班级大学生同伴交往与室友关系现状的描述性统计结果（$N=60$）

同伴交往	交谈困扰	交际交友困扰	待人接物困扰	异性交往困扰	总均分
M	2.28	3.50	1.45	2.05	9.28
SD	1.698	1.918	1.466	1.702	5.384
室友关系	宿舍交谈	宿舍交际	待人接物	室友支持	总均分
M	1.53	2.11	1.92	1.34	8.39
SD	1.988	2.102	2.014	1.713	5.386

（2）该班大学生同伴交往与室友关系现状在性别上的差异。采用独立样本 t 检验分析该班大学生的同伴交往与室友关系在性别上的差异，结果见表3.2。从表3.2可知，女生与男生在同伴交往与室友关系整体水平与各维度上均无显著性差异。

表 3.2　调查班级大学生同伴交往与室友关系的性别差异（$N=60$）

因子	男（$n=19$）		女（$n=41$）		t	p
	M	SD	M	SD		
交谈方面	2.89	2.03	2.00	1.47	1.349	0.184

续表

因子	男（n=19）		女（n=41）		t	p
	M	SD	M	SD		
交际方面	3.74	1.94	3.39	1.92	1.434	0.158
待人接物	1.47	1.81	1.44	1.81	1.272	0.226
异性朋友交往	2.79	1.69	2.79	1.69	.841	0.405
同伴交往总均分	10.89	5.54	8.54	5.21	1.00	0.694
室友沟通均分	2.16	0.64	2.35	0.82	−0.763	0.450
寝室冲突均分	1.66	4.27	1.84	0.63	−0.931	0.358
和谐氛围均分	3.83	0.70	3.70	0.86	−0.453	0.654
室友关系总均分	2.55	0.25	2.63	0.24	−1.010	0.319

2）同伴交往与室友关系访谈调查问题与结果

根据调查结果，设计了同伴交往与室友关系的访谈提纲，与学生通过电话访谈的方式，从低分段27%的被试中抽取5名大学生采用半结构式访谈，以求能够从访谈结果中找到这个群体所具有的具体问题来帮助设计有针对性的团体心理辅导方案。访谈问题与结果如表3.3所示。

表3.3 同伴交往与室友关系半结构式访谈问题与结果

同伴交往	室友关系
Q1：如果给自己的同伴关系状况打分，1～10分，你会打多少分。 A1/A2/A4同学给自己的同伴关系状况打5分。 A3/A5同学给自己的同伴关系状况打分4分。	Q1：请你简单地描述一下你的室友关系。 A1/A2/A4都表示室友关系不如高中时期，很少聚餐，爱好各不相同，氛围不怎么和谐，大家都比较冷淡。A3回答室友关系不好不坏。
Q2：你更喜欢和同性朋友还是异性朋友相处？请说明原因。 A1/A3/A4/A5同学更喜欢和同性朋友相处，因为觉得更自在。 A2同学更喜欢和异性朋友相处，因为觉得异性朋友会更包容自己，相处起来更快乐。	Q2：你认为好的室友关系对你有什么影响？ A1/A3/A4都更多地认为好的室友关系会促使个人心情愉悦，使人更积极乐观，外向开朗，有助于身体健康。 A2认为好的室友关系会使生活、学习更便利，课余生活更丰富，整体生活更有意思。

续表

同伴交往	室友关系
Q3：和朋友发生冲突矛盾时你通常怎么做？ A1/A2/A3 同学通常会主动和朋友沟通，解决问题，如果做错会道歉。 A4 同学通常等着对方主动沟通解决问题。 A5 同学通常先转移注意力做点别的事情，情绪平复后开始思考事情的来龙去脉，会愿意和对方进行沟通。	Q3：当你和室友产生矛盾时你会如何处理？ A1/A3/A4 都认为在产生矛盾时会先积极沟通，将自己的想法告知对方，如果实在不能解决就放弃，不是所有人都适合当朋友。 A2 在与室友产生矛盾时会冷战，与以前的好朋友吐槽。
Q4：和同伴更多分享快乐的事情还是难过的事情？ A1/A2/A4 同学通常和同伴更多分享快乐的事情，因为不希望向同伴传递负面情绪。 A3 同学通常更多向同伴分享难过的事情，认为朋友就是在需要安慰的时候陪伴安慰自己的人。 A5 同学认为朋友是分享快乐的人，也是分担忧愁的人，所以开心和难过都会向朋友分享，也很愿意朋友向自己分享。	Q4：当你在学习时，其他室友都在看剧或玩，你会怎么办？ A1/A2 会在觉得吵闹时自己戴上耳机继续学习。 A3 在学习时会主动要求其他室友声音小一点。 A4 一般先沟通，当沟通无效后会自己去图书馆或自习室等安静的地方学习。
Q5：会向同伴表达感情吗？如果是，通常以什么方式；如果不是，请说明原因。 A1/A2/A5 同学通常会向同伴表达感情，以语言形式或为同伴准备小礼物。 A3/A4 同学通常较少向同伴表达感情，因为认为这样有些矫情。	Q5：在室友关系方面,你遇到的困难有哪些?（请详细列举。） A1/A3 认为很少遇见困难，即使有，也一般主动包容。 A2 认为有两方面的困难，一是卫生习惯，不喜欢垃圾堆很多天；二是作息问题，不喜欢室友晚睡晚起，会被打扰到或打扰到室友。 A4 的室友经常因为寝室的公共区域的清洁问题而产生困扰。
Q6：如果同伴有其他同伴，你会怎么做？ A2/A4/A5 同学会暗自难过，然后默默疏远同伴。 A1/A3 同学会想办法把同伴的同伴也变成自己的同伴，大家一起玩儿。	Q6：如果你能够参加此次团体辅导，你愿意承诺做出什么努力？ 被访谈的四名同学都认为会积极主动地参与并保密，以及主动改善与室友的关系，在生活中运用所学到的技巧。

根据同伴关系的半结构式访谈结果发现：①学生对自己的同伴关系状况评分普遍偏低；②当与朋友发生矛盾时，存在逃避解决问题的倾向；③社交圈更多局限于同性朋友，缺少和异性朋友的相处；④对朋友的认识，关于朋友是否应该分享快乐和分担忧愁，存在一些误区；⑤羞于向同伴表达感情；⑥被动，不爱表达等。

根据室友关系的半结构式访谈结果发现：①在构建室友关系时较为被动，即使有着更良好的室友关系的期望模板，但一直都是等待其他人的主动；②在与室友沟通方面比较缺乏积极有效的沟通方法，大多数时候处于沉默状态；③在与室友发生矛盾冲突时，难以正确评判室友关系的重要性，采用冷战和很容易放弃的沟通方式，对室友关系不利。

因此，研究方案设计要从思维层面加强同学对同伴关系、室友关系重要性的认知，积极主动地构建良好人际关系。同时，帮助同学掌握沟通技能、问题解决技巧等，使其能够正确处理同伴矛盾与室友摩擦，在人际交往过程中获得更多积极体验。

3.2　目标制订与分解

3.2.1　总体目标

（1）认知信念目标：通过团体辅导活动，能够认识到同伴交往与室友关系的重要性，以及清晰影响同伴交往与室友关系的因素，知道该如何建立良好的同伴交往与室友关系，树立建立良好的同伴交往与室友关系的信念。

（2）情绪情感目标：让个体对自身的同伴关系、室友关系形成正确的价值观认识，愿意与同伴及室友进行沟通交往，并在交往过程中体验良好的情绪与情感。

（3）技能行为目标：学生通过团体心理辅导活动后，能够掌握与他人有效沟通交往的技能与处理问题技能，妥善应对人际问题，正确应对寝室矛盾。

（4）思政辅导目标：通过团体心理辅导过程中的人际互动，适当渗透积极向上的自我认知案例，引导学生学会正确的自我观察与自我评价，树立正确的人生观、价值观。

（5）过程方法目标：通过团体心理辅导干预的初期、转换、工作、结束阶段，分别以认识团队、建设团队、体会友谊、自我悦纳、归因训练、沟通训练等为目标，借助活动帮助学生认识自我、反思自我，习得人际沟通技能与积极归因方式，使其在同伴交往与室友关系中更加从容与自信。

3.2.2　阶段目标

（1）初期阶段：引导成员加深交流，互相了解，为本次活动起到暖身作用，初步创建团队，提高团队凝聚力。

（2）转换阶段：互相加深认识，增进了解，调动大家的积极性，培养大家的认同感和熟悉感，调动积极的情绪情感。

（3）工作阶段：加深对自我和他人的了解，认识到彼此的优点，模拟社交，锻炼人际交往能力，以经验分享的形式了解人际交往中的技巧秘诀和禁忌等。

（4）结束阶段：回顾本次团体心理辅导的活动，整理并分析在本次团体心理辅导中的收获和感受，巩固成员在团体心理辅导过程中习得的人际交往技能与室友相处技巧，鼓励他们充分运用到生活中去，整个活动在温馨的气氛中结束。

3.3　理论指导与启示

（1）马斯洛需求层次理论。根据马斯洛需求层次理论，人的需求从低到高依次分为生理需求、安全需求、归属与爱的需求、尊重的需求和自我实现的需求五种需求。在此基础上，Furman 等人（Furman & Rubin，1985；Furman & Bugrmester，1985）进一步指出，人在亲密的友谊关系中和一般同伴群体中所寻求的社会需要是不同的。爱、亲密和可靠的同盟更多是由亲密的朋友关系中获得；工具性或指导性帮助、抚慰、陪伴和增进自我价值既可以从朋友关系中，也可以从同伴群体中获得；而归属感或包容感主要从一般的同伴群体中获得。该理论对本次团体心理辅导方案设计的指导与启示是：可以让学生在团体辅导活动中，联系个人生活经历，体会不同种类的同伴关系所提供的不同层面的需求满足，帮助学生们认清自己的需求，鼓励他们积极建立良好的同伴关系。

（2）皮亚杰社会能力发展理论。皮亚杰（1932）在他的早期著作中论述了同伴关系在社会能力发展中的作用。他认为，正是产生于同伴关系中的合作与感情共鸣使得人们获得了关于社会的更广阔的认知视野。他指出，非常年幼的儿童是自我中心的，既不愿也不能意识到同伴的观点、意图、感情。然而随着活动的开始，建立平等互惠的同伴关系，同时也体验冲突、谈判或协商的机会出现，为成年后的各类人际交往关系的建立提供了原型。该理论对本次团体心理辅导方案设计的指导与启示是：团体心理辅导活动，要为大学生群体创造同伴关系建立机会与情境，让他们在团队中增进彼此间的关系，切身体会社会中的互惠、合作以及冲突、谈判等事件，使他们意识到积极的、富有成效的社会交往常常是通过与伙伴的合作而获得的，从而认识到良好同伴交往的重要性，同时获得社会能力的发展。

（3）自我概念与人格发展。在所有发展水平中，人们都是按照自己在社会情境中的经验来定义自己的。在社会相互作用中，人们获得了关于自己怎样被他人所知觉的信息，这种信息被用来形成自我的基础。Sullivan（1953）尤其强调同伴关系在前青年期和青年初期的重要作用。他认为，这一时期充分良好的同伴关系也是形成健康的自我概念所必须的。他区别了两种经验：同伴接纳和友谊。他认为在少年期被群体孤立的体验将导致自卑感。他把朋友定义为同性别同伴的亲密的相互关系。作为一种平等关系，它不同于其他社会经验，这是个体第一次"通过他人的眼睛看自己"并体验到与另一个人真正的亲密。该理论对本次团体心理辅导方案设计的指导与启示是：同伴关系在大学生这个年龄阶段至关重要。在团体辅导过程中，我们可以根据调查访谈所知的同学们存在的问题，对症下药，设计有关同伴接纳和友谊的活动，从而帮助解决自卑感和自我概念形成的问题。

（4）社会行为对同伴关系的影响。Coie 等人（1990）的研究指出，在所有年龄组，那些乐于助人、考虑他人、友好、遵守交往规则，积极参与同伴交往活动的儿童青少年都是受欢迎的，但是合作的、亲社会行为的表现形式随年龄增长日趋复杂，但逐渐成为受欢迎的重要因素之一。随着年龄增长，攻击行为更加分化，外显性减弱。攻击行为与同伴拒绝的关系强度也随年龄而下降。间接攻击、对嘲笑或批评过分敏感成为青年人被拒绝的主要因素。社会退缩行为与社交地位的联系也随年龄而变化，社会退缩行为与年幼儿童的被拒绝没有太多联系，但却是青年人被同伴拒绝的结果。行为对同伴关系的影响也存在性别差异：合作性是区分女生被接纳或被拒绝的主要维度，而攻击性则是区分男生被接纳或被拒绝的主要维度。该理论对本次团体心理辅导方案设计的指导与启示是：首先，在大的团体中，攻击行为的种类性质更加复杂、更加分化，以至于有时难以发现。所以要通过团体心理辅导活动，帮助同学辨别潜在的攻击行为，并进行自我反思。其次，设计团体心理辅导活动时，要根据大学生群体的特点，抓住主要矛盾，将间接攻击、对嘲笑或批评过分敏感、社会退缩行为的解决作为活动的重点。然后，还要考虑到性别差异，全方位地帮助学生们理解什么样的社会行为会让人受欢迎、让同伴团体更和谐积极，什么样的行为则会有反效果。

综上，在本研究中，将以建立一个安全场为基础，激发成员的能量，激活团体动力，在成员互相交流交往中，去看到、去感受自我，树立正确、合理的信念，了解自身情绪，管理情绪，并与团体成员之间的相互联结、相互支持，掌握人际交往沟通的策略，从而使每个成员在团体中都能够体验助人自助的角色，最终有助于构建良好的同伴关系与宿舍氛围。

3.4　文献分析与借鉴

胡朝兵等人（2010）采用自编的《大学新生心理需求调查问卷》，对重庆市大学城五所大学的大一新生共 600 人进行调查，以大学新生心理需求为切入点，研究大学生心理需求的特点以及解决对策。最后结果表明，大学新生心理需求由强到弱主要表现为人际交往需求、成就目标需求、学习方法需求、影响力需求，可见人际交往需求对大学生的重要性。

邢秀茶、曹雪梅（2003）以团体心理辅导技术对 34 名大学生进行为期六周的团体心理辅导，并于九个月后，对辅导的效果进行再评估。结果表明，团体心理辅导对大学生人际交往问题的干预不仅有即时提高与改善效应，还有潜在的长期效应，因为交往各变量的复杂性，在团体心理辅导后各变量的具体变化趋势又略有不同。

李英等人（2005）为了探索团体心理辅导降低大学生人际交往焦虑程度的影响效果，随机选取大学生 92 人，分成实验组和对照组，实验组 44 人分成 4 个小组进行攀比心理辅导，对照组 48 人接受心理卫生知识讲座。用艾森克人格问卷、交往焦虑量表、羞怯量表、交流恐惧自陈量表 4 个量表进行前后测，运用协方差分析，对比实验效果。结果表明，团体心理辅导比心理卫生讲座，更有效地降低大学生交往焦虑和羞怯感，是深入开展大学生心理健康教育的可推广方式之一。

综上所述，可以发现团体心理辅导对大学生同伴交往能力提升有比较显著的作用，人际提升团体心理辅导训练能够增强全体成员的人际沟通能力，改善他们与他人的交往方式，提高他们与他人人际交往技能，懂得应该如何与他人相处得更好。

3.5　方案设计与内容

3.5.1　团体心理辅导名称

"与友同行"班级团体心理辅导。

3.5.2 团体心理辅导性质

封闭性、结构性团体。

3.5.3 团体心理辅导次数

8 次，每次 90 分钟。

3.5.4 团体心理辅导地点

团体心理辅导教室。

3.5.5 方案内容

辅导阶段	单元主题	针对问题	单元目标	单元方案：活动与作业	准备事项
初期阶段	加入团队	成员对团体心理辅导不了解，对成员不熟悉，以及未建立团体契约，未获得安全感。	（1）了解团体目标，增强团队凝聚力。（2）了解成员信息，增进团体成员之间的了解。（3）做建团体规范，签订团体活动契约。	（1）开场短讲（15 min）；（2）花开几瓣（20 min）；（3）爱在指尖（30 min）；（4）许愿精灵（15 min）；（5）我们的承诺（10 min）。	纸、笔、承诺书、自媒体设备
转换阶段	建设团队	成员对同伴关系评价较低，成员缺乏同伴交往积极体验。	（1）创建合作小组，提升团队凝聚力，加深成员之间的认知和了解，初步感受友谊的产生。（2）促进成员自我探索。	（1）建立合作小组（20 min）；（2）"滚雪球"式的自我介绍（20 min）；（3）乔哈里视窗（25 min）；（4）心有千千结（25 min）。课后作业：复习并记住小组成员信息。	纸、笔、多媒体设备、放松音乐
	体会友谊	成员大多面临人际困扰，表现在缺乏主动性，对友谊认知不清晰，缺乏一定技巧等。	（1）让成员在与小组成员的合作中感受交往的魅力，并习得一定的交流技巧。（2）让成员相互感受支持的力量。（3）鼓励成员热情、主动地去进行人际交往。	（1）棒打薄情郎（10 min）；（2）友谊猜拳（15 min）；（3）你是我的有缘人（25 min）；（4）信任之旅（25 min）；（5）疯狂单词（15 min）。课后作业：热情主动地去记住另一个小组所有成员的信息。	纸、笔、多媒体设备、眼罩、扑克牌

续表

辅导阶段	单元主题	针对问题	单元目标	单元方案：活动与作业	准备事项
工作阶段	自我悦纳	成员由于一些不合理认知，如对自己消极评价或对他人的偏见、刻板印象导致人际困扰。	（1）引导成员深入剖析自己，提升自我效能感，并促进成员间彼此的理解。（2）提升成员自我欣赏与欣赏他人的能力。	（1）剖析自我效能感（10 min）；（2）我的自画像（30 min）；（3）"我很不错"（25 min）；（4）优点轰炸（25 min）。课后作业：写出自己尽量多的优点并举例说明。	纸、笔、多媒体设备
	归因练习	成员对待同伴冲突和宿舍人际摩擦存在不合理信念或消极归因。	（1）协助成员建立积极的归因模式。（2）促使成员习得积极归因法则并运用到人际交往中。	（1）我要去旅行（20 min）；（2）归因训练（30 min）；（3）天使与魔鬼（40 min）。课后作业：写一个自己的归因训练案例。	纸、笔、多媒体设备
	沟通训练	寝室同学交往缺乏表达、沟通技巧。	（1）帮助成员清楚地说出请求，建立宿舍内人际交往中的自信，并学会正确待人接物的方式、方法，减少矛盾的产生。（2）帮助成员学会用心聆听他人的想法，提升和他人沟通的技巧。	（1）作业反馈（10 min）；（2）心意相通（15 min）；（3）我说你画（20 min）；（4）"我希望，我愿意！"（20 min）；（5）倾听训练（25 min）。	纸、笔、多媒体设备
结束阶段	我们的家	消极、被动的处理问题方式往往使关系变得更加糟糕。	（1）协助成员剖析室友关系现状，引导自我反思。（2）制定相处规则，让室友关系保持友好。	（1）同舟共济（30 min）；（2）齐心协力（15 min）；（3）我的宿舍人际蓝图（45 min）。课后作业：完善宿舍人际蓝图。	纸、笔、多媒体设备、报纸
	与友同行	成员收获的巩固和处理离别情绪。	（1）回顾团体心理辅导历程。（2）成员分享收获与感悟。（3）处理学生的离别情绪。	（1）作业反馈（15 min）；（2）丢毛绒球（10 min）；（3）回首来时路（20 min）；（4）祝福留言卡（30 min）；（5）幸福大团圆（10 min）。	纸、笔、多媒体设备、毛绒球、小卡片

3.5.6　方案详解

1）单元一：加入团队

活动名称1	花开几瓣
活动目标1	在初步的气氛下，更进一步加强团体成员情感连接，营造安全舒适环境。
活动流程1	①全体成员围成圈站立，领导者喊出不同的口令"花开四瓣""花开五瓣"。 ②成员听到口令后，要主动去寻找同伴和自己组成一朵花。"花朵"的要求是自己平时很少交往的人。 ③由于人数限制，会有一些同学"落单"，落单的人要出来进行自我展示。展示方式不能相同。领导者要鼓励他们积极地邀请别人加入自己的"花朵"，这样就不会落单了。
活动名称2	爱在指间
活动目标2	促进成员熟悉，活跃团体气氛，建立良好的人际氛围。
活动流程2	①将团体成员通过报数分成人数相等的两组，单数成员一组，围成一个内圈，双数成员一组，围成一个外圈，内外圈的成员两两相视而立。 ②成员在领导者的指挥下向对方伸出手指进行示意。伸出 1 ~ 4 个手指，分别表示"不想认识对方""愿意初步认识对方""很高兴认识对方，希望与对方成为普通朋友""很喜欢对方，希望与对方成为好朋友"。 ③如果双方手指示意不同，则原地不动；如果双方都伸出 1 个手指，则各自将头转向一边，跺一下脚；如果都伸出 2 个手指，则相互微笑示意；如果都伸出 3 个手指，双方要紧握双手；如果都伸出 4 个手指，则彼此拥抱。 ④做完一组动作，外圈的成员要顺时针移动一个位置，与下一个成员相视而立，重复上述动作。 ⑤领导者引导成员进行经验分享，交流参与本活动的感受和体会。
活动延伸	①刚才自己做了几个动作，握手和拥抱的亲密动作各完成了几个？为什么能完成这么多（或为什么只完成了这么少）的亲密动作？ ②当你看到别人伸出的手指比你多时，你心中的感觉是怎样的？当你伸出的手指比别人多时，心里的感觉又是怎样的？ ③从这个活动中你得到什么启示？
活动名称3	许愿精灵
活动目标3	澄清目标和参加团体的动机，了解团体的性质。
活动流程3	①各小组内按逆时针顺序，让每个团体成员将下面两个句子补充完整，以澄清每位成员参加团体的动机和对团体的期望。 我加入团体的希望是： 我希望我们的团体是：

活动流程 3	②领导者澄清成员对团体的错误期待和认识，说明团体的功能和目的：宿舍人际关系在大学生的生活、学习中起着重要作用，通过人际交往团体心理辅导的训练，促进大学生在宿舍内正常地交际与交友。认识到不良的宿舍人际关系可能会导致社交回避行为的出现，并伴有苦恼的情绪体验等问题，甚至会对以后的宿舍关系造成消极影响。
活动名称 4	我们的承诺
活动目标 4	①建立安全、友善、信任的团体气氛。 ②制订团体规范，约束自我。
活动流程 4	①领导者说明订立团体规范的原因。 ②团体成员共同讨论和制定团体规范。 ③写在一张大白纸上，形成《团体契约书》。 ④每个成员进行宣誓承诺，并签名，以示自己愿意遵守这些团体规范。注意事项： 领导者在讨论中进行积极引导和补充。 团体规范内容： 注意集中（我承诺将注意力集中在课堂上！） 暂停评价（我承诺对别人的观点暂停评价！） 坦诚开放（我承诺对所有的成员坦诚开放！） 保密守时（我承诺做到保守秘密严格守时！） 积极倾听（我承诺表现最高品质积极倾听！）

2）单元二：建设团队

活动名称 1	建立合作小组
活动目的 1	将成员分成 6～8 人合作小组，以小组为单位进行活动体验，加强人际互动与沟通。
活动流程 1	通过报数的方式将所有成员分成 6～8 人合作小组。
活动名称 2	"滚雪球"式的自我介绍
活动目标 2	活跃团体内气氛，促进团体成员相互了解。
活动流程 2	①按顺时针方向，从某个成员开始用一句话介绍自己，要求这句话必须按照顺序包括家乡、爱好、品质、生日和昵称这 5 个信息。 ②从第二个人开始每个人介绍自己时必须从上一个人讲起，直到最后一个人都必须从上一个人讲起。 ③当所有人介绍完之后，可以用随机抽问的方式进行考察，结束后领导者引导讨论和思考。
活动名称 3	乔哈里视窗
活动目标 3	进一步通过自我和他人进行自我认识、自我反思、自我探索。

续表

活动流程3	①大家围坐成一个大圈。 ②给每个人发一张 A4 纸，纸上有乔哈里视窗。

姓名	自己知道	自己不知道
他人知道	1.开放区（公众我）	2.盲目区（背脊我）
他人不知道	3.隐藏区（隐私我）	4.未知区（潜在我）

③领导者要求成员在相应位置填写姓名，介绍并解释乔哈里视窗。有 2 分钟时间，要求成员在相应的区域写下自己眼中的自己。
④在领导者说时间到时将自己的乔哈里视窗纸依次向自己的左手边传递给其他成员，迅速对姓名作出反应，用第一反应并用关键词的形式写下对其他成员的评价和看法，是否署名依据自愿原则。
⑤领导者计时并发出指令，大约 30 秒进行一次传递，直到自己的纸回到自己的手里。
⑥领导者引导成员依据纸上的内容说出感想。

活动名称4	心有千千结
活动目标4	通过大家相互间的努力，成员了解到矛盾是可以解开的，促进成员间的相互支持与配合。
活动流程4	①小组成员结成一个面向圆心的圈，然后举起右手，抓住对面另一成员的手，再举起左手，抓住另一个人的手。但是不能抓自己身边成员的手，也不能两只手抓一个成员的两只手。这样就形成了一个复杂的"结"，要求成员在不松手的情况下，想办法把这个"结"解开。在活动的过程中，如果尝试了半个小时"结"都没有被解开，领导者可以允许某两只相邻的手断开一次，但必须马上封住。 ②领导者引导成员进行分组讨论：A.一开始面对这个复杂的"结"的时候，感觉是怎样的？在解开了一点以后，你的想法是否发生了变化？ B.在现实生活中，你是否也与周围的朋友结下了这样的"结"？有些"结"可能是看得见的，也可能是看不见的，比如你总是看某个同学不顺眼。在日常生活中，你是以何种心态来面对人际交往中的这些"结"的？ C.通过解开这个"结"，你觉得成员间的关系发生了什么微妙的变化？朋友之间发生矛盾冲突是否只有消极的影响？ D.当努力了很久"结"都没有被解开时，你的感觉是怎样的？想到放弃了吗？在现实生活中，当你与某个同学产生了激烈的冲突，或者冷战了很久都没有和好的迹象时，容易产生什么念头？ E.你运用了哪些方法来解开这个"结"？联系现实生活，这对你解决人际矛盾有什么启示？

3）单元三：体会友谊

活动名称 1	棒打薄情郎
活动目标 1	暖身与加深对成员信息的记忆和感情，过渡到下一个环节。
活动流程 1	①活动规则：持纸棒者站小组中间，左手指向一位组员，右手持棒指向另一位组员问，"他/她的优秀品质是什么？（前面介绍过的五个信息中的一个）"。如果组员不能立即回答或答错，则肩膀上被打一棒。被打的组员首先道歉请另一位组员告诉自己答案，然后去考别人，直到打到别的组员才能坐下。不能马上考刚才打他/他的组员，也不能一直问一个组员多个问题。 ②活动过程：大约 7 分钟时请站在中间考别人的组员打自己一棒后坐下，然后给小组 3 分钟时间重新记忆小组同学的所有信息。 ③教师提问：这个环节给我们的思考是什么？小组讨论 2 分钟后派代表发言，教师总结引导，比如关于艾宾浩斯的遗忘曲线及学习策略、记住别人信息在人际交往中的重要性，被记住带来的温暖感觉和没记住的尴尬等。
活动名称 2	友谊猜拳
活动目标 2	增加团体成员间的互动，增强默契感。
活动流程 2	所有成员站成内外两个圈，相对的两个成员划拳，相同则拥抱一次，不同则握手一次。一轮进行完后外圈同学顺时针方向走动，直至轮完整轮。
活动名称 3	你是我的有缘人
活动目标 3	增加团体成员间的互动，增强默契感。
活动流程 3	带领者将每张扑克牌剪掉数字并不规则地剪成两半，分发给所有同学，让成员在一分钟内找到同一扑克牌的另一半。找到扑克牌伙伴后，分别介绍自己的姓名、昵称、爱好等。
活动名称 4	信任之旅
活动目标 4	通过助人与受助的体验，增加对他人的信任和接纳。
活动流程 4	①扑克牌伙伴中，一位扮演盲人，另一位扮演帮助者。 ②盲人蒙上眼睛，原地转 3 圈，令其失去方向感，然后在帮助者的搀扶下，沿着指导者选定的路线，带领"盲人"绕室内外活动。其间不能讲话，只能在帮助者的帮助下让"盲人"体验各种感觉。 ③活动结束后两人坐下交流当"盲人"的感觉，与帮助别人的感觉，并在团体内交流。 ④互换角色，再来一遍，再互相交流。 ⑤团体交流讨论。内容集中在以下几个方面：对于"盲人"，你看不见后是什么感觉？使你想起什么？你对你的伙伴的帮助是否满意，为什么？你对自己或他人有什么新发现？对于助人者，你怎样理解你的伙伴？你是怎样想方设法帮助他的？这使你想起什么？ 目的：通过助人与受助的体验，增加对他人的信任和接纳。
活动名称 5	疯狂单词
活动目的 5	加强小组成员之间的合作与沟通。

续表

活动流程5	①第一轮：小组成员派一个代表抽出一个协助者提前准备的26个字母中的2个，然后用最短的时间摆出这个字母。 ②第二轮：小组成员派一个代表抽出一个协助者提前准备的一个单词，然后用最短的时间摆出这个单词。

4）单元四：自我悦纳

活动名称1	我的自画像
活动目标1	通过画"自画像"，学生进一步认识自己，展示一个"内心的我"。
活动流程1	①领导者发给每位参与者一张白纸，成员自备一支笔。 ②在8~10分钟内，每个人在白纸上画一幅自画像，领导者暗示大家，"自画像"可以是形象的肖像画，也可以是抽象的比喻画（例如动物或者自己生活中的场景），但是需强调这个自画像是代表自己。要求成员们画自画像期间不要看他人的画像，提醒成员本活动不是绘画比赛，不用因为自己的画技不好而感到为难，只要求大家的画像从内容、形式上反应大家对自我的认识。 ③自画像画好之后，请成员在白纸的另一面写下自己心中的"我"，即用一些形容词描述自己，例如外向、内向、开朗、乐观、安静、随性等能表现个人个性特点的一些形容词，描述中不能透露个人的姓名之类信息，然后请成员们把自己的名字写在描述的后面。 ④收取成员的画像作业，领导者选取有代表性的画像，与成员们一起讨论、交流。猜猜这是谁？选取几幅画像，先给全体学员们看画像，让他们猜测这画像可能是谁，让成员们进行交流和讨论，得出他们的答案，领导者不公布答案；然后指导者将画像者的自我描述一点一点读出，加以提示，这时再让成员们来猜测这位自画像代表了谁，最后公布答案，讨论。并请画像者谈谈自己画这幅画像的含义，为什么这么画，觉得这幅自画像在哪些方面能代表自己、表现自己是个怎么样的人。指导者注意观察其在讨论时的神情并结合画像加以相应的分析。 ⑤领导者对活动进行总结，启发成员进行思考。
活动名称2	"我很不错"
活动目标2	发掘自己及他人的正向特质，并与他人分享自己的优点与长处。
活动流程2	①在黑板上示范说明什么是正面评价，然后发给成员"我很不错"的自我分析表，让他们填写。 ②请一两名成员朗读自己的自我分析表，其他成员可以补充他的其他优点。 ③向成员讲述下述观念：虽然有许多不顺利、悲观的事情发生在我们身边，但同时许多顺利、喜悦、乐观的事也依然在进行，只是当我们过度悲伤时，常常忽略了它们的存在。只要用心体会，我们依然会发现这些美好的事物。 ④手持一面镜子，由领导者示范说出自己的三个优点。 ⑤成员分组围成圆圈，每组发给一面镜子，各组成员轮流用镜子并且说出自己的三个优点。其他成员可补充说一两项，直到全组说完为止。 ⑥回到大团体中，由领导者选若干成员说说刚才参加小组活动时的感想。

活动名称3	优点轰炸
活动目标3	学习发现别人的优点,在小组其他成员的称赞下增强自信,提高自我效能感。
活动流程3	①每组选出一名成员作为焦点,也就是中心人物。 ②优点轰炸:每个成员根据"自画像"和"我很不错"活动中了解到的信息,轮流对中心人物的优点或所欣赏之处(如性格、外貌、处事方式等)进行称赞,只说优点,态度要真诚,努力去发现别人的长处,不能毫无根据地吹捧,那样反而会伤害别人,被称赞的成员说出哪些优点是自己以前知道的,哪些是未曾意识到的。要求参加者要注意体验:a.被人称赞的感受如何? b.怎样用心发现他人的长处及自己的优点? c.怎样做一个乐于欣赏他人,同时也欣赏自己的人? ③每个成员轮流作为中心焦点人物,重复前两个步骤,被戴一次"高帽"。组长给每位成员准备一张卡片,简要记下组员们对他的称赞(优点),最后作为礼物送给这位组员。 ④组间交流:领导者请各组长代表本组同学简要谈谈对本次活动的感受。也可再请几名成员做补充反馈,表达感受,根据成员表达的焦点做讨论分享。

5)单元五:归因训练

活动名称1	我要去旅行
活动目标1	活跃气氛,加强成员互动,营造欢乐轻松的氛围。
活动流程1	小组成员围坐成一圈,其中一个人先说:"我要去旅行,我要拥抱别人。"然后拥抱他/她右边的那个人。被拥抱的这个人接着说:"我要去旅行,我要拥抱别人,还要拍拍他/她的背。"然后先拥抱她右边那个人,再拍拍那个人的背。每个人都要重复前面的人说过的话,并增加一个新的动作,直到每个人都轮完一次。
活动名称2	归因训练
活动目标2	帮助成员认识到不同归因方式的存在,体会不同归因带来的不同体验。
活动流程2	①领导者:宿舍人际关系的成功和失败,不同的学生可能采取不同的态度:有些成员倾向于把成败归咎于是否努力,并因此在以后的宿舍人际交往中调整努力程度;有些成员倾向于把成败归结于自己是否足够聪明,这些成员容易把失败看作是愚笨的证据,认为努力也于事无补;有些成员倾向于把成败归因于运气和外界环境,认为自己可以控制的因素很少,因此也不愿意付出努力。可见,成员对自己宿舍人际关系结果的归因,会直接影响他们的情绪和付出努力的动机,并最终影响他们以后的交往行为。 ②下面我们就来具体设想一下如果当你出现这些情况时,你会和我一样去进行归因和采取决定吗?请同学们根据表格中显示的"我认为……"的原因认真填写后面相应的部分。

续表

活动流程2	如果我……	我认为……	我感觉……	我决定……	结果……
	宿舍人际关系非常出色	是因为我很聪明	骄傲	不必努力	关系变差
		是因为我很努力	成就感	继续努力	关系变好
		是因为我运气好	侥幸	再碰碰运气	关系不变
		是因为我待人很真诚	自豪	继续真诚	关系变好
	宿舍人际关系非常糟糕	是因为我很笨	灰心、自卑	放弃努力	关系变差
		是因为我不够努力	羞愧	继续努力	关系变好
		是因为我运气不好	遗憾	再碰碰运气	关系不变
		是因为我待人不够真诚	惭愧	下次真诚	关系变好

③当我们写完这个表格，仔细看一看，哪些归因和决定导致的结果是你的宿舍人际关系上升了，这些就是积极的归因；积极的归因就像"天使"一样，能让人鼓起勇气，增添希望和动力。哪些归因和决定导致的结果是你的宿舍人际关系下降了，下降的归因和决定就是消极的归因；消极的归因就像"恶魔"一样降低我们的自信心，削弱我们的斗志，阻止我们前进的步伐。一个名叫"王小明"的学生的宿舍人际关系取得成功和遭受失败时，脑海中出现了"天使"和"恶魔"交替对她进行鼓励和打击。接下来我们来做一个活动，名字就叫"天使与魔鬼"。

活动名称3	天使与魔鬼
活动目标3	协助成员建立积极的归因模式，改善消极的归因模式。
活动流程3	①根据我们围坐的位置，我们刚好三人一组。每组三个人中，一个人扮演学生"王小明"，一个人扮演"天使"，一个人扮演"恶魔"。当"王小明"宣布："我最近宿舍关系非常棒（或糟糕）"后，"天使"要尽量帮助他进行积极的归因，激发他继续努力的动力，而"恶魔"会只是引导他进行消极的归因，打击他的自信心，打消他努力的动力。两个同学要轮流在"王小明"耳边发言。直到几个回合后，再交换另一种情况，继续发言。然后三个人交换角色，重复活动。直到所有人都扮演过三种角色。 注意，在发言过程中要注意归因一定要具体。 ②领导者小结。带领成员讨论："听到天使和恶魔的不同劝说，你都有什么不同感觉？"引导成员联系生活实际，反思自己在现实的宿舍人际交往中都是怎样进行成败归因的："你觉得哪种归因更真实？""你认为如何归因有助于提高宿舍人际关系？""你认为不同归因方式会有什么不同后果？"等。

6）单元六：沟通训练

活动名称1	心意相通
活动目标1	引导成员使用肢体语言进行交流，在活动之后进行交流，增加沟通技巧。
活动流程1	小组成员按照出生年月（阳历）从小到大排成一列，活动过程中只允许进行肢体交流，不能发出任何声音。各小组进行比赛，看哪组又快又准确地完成任务，最后进行交流与分享，引导成员厘清肢体交流过程中的信息传递偏差，帮助其掌握更多的肢体沟通技巧。
活动名称2	我说你画
活动目标2	成员在活动中体验与分享，领会沟通中的方法、技巧，并通过案例分析与讨论学会迁移与实际运用，从而树立成员们良好的沟通意识，激发学生积极主动与人交往的热情，提升人际交往中的自信心。
活动流程2	每组挑选一名成员将样图表述给同学们，其余成员们认真听，并按照自己的理解将图形画出来。 活动规则①：说者——只能用语言表达；听者——只能听，不能提问题，独立完成；时间为3分钟；与样图一致者，可加1分。 活动规则②：听者——可以举手提问题，独立完成；时间为6分钟；与样图一致者，可加1分。 分享与讨论。 问题1：第二次画与第一次画相比，哪次更容易？为什么？ 问题2：你的感受如何？——听者 　　　　你在哪里出现错误？为什么会画错？——听者 问题3：如果你能再说一遍，你在表达方面有没有改进的地方？——说者 　　　　如果让你说，你会怎样表达？——听者 样图： 指导老师引导：人际沟通是双向互动过程，有问有答，有反馈，才能达到最佳的效果。如何说得更好？如何听得更准确？ 音量、语调　　　　　先整体描述，后逐一讲解 对表达内容充分理解　　给予赞美、鼓励 站在听者的角度思考　　用听者听得懂的语言 适当地提问、强调、重复　善用手势、身体、表情等身体语言

续表

活动流程2	错误倾听	没有耐心，有一点没听明白，就不想再听下去了。
		想当然，没有及时提问。
		不善于从别人的提问中收集信息。
		忽略手势、表情等非语言信息。
		随意打断、插嘴。
		无反馈。

活动名称3	我希望，我愿意！
活动目标3	帮助成员清楚地说出请求，建立宿舍内人际交往中的自信，并学会正确待人接物的方式、方法，减少矛盾的产生。
活动流程3	①明确目的：在生活中有些人不会也不敢表达自己的请求，或者认为别人应该了解你的需要，自己不必提出；或者认为经常请求才能获得的给予变得价值比较少。其实，能够肯定地请求的人，比那些不要求的人收获更大，提出请求的次数越多，满足你需要的机会也越大。当然，肯定的请求并不能保证你一定可以获得你要求的东西，因为你必须承认别人也有拒绝的权利。 ②了解肯定的请求的方式：肯定的请求常常以询问的方式出现，而不是以叙述或命令的形式呈现。比如"你愿意和我一起去图书馆上晚自习吗？"肯定的请求包括两种形式：请求别人给予行为的回应与请求别人给予口头的回答。 ③训练方法：两人一组，根据成员自己设想的情境，相互对应练习。如请求室友停止吸烟、请求室友说话声音不要太大、请求室友帮助你做什么事等等。具体设置举例如下： 你听音乐时，旁边的室友正在嚼口香糖，声音很大，干扰了你欣赏音乐，你很不舒服。这时，你会说_____ 你借给室友100块钱，他答应发了助学金时还你钱。但是发助学金的日子过了5天，他还没还你钱，你会说

活动名称4	倾听训练
活动目标4	帮助成员学会用心聆听他人的想法，提升和他人沟通的技巧。
活动流程4	①指导者说明全身心倾听的要求：全身心倾听要做到眼到、耳到、心到。首先是观察和察觉对方的非言语行为——身姿、表情、动作、手语等。其次要注意仔细地听，并理解对方的言语信息。再次，必须联系对方所生活的社会环境，倾听其整个人。即结合对方个人经历进行理解，并留意对方的表达中透露出的可供利用的资源和需要挑战的地方。 ②学习倾听的语言技巧。指导者提出倾听语言技巧的要求：a.要求对方补充说明。建议对方讲得更详细，或补充说明一些情况。对不清楚的地方，提出问题，让对方讲得更清楚、明白和详细。b.直截了当。多描述少评论。多用"是的""我理解你的解释""我同意"等，少用"不""我不认为这样""我认为不该这样"等否定或评论式语言。c.给予肯定回答。称赞对方或明确地表示同意，表明双方有共同的语言。避免沉默不语。保持耐心，让对方把话说完。复述对方的内容，阐述自己的理解，解释对方的意图。然后将团体成员分成2人一组。先请1人谈最近经历的一件感触较深的事情，时间5分钟左右，另1人练习倾听的语言技巧。接着交换练习5分钟。之后双方交流感受和体会。

活动流程 4	③学习倾听的非语言技巧。指导者提出倾听的非语言技巧要求：a.身体前倾。表示对对方感兴趣，给人留下洗耳恭听的感觉。b.面对对方。一种表达投入的姿态，你采取的身体朝向能够告诉对方，你正与他同在。c.姿势开放。交叉的双手和双脚可能意味着心理上的封闭，会削弱你给予他人的关心感。开放的姿势可以显示你接纳对方的态度。d.保持目光接触。说话人会从我们的眼睛中读出我们是否对他感兴趣，因此要尽可能地瞧着对方。但不要死盯不放，这样会给对方压力。瞧对方是以目光在对对方说：我与你同在，我很想听听你想说的话。e.尽量地做到相对的放松。放松意味着表情大方自然，也意味着你在利用躯体作为交流手段时能做到轻松自如。f.利用积极的面部表情和头部运动。微笑、扬眉、高兴或赞成时的点头动作，说明你注意对方讲话。g.利用声音的反应。抑扬顿挫，铿锵有力，表示你对对方的话感兴趣。 ④请感触深的成员进行示范并交流体会。 ⑤布置家庭作业：在日常交往中学会倾听。

7）单元七：我们的家

活动名称 1	同舟共济
活动目标 1	让成员认识到帮助他人及被帮助的重要性，体会到助人自助的快乐，学会换位思考。
活动流程 1	将所有成员分为四人一组，活动过程中不能落在地上，不能用其他东西支撑身体，组内所有成员必须站在报纸上。完成后将报纸不断对折，继续活动。站的时间越久，折叠的报纸越小，就越成功。成员分享感受。
活动名称 2	齐心协力
活动目标 2	帮助成员打造自己理想的宿舍氛围，并制定大家都满意的交往规则。
活动流程 2	①以宿舍为单位，要求每个宿舍选出本宿舍的舍长，制订出宿舍的舍名、舍徽、舍歌、舍训和舍规。 ②制订完后，把它们写或画在已准备好的海报纸上。每个宿舍成员在上面签名。 ③每个宿舍的舍长讲解本宿舍的舍名、舍徽、舍训和舍规，并合唱舍歌。 ④请成员分享上述活动中的感受。
活动名称 3	我的宿舍人际蓝图
活动目标 3	培养宿舍成员团结合作，以宿舍为家的精神，增强宿舍成员之间的凝聚力。
活动流程 3	①用若干个形容词描述你所在宿舍的人际关系现状，并用图画表现出你现在在宿舍的状态、感受等。 ②用若干形容词描述你所希望达到的宿舍人际关系是怎样的，并用图画表现出你希望在宿舍的状态、感受等。 ③比较两幅图画中你的异同，讨论人际关系的重要性。比较两种情况下形容词的异同，整理出成员普遍期望的宿舍人际关系蓝图，设为团体共同目标。

8）单元八：与友同行

活动名称1	丢毛线球
活动目标1	成员之间相互分享团体收获，以一个有仪式感的环节结束团体。
活动流程1	所有成员围坐一圈，教师准备一个红色毛线球。领导者抓着毛线球一头将它投向任何一个人，接到的人讲出这几天的收获和感受，随后将其扔给下一个人。下一个人同样谈感受、谈收获，直到所有人手中都牵着毛线球的节点。最终呈现出一个红色的网络，让成员觉得大家相互之间是有链接的。最后，领导者要总结，让每个人都带着所有人的祝福去努力实现自己的生涯目标，圆满结束这次团体心理辅导活动。
活动名称2	回首来时路
活动目标2	①总结进入团体以来的感受和学会的东西。②评价团体功能，看是否成员都有一定的成长。③加深成员间的情感联结，增进团员之间的亲密感。④提高成员的满足感，让成员看到自己在集体中的重要性。
活动流程2	采用轮圈发言的形式，请每位成员将下列句子补充完整。①我印象最深刻的团体活动是……因为……②我觉得在这个团体中最大的收获是……③我觉得团体可以改进的地方是……
活动名称3	祝福留言卡
活动目标3	对小组成员的离别表达，处理离别情绪。
活动流程3	给每位成员发一张心形的祝福卡，每人在卡的右下端写上自己的名字。然后依次向右传，每位成员都写下自己对其他成员的祝福、鼓励或建议。写完后，每位成员仔细阅读他人写给自己的祝福，并与他人握手表示深深的感谢。
活动名称4	幸福大团圆
活动目标4	总结整个团体心理辅导历程，处理离别情绪，把所学用到今后的学习与生活中。
活动流程4	所有成员站成一个大圈，面朝圆心，将两手分别搭在左右成员的肩膀上，随着《友谊地久天长》的背景音乐有节奏地左右摆动，并一起轻声哼唱。全体成员在温馨甜蜜的气氛中告别团体。

3.6 效果评估与评价

3.6.1 成员评估

1）问卷调查

再次对班级成员进行《人际关系综合诊断量表》《室友关系调查表》问卷调查，

与前期结果进行对比。

2）班级打分

由全班进行打分。打分项目有三项，一个是班级凝聚力分数，一个是小组关系分数，一个是同伴交往能力与室友关系分数，总分皆为 10 分。

3）个案访谈

对问卷调查结果提升非常显著和分数不理想的同学再次访谈，从提升显著的同学那里获得成功经验，从分数不理想的同学那里询问具体问题，看看是否是活动设计或操作的缺陷，如是同学个人问题，可建议他进行个体咨询处理。

3.6.2 领导者评估

1）领导者自评

领导者填写《团体领导者个人评核量表》，总结和分析此次团体辅导过程中的优缺点。

2）观察员评估

观察员通过对领导者带领团体心理辅导的过程的观察，对领导者进行全方位的评估，主要目的是给领导者提供第三者视角的观察所得，供领导者思考与改进。

3）督导评估

领导者提供方案、操作视频、评估结果等与督导进行探讨，对团体心理辅导效果进行评估。

3.6.3 整体评价

（1）本篇团体心理辅导主题立足于前期主题需求调查、问卷调查、深入性访谈调查结果，具备现实依据，活动方案具有针对性。

（2）本篇团体心理辅导总目标符合该班学生人际交往提升和室友关系处理技能提升需求，单元活动目标围绕该班学生的人际关系、室友关系问题现状、原因、提升对策进行设定。活动方案符合该班学生心理发展需求，具有直接的实践意义。

（3）本篇团体心理辅导方案以相关理论启示为基础，借鉴以往相关人际关系团体心理辅导干预文献，并结合该班学生的现实问题为实际出发点，形成四阶段八单元的环环相扣、层层递进的干预方案，在干预过程中达到帮助成员认识自己、悦纳自己、欣赏他人、团结奉献、友好合作、积极归因、正向沟通等系列目标，该活动方案具有极强的操作性和有效性。

（4）本篇团体心理辅导设计具备双重功能，针对前期调查出来的问题，从方便、经济、安全的角度，按照初始、转换、工作、结束四个阶段进行，帮助大学生更好地进行同伴交往的基础上锻炼其处理室友关系的思路与方法。在每个工作单元设置课后作业进行练习和拓展，保证团体心理辅导效果的即时性和持续性，更好地引导学生将所学的方法和技能运用到现实生活中去，使其建立更多的积极体验，收获更好的人际关系。

（5）本篇团体心理辅导设计具有丰富实践运用价值，活动设置符合大学生身心发展规律，操作过程简单易上手，内容深入浅出，适合不同层次带领者借鉴与运用。

附　录

附录 1：《人际关系综合诊断量表》

题目	完全不符合	不符合	不确定	符合	非常符合
1. 关于自己的烦恼有口难言	1	2	3	4	5
2. 和生人见面感觉不自然	1	2	3	4	5
3. 过分地羡慕和妒忌别人	1	2	3	4	5
4. 与异性交往太少	1	2	3	4	5
5. 对连续不断的会谈感到困难	1	2	3	4	5
6. 在社交场合，感到紧张	1	2	3	4	5
7. 时常伤害别人	1	2	3	4	5
8. 与异性来往感觉不自然	1	2	3	4	5
9. 与一大群朋友在一起，常感到孤寂或失落	1	2	3	4	5
10. 极易受窘	1	2	3	4	5
11. 与别人不能和睦相处	1	2	3	4	5

题目	完全不符合	不符合	不确定	符合	非常符合
12. 不知道与异性相处如何适可而止	1	2	3	4	5
13. 当不熟悉的人对自己倾诉他的生平遭遇以求同情时，自己常感到不自在	1	2	3	4	5
14. 担心别人对自己有什么坏印象	1	2	3	4	5
15. 总是尽力使别人赏识自己	1	2	3	4	5
16. 暗自思慕异性	1	2	3	4	5
17. 时常避免表达自己的感受	1	2	3	4	5
18. 对自己的仪表（容貌）缺乏信心	1	2	3	4	5
19. 讨厌某人或被某人所讨厌	1	2	3	4	5
20. 瞧不起异性	1	2	3	4	5
21. 不能专注地倾听	1	2	3	4	5
22. 自己的烦恼无人可倾诉	1	2	3	4	5
23. 受别人排斥与冷漠	1	2	3	4	5
24. 被异性瞧不起	1	2	3	4	5
25. 不能广泛地听取各种各样意见、看法	1	2	3	4	5
26. 自己常因受伤害而暗自伤心	1	2	3	4	5
27. 常被别人谈论、愚弄	1	2	3	4	5
28. 与异性交往不知如何更好相处	1	2	3	4	5

附录 2：《室友关系调查表》

题目	肯定不是	大部分不是	时有时无	大部分是	肯定是
1. 关于自己的烦恼很难向室友倾诉	1	2	3	4	5
2. 对长时间和室友聊天感到困难	1	2	3	4	5
3. 时常避免向室友表达自己的感受	1	2	3	4	5
4. 不能专注地听室友倾诉	1	2	3	4	5
5. 不能广泛听取室友的各种意见	1	2	3	4	5
6. 过分羡慕和嫉妒室友	1	2	3	4	5

续表

题目	肯定不是	大部分不是	时有时无	大部分是	肯定是
7. 时常有伤害室友的语言或行为	1	2	3	4	5
8. 无法与室友和睦相处	1	2	3	4	5
9. 认为室友会负向地评价自己	1	2	3	4	5
10. 讨厌某室友或被某室友讨厌	1	2	3	4	5
11. 瞧不起室友	1	2	3	4	5
12. 受到室友的排斥和冷漠对待	1	2	3	4	5
13. 经常被室友愚弄	1	2	3	4	5
14. 经常与室友发生口角和肢体冲突	1	2	3	4	5
15. 人们常识中的乌鸦是黑色的	1	2	3	4	5
16. 寝室里至少有一个可以值得我信赖的人	1	2	3	4	5
17. 我时常与室友一起娱乐交流	1	2	3	4	5
18. 我生病后我的室友肯定都愿意照顾我	1	2	3	4	5
19. 对室友的不幸遭遇我都能予以鼓励与支持	1	2	3	4	5
20. 我一直努力使室友欣赏我	1	2	3	4	5
21. 大部分室友对我有正面评价	1	2	3	4	5
22. 和室友在一起十分感到自在	1	2	3	4	5
23. 和室友在一起不会感到孤独	1	2	3	4	5
24. 我和大部分室友有共同的兴趣爱好	1	2	3	4	5
25. 我和室友能互相激励，共同进步	1	2	3	4	5

第 4 章

大学生生命教育与危机预防班级团体心理辅导

——以重庆某大学大三某班级为例

生命是一切智慧、力量和美好情感的唯一载体，它是任何东西都不可替代的，正如罗马学者西塞罗所说："懂得生命真谛的人，可以使短促的生命延长。"可我们却常能听到大学生由于各种原因而产生自残、自伤甚至自杀的行为，真是令人痛心。《教育部办公厅关于印发〈普通高等学校学生心理健康教育工作基本建设标准（试行）〉的通知》（教思政厅〔2011〕1号）中，强调了大学生生命教育的重要性。对于身陷心理健康的沼泽而不能自拔的大学生，亟需生命教育与危机预防的涉入，以提高大学生的心理健康水平。通过对重庆某大学大三某班级学生进行心理健康需求主题调查发现，该班大学生对生命教育主题非常需要。

4.1 学情调查与分析

4.1.1 调查目的

了解该班学生生命意义感的现状，为后续进行班级团体心理辅导方案设计与实施提供依据。

4.1.2 调查对象

重庆某大学大三年级某班 37 名学生，其中男生 18 人，女生 19 人，在朋辈群体关系的研究中，交往多且好的 22 人，点头之交的 15 人。

4.1.3 调查方法

（1）问卷调查法。采用问卷调查法了解大学生某班级大学生生命意义感现状。

（2）访谈法。根据问卷调查结果，选取低分数方向 27% 的学生中的 9 名同学进行访谈，为后续进行生命教育与危机预防团体心理辅导方案设计提供更加具体详细的针对性信息。

4.1.4 调查工具

（1）生命意义感量表（PIL）（Crumbaugh & Maholick，1964）。该量表包括生活态度（个体对生活的感受）、生活目标（对当前生活目标的掌握度与实践感）、生命价值（个人对自己生活价值的肯定）、生活自主（个人的自主性）四个维度，采用 7 点计分的方式，分别出各维度得分相加为总得分。在每个题目的下方设有一对意义相反的形容词，被试根据最近半年以来的真实感受来进行选择。

（2）《大学生生命意义感访谈提纲》（自编）。

4.1.5 调查结果

1）问卷调查结果与分析

（1）该班大学生生命意义感总体水平。该班大学生生命意义感的描述性统计结果，见表 4.1。从表 4.1 可知，本次调查的大学生生命意义感的平均得分为 4.10 ± 0.24，各维度得分从高到低依次是生活态度（5.83 ± 0.72）、生活目标（3.93 ± 1.15）、生命价值（3.77 ± 1.06）、生活自主（2.90 ± 0.80）。以 7 级计分制的 4 分为理论中值，说明该班大学生生命意义感总体不高，尤其是生活自主、生命价值和生活目标三个维度都偏低。

表 4.1　调查班级大学生生命意义感的描述性统计结果（N=37）

生活态度	生活目标	生命价值	生活自主	总分
5.83 ± 0.72	3.93 ± 1.15	3.77 ± 1.06	2.90 ± 0.80	4.10 ± 0.24

（2）该班大学生生命意义感在性别上的差异。采用独立样本 t 检验分析该班大学生的生命意义感在性别上的差异，结果见表 4.2。从表 4.2 可知，不同性别大学生在生命意义感总问卷上存在显著差异（t=2.490，p=0.019 < 0.05），具体表现为男性生命意义感得分显著高于女性。其中，在生活态度维度上也存在显著的性别差异（t=2.304，p=0.034 < 0.05），男性得分显著高于女性。在生活目标、生命价值、生活自主上的得分不存在显著差异。

表 4.2　不同性别大学生在生命意义感总分及各维度上的差异（N=37）

	男（n=18）	女（n=19）	t	p
生活态度	6.43 ± 1.75	5.21 ± 0.92	2.304	0.034
生活目标	3.98 ± 0.97	3.65 ± 1.23	0.814	0.422
生命价值	4.88 ± 1.05	4.59 ± 1.06	0.756	0.456
生活自主	3.14 ± 0.79	2.85 ± 0.81	0.916	0.367
总分	4.51 ± 0.74	4.08 ± 0.46	2.490	0.019

（3）该班大学生生命意义感在朋辈关系上的差异。该班大学生的生命意义感在朋辈关系上的差异详见表 4.3。从表 4.3 可知，不同朋辈关系在生命意义感总问卷上存在显著差异（F=14.789，p=0.001 < 0.05），具体表现为朋辈群体关系为交往多且好的生命意义感得分显著高于朋辈群体关系为多是点头之交的生命意义感得分。其中，不同朋辈关系在生活目标维度（F=6.251，p=0.018 < 0.05）和生命价值维度（F=11.625，p=0.002 < 0.05）上都表现出显著的差异性，具体都表现为朋辈群体关系为交往多且好的得分显著高于朋辈群体关系为多是点头之交的得分。另外，在生活态度、生活自主上不存在显著差异。

表 4.3　同朋辈关系在生命意义感总分及各维度上的差异（N=37）

	交往多且好（n=22）	多是点头之交（n=15）	F	p
生活态度	6.06 ± 1.60	5.18 ± 0.97	3.101	0.088
生活目标	4.17 ± 1.08	3.23 ± 0.98	6.251	0.018

续表

	交往多且好（n=22）	多是点头之交（n=15）	F	p
生命价值	5.16 ± 0.96	4.05 ± 0.82	11.625	0.002
生活自主	2.98 ± 0.80	2.98 ± 0.84	0.053	0.985
总分	4.59 ± 0.54	3.86 ± 0.51	14.789	0.001

2）访谈调查问题与结果

根据问卷调查的结果，设计了大学生生命意义访谈提纲（见表 4.4 左边问题部分）。与学生通过微信、QQ 聊天的方式，选取该班生命意义感分数低分数方向后 27% 的 9 名同学进行半结构式访谈，以求能够从访谈结果中找到这个群体所具有的具体问题来帮助设计有针对性的团体心理辅导方案。访谈结果见表 4.4。

表 4.4 调查班级大学生生命意义访谈结果（N=9）

问题	回答
Q1：你认为你的生活有意义吗？如果按照 1—10 的等级评量是哪个等级？	有 1 位学生表示应该有意义，5 位学生表示不太清楚；3 位学生表示没多大的意义。5 位学生打出 3 分，3 位学生打出 4 分，1 位学生打出 5 分。
Q2：什么情况下会让你觉得生活是有意义的呢？何时不会？	2 位学生认为生活有意义与自我相关，3 位学生认为与生活相关（即感觉到自己有价值；努力看到成果时、成绩有提升、受到表扬和鼓励、有解决困难的能力时；回归大自然的时候），4 位学生认为和成功相关；4 位学生表示不清楚，3 位学生表示没有确定的目标时会觉得生活没有意义，2 位学生表示受到挫败没有办法应对时。
Q3：你的生活有明确的目标或者计划吗？	5 位学生表示没有，3 位学生表示不知道，1 位学生表示有。
Q4：你有为自己的目标计划做过哪些努力吗？	其中 1 位学生通过精细的计划做出了努力，其余 8 位学生目前表示没有做出什么努力。
Q5：你觉得父母最关注你什么？老师最关注你什么？	学生一致认为父母的关注主要集中在健康、成绩以及未来的工作上；老师主要关注安全，甚至有学生认为，老师并没有关注他们。
Q6：你觉得自己幸福吗？为什么？	根据学生的回答发现，通过与其他更严重的相比，自己相对而言还是幸福的，但幸福的程度并不深，其中一位学生表明自己并不幸福。
Q7：有什么东西是你觉得能让生活变得有意义的？	4 位学生表示是时间规划，2 位学生表示是和朋友、家人的关系，2 位学生表示是对自我的认知，1 位学生暂不清楚。

问题	回答
Q8：对待生命，你的座右铭是什么？	A1：珍爱生命，远离危险。A2：开心就好。A3：发生了的都是可以接受的，能让我们感到恐惧的只有恐惧本身。A4：生命不在于得到过什么，而在于做过些什么。A5：尽量好好地活着。A6：物来顺应，未来不迎。当时不杂，既过不恋。A7：重要的不是你活了多少年，而是你活出的生命有多少分量。A8：知足常乐。A9：把余生的每一天都当作最后一天。
Q9：你知道什么是生命教育吗？	有 5 名学生知道什么是生命教育，2 名学生对于生命教育不是很清楚，2 名学生完全不知道什么是生命教育。
Q10：你觉得有必要开展大学生生命教育吗？为什么？	8 名学生都认为很有必要，主要原因包括：大学生承受能力较低，认为死就能解决一切；生命教育是进行其他教育的前提。1 名学生认为，对于他来说是没有必要的，因为他不喜欢别人以说教者的身份进入他的生命，而对于其他人来说是有必要的。

4.2　目标制订与分解

　　根据前面有关该班级生命意义感的问卷调查和抽样访谈调查，可以发现该班大学生的生命意义感处于较低水平。具体表现主要有以下几个方面。

　　（1）该班大学生生命意义感总体及其各维度都处于中等偏下水平，特别是生活自主、生命价值和生活目标偏低。其具体表现在总分以及生活态度这一维度上男性得分显著高于女性，在总分及生活目标和生命价值维度上朋辈群体关系为交往多且好的得分显著高于朋辈关系为多是点头之交的得分。因此，在后续分组时要尽量把不同性别的学生进行混合分组，不同朋辈群体关系进行混合分组。

　　（2）没有明确的生活目标以及正确的时间规划。生命意义感较低的人在生活中由于缺乏良好的目标管理，很容易过得浑浑噩噩，从而导致他们在生活中很难找到有意义的东西作为坚持的动力。

　　（3）没有良好的朋辈群体关系，也无法向他人寻求帮助。在遇到挫折时，生命意义感较低的人没有一个发泄口，只能将自己的不良情绪压抑在心中，形成习得性无助，积累过多，会觉得越发没有意义，也会怀疑自己存在的意义。

　　（4）自我的承受能力较低。生命意义感较低的人会有死能解决一切的错误认知，缺乏足够的信心去承受生活中所遇到的苦难。

4.2.1 总体目标

（1）认知信念目标：训练学生用全面、发展、积极的眼光看待自己，建立正确的生命价值理念，改变不合理的信念。

（2）情绪情感目标：转变消极的自我评价，缓解由于各种消极状态所引起的焦虑、抑郁等情绪，找到合理发泄情绪的方法，能以更积极的态度和方式面对生活与挫折，并能制订出适合自己的目标与计划。

（3）技能行为目标：培养学生良好的人际交往能力、目标管理能力、压力承受能力以及团体凝聚力，让学生能明白生命的意义，达到干预的目的。

（4）思政辅导目标：引导成员对自己的未来进行目标规划，有意识地去体验成功，增强成员的自信心及其在生命中的责任与意义，促进成员的心理健康成长。

（5）过程方法目标：通过生命的相遇、生命的缘分、自我的悦纳、别人眼中的我、生命的力量、生命的责任、生命的展望、聚散终有时八个板块的团体心理辅导，在活动体验中增强学生的生命意义感，缓解消极情绪的影响，最大程度促进学生的心理健康发展。

4.2.2 阶段目标

（1）初期阶段：让团体成员相互认识，建立团队规范，澄清成员期待。

（2）转换阶段：自我探索。在团队凝聚力提升的基础上，感受到生命中与他人交流的好处，过渡到理解生命的内涵、体验生命的美好以及支持系统的找寻和建立。

（3）工作阶段：在团体活动过程中，引导成员认识并理解生命的内涵，感受生命中的阳光，提升成员的生命意义感，形成乐观坚强的美好品质。

（4）结束阶段：回顾团体经历、感恩相遇。总结活动中的经验与感受，增强未来生活中面对苦难与死亡的信心；评估成效，让整个活动在温暖的氛围中结束。

4.3 理论指导与启示

（1）积极心理学理论。积极心理学将研究重点集中于人自身的积极因素，主张心理学要以人实际的、潜在的、具有建设性的力量、美德和善端为出发点，用一种积极的心态对人的心理现象（包括心理问题）作出新的解读，从而激发人自身内在的积极力量和优秀品质，并用之帮助有问题的人、普通人或具有一定天赋的人，以使他们最大限度地挖掘自己的潜力并获得良好的生活。此外，积极心理学认为消极的情绪能够非常轻易地吸引人们的注意力和记忆力，这一结论也被大量研究证实。由此，该理论对本次团体心理辅导方案设计的指导与启示是：我们可以在团体心理辅导方案中设计出一些相关活动与练习，使成员的注意力、记忆力和期望远离消极和悲惨，逐步集中到自身积极和希望的一面上来，从而引导成员发现自身优点与潜能，能以更积极的心态解读所经历的重大挫折与困难，激发更多正能量去面对生活。

（2）生命意义感理论。20 世纪 60 年代，Frankl 第一次将哲学范畴中的生命意义概念引入了心理学范畴，并以这个理论形成了他个人的"意义治疗"。Frankl（1992）认为每个人生来就具有追求生命意义的本能，指引个体持续不断地去追求自己的目标，并且在人生不同阶段所追求的自我实现是不同的。Crumbaugh（1973）认为能够体现生命意义感的地方就在于个体能够树立一个有意义的目标，这个目标能够为个体指引方向，让个体认识到自身的价值，并且个体在逐步完成目标的过程中能够通过工作和对社会的贡献，从意义的感悟中体会出生命的价值，不仅可以得到别人对自己的认可，自己在实现目标过程中的责任感也可以赋予价值。大学生处在不成熟向成熟的过渡时期，心理上缺乏稳定性，强调自由和权利，追求个性独特，缺乏责任感。这种追求个性、自由的背后其实掩藏着心灵的空虚和茫然，难以寻找活着的意义和生命存在的价值，使部分大学生在遭遇某种挫折或困境时，轻易就放弃了自己的生命。因此，该理论对本次团体心理辅导方案设计的指导与启示是：在团体心理辅导中，有必要帮助成员了解和感悟生命的意义，引导成员找到自己具有意义的明确目标，在追求目标的过程中去感受自己的进步与快乐，增强生活动力和生命意义感。

（3）人本主义理论。该理论认为，人的一切行为动力来源于自身的需求，这些需求被分为低级需求和高级需求，依次为生理需求、安全需求、归属和爱的需求、尊重的需求、自我实现的需求。其中自我实现的需求是指个人对最高境界的追求，努力实现个人潜力的欲望。当自身的需求满足时，就会体验到满足感。自我实现论是马斯洛需求层次理论的核心，他认为当人充分发挥自己的潜能时，会体验到一种"高峰体验"。所以马斯洛认为实现生命意义的途径有两种：一种是在个体达到目标的过程中感受到的成就感；另一种是在处于高峰体验时更有可能去寻找生命的意义。因此，该理论对本次团体心理辅导方案设计的指导与启示是：根据人本主义理论的观点，自杀者或者具有较高自杀可能性的人很有可能是其某种需求无法得到满足，因而导致了自杀行为或自杀意念的产生。我们在进行生命教育的团体心理辅导方案设计时，要重视成员需求的满足，注意多创造机会让成员充分体会到成就感与满足感。

（4）核心自我评价理论。该理论的提出者 Judge 将核心自我评价定义为：个体对自身能力和价值所持有的最基本的评价。甘怡群等人（2007）提出了中国人的核心自我评价理论构想，其中包括 4 种核心特质：善良、才干、处世态度以及集体自尊。①善良表达了个体待人处事的内部价值观和法则，包括对人真诚、宽容、关心他人以及诚信、正直和重视感情生活等内在品质。②才干与个体的成就动机、主观幸福感、行为抑制及心理健康水平存在显著的相关。③处世态度是对人生和事业的基本态度，包括自信和淡泊两个小因素。自信反映了对理想、事业的追求；淡泊指对成就和成功的态度。④集体自尊的概念源于社会认同理论，这一理论认为，人们是部分地根据自己所属的社会群体或群体种类来定义自我。因此，人的自我知觉、自我评价、自尊等都受到所属群体的影响。所谓集体自尊，即个体对自己所属群体的评价性程度。因此，该理论对本次团体心理辅导方案设计的指导与启示是：在转变成员消极自我评价时，可以四个核心特质为基础进行工作，从而提升成员的自信和主观幸福感。

（5）自杀心理理论。该理论的提出者弗洛伊德解释了"自我"患情绪抑郁症或处在严重的忧郁状态时的自杀行为。他认为自我毁灭行为是个体在经历不良处境的折磨或强大的心理刺激下，将不满的情绪、对外的攻击向内投的结果，是对"自我"的攻击。因此，该理论对本次团体心理辅导方案设计的指导与启示是：有必要考虑到挫折与磨难带来的负面情绪与攻击性，需要帮助成员学会将这些负面情绪与攻击性以合理方式发泄出来，避免把不满情绪与攻击性投向个体内部，导致个体的自责，甚至自伤、自杀。

综上，本次生命教育与危机预防团体心理辅导以提升大学生的生命意义感、转变消极自我评价为主要工作。可运用积极心理学理论与核心自我评价理论的相关知识作为参考，帮助成员正确认识自己，着眼于自身优秀品质，激发自身积极力量，提升成员的自信与主观幸福感以便更好面对生活。此外，根据该团体的问卷调查数据，并结合意义治疗、人本主义理论以及弗洛伊德的早期自杀心理理论，还可针对绝望感和敌意较高的群体，通过帮助他们树立有意义的目标、体验成就感与满足感，以及学会合理发泄等方式，达到生命教育的目的。

4.4　文献分析与借鉴

和娟等人（2016）对网上招募的 40 名大学生进行为期 6 周的生命教育团体心理辅导，结果表明其干预组和对照组在极端心理危机事件各因子上存在显著的差异，能有效降低干预组的极端心理事件上的心理倾向，证明生命教育团体心理辅导能有效降低大学生的极端心理倾向。

张文闻（2020）以一个团体心理辅导案例为开端，对突发事件后的高校毕业生所产生的心理危机进行干预。研究结果表明，其能有效减少他们因为突发事件而产生的不良情绪，帮助他们从事件中恢复。

安宏玉、王少强（2021）对 60 名心理危机学生进行为期 6 周的基于生命教育的团体心理辅导干预结果显示，其干预组的强迫、人际关系敏感等与对照组呈现出显著差异，证明团体心理辅导能明显改善心理危机大学生的心理健康状态和有效预防危机。

沈翔鹰（2022）对浙江省某高校 40 名学生进行为期 8 周的团体心理辅导的干预，实验组大学生的生命意义感有显著提升。在此基础上，他认为可以从培育学生的责任担当、激励利他行为生成、整合正负情绪价值、凸显生命价值引领等四个方面提出提升大学生生命意义感的有效策略。

总而言之，基于生命教育的团体心理辅导在一定程度上能有效对心理危机进行预防与干预，本研究将借鉴已有研究中所使用的有效方法，以生命的发展为基础进行团体心理辅导方案的设计，以期提升被试参与的积极性和生命教育的有效性。

4.5　方案设计与内容

4.5.1　团体心理辅导名称

大学生生命教育与危机预防团体心理辅导。

4.5.2　团体心理辅导性质

封闭性、结构性、发展性团体。

4.5.3 团体心理辅导次数

8次，每次90分钟。

4.5.4 团体心理辅导地点

团体心理辅导教室。

4.5.5 方案内容

辅导阶段	单元主题	针对问题	单元目标	单元方案：活动与作业	准备事项
初期阶段	生命的相遇	团体成员之间的陌生感以及对团体心理辅导的认识不够，团队凝聚力弱。	（1）引导团体成员之间相互认识与熟悉。 （2）建立安全、轻松、愉悦、真诚的团体氛围，拉近团体成员间的距离。 （3）向参与学员澄清本团体心理辅导的目标与流程及对自己的适合性。 （4）了解团体的性质，建立团体守则与规范。	（1）领导者发言（5 min）； （2）雨点变奏曲（20 min）； （3）我们都是一家人（15 min）； （4）"滚雪球"式的自我介绍（20 min）； （5）共同的约定（25 min）； （6）课后作业：小组团队建设与成果（5 min）。	纸、笔、多媒体设备
转换阶段	生命的缘分	对人际交往认识不足。	（1）进一步加强成员之间的互动与了解，增进感情。 （2）增强团队凝聚力。 （3）帮助成员明白人际交往过程中沟通、信任的重要性。	（1）作业展示：小组团队建设与成果展示（20 min）； （2）情有千千结（20 min）； （3）建高塔（25 min）； （4）盲人看世界（20 min）； （5）课后作业：制作晴雨表之雨天（5 min）。	废报纸、胶带、眼罩、剪刀
	自我的悦纳	对于生命的片面认识以及对自我的误解，导致不喜欢自己。	（1）了解生命的独特性。 （2）正确认识自我，学会悦纳自我。	（1）天气预报（10 min）； （2）找找小核桃（30 min）； （3）参天大树（15 min）； （4）我的自画像（30 min）； （5）课后作业：自己在活动中的特点与记录（5 min）。	核桃、纸、笔

辅导阶段	单元主题	针对问题	单元目标	单元方案：活动与作业	准备事项
工作阶段	别人眼中的我	对自我的认识较为片面。	（1）从他人角度认识自我，形成正确自我认知。 （2）正确看待别人的评价。	（1）作业回顾：认识自我（15 min）； （2）冥想（20 min）； （3）我是谁（25 min）； （4）看图想象（25 min）； （5）课后作业：完成乔哈里视窗的知觉反馈表（5 min）。	纸、笔、多媒体设备
	生命的力量	由于长期负面看待自我，导致缺乏自信，感受不到生命的力量。	（1）感受生命的力量，自我探索，了解成长的过程。 （2）寻找自己的资源和优势，自我肯定，增强自信。	（1）大风吹（15 min）； （2）天生我才（25 min）； （3）积极看世界（25 min）； （4）自信之树（20 min）； （5）课后作业：优点的分享与讲述背后的故事（5 min）。	纸、笔、练习表、多媒体设备
	生命的责任	调整心态能力弱，很难作出选择而被动接受。	（1）澄清自身的价值观，学会作出选择。 （2）正确面对生活中的困难和痛苦；调整心态，用乐观态度积极面对。	（1）松鼠与大树（10 min）； （2）价值拍卖会（30 min）； （3）我的五样（20 min）； （4）观看动画短片《礼物》（25 min）； （5）课后作业：一周生活事件的记录与思考（5 min）。	拍卖单、道具纸币、纸、笔、锤子
	生命的展望	对未来很迷茫，在百无聊赖以及一次次失败中渐渐感受不到生命的意义。	（1）了解生命的意义。 （2）帮助成员为自己设置合适且具体的目标，对未来有一个明确的规划。 （3）引导成员体验成功。	（1）我的事件清单（10 min）； （2）观看《一分钟的生命》（One Minute Fly）（15 min）； （3）我的生命线（25 min）； （4）十年后的我（20 min）； （5）我的生命清单（15 min）； （6）课后作业：生命清单的完善（5 min）。	纸、笔、多媒体设备
结束阶段	聚散终有时	团体成员间的支持与鼓励以及离别的不舍情绪。	（1）组织成员回顾团体心理辅导过程，分享心得体会，谈谈计划与展望。 （2）引导成员为以后的生活做好准备，激发成员的自信心与动力。 （3）鼓励成员之间相互祝福与道别，处理离别情绪。	（1）生命中的事（20 min）； （2）我们的回忆（20 min）； （3）送你一朵小红花（20 min）； （4）笑迎未来（20 min）； （5）惜惜相别（10 min）。	纸、笔、多媒体设备

4.5.6　方案详解

1）单元一：生命的相遇

活动名称1	领导者发言
活动目标1	使成员对整个团体活动有所了解，建立对活动的信任。
活动流程1	领导者用热情的语调欢迎成员的加入，并澄清成员的期待，明确活动的次数和时间等。
活动名称2	雨点变奏曲
活动目标2	热身，消除成员的陌生感，引起成员的兴趣，活跃小组气氛。
活动流程2	①领导者通过给成员念一段文字，成员作出相应的反应。文字中会有"小雨""中雨""大雨""暴雨"的字样。 ②当听到小雨时，大家拍打自己的膝盖；当听到中雨时，大家拍打自己的肩膀；当听到大雨时，大家拍手；当听到暴雨时，大家与左边的同学拍掌。 ③当领导者将手向上升的时候，成员的动作力度加大，声音变强，相反，则成员的力度减小，声音变弱。
活动名称3	我们都是一家人
活动目标3	让成员体会和感受个人与团体的关系。
活动流程3	①开始时让团体成员围成一圈手拉手，充分体会大家在一起的感觉。 ②领导者说"几个人一组"，成员必须按照要求重新组成几人一组，形成新的"家"。此刻，请那些没有找到家的成员谈谈游离在团体之外的感受，也可以请团体成员分享和大家在一起的感觉。 ③领导者可多次变换人数，让成员有机会去改变自己的行为，积极融入团体中，让成员体验有家的感觉，体验团体的支持，要特别观察先找到家又失去家或失去家又找到家的组员，让他们谈谈先后体验。
活动名称4	"滚雪球"式的自我介绍
活动目标4	集中注意力，熟悉小组成员，记忆他人信息的同时强化他人优点，有鼓励和鞭策的作用，同时增强组员的相互了解与凝聚力。
活动流程4	①成员围坐成一圈，领导者根据要分的组数确定报数规则，比如本班37名同学，可以分为6组，按照1-6、6-1、1-6等规则进行报数，报到相同数字的同学自动分为一组。 ②从其中一个成员开始，每人用一句话和一个动作介绍自己。语言和动作中必须包含三方面内容：姓名、鲜为人知的特点（在团体活动中能发挥作用的）、最能够代表自己的动物（配合标志性造型的动作）。 ③规则是：当前一个成员说完后，后一个成员必须重复前面所有成员的信息后再介绍自己。最后领导者随机抽取一位组内成员来复述其中一位成员的信息，未回答正确的成员进行一分钟的表演展示。

活动名称5	共同的约定
活动目标5	让成员理解团队及其规则的意义，激发成员对团队的规则遵守和维护，调动成员的积极主动性。
活动流程5	①小组讨论，共同制定团体规范，指导者引导并补充。 ②将规范写在大白纸上或写在每个学员的笔记本上。 ③每个成员在《团体契约书》上签名表示自己愿意遵守。
课后作业	小组做团队建设，并形成一定的成果，下一周进行展示。

2）单元二：生命的缘分

活动名称1	作业展示：小组团队建设与成果展示
活动目标1	回顾上周的内容，并深层次提高凝聚力。
活动流程1	每个小组就上周的作业，进行成果性的展示。
活动名称2	情有千千结
活动目标2	建立良好的互动关系，活跃团体气氛，提高成员之间的熟悉程度。
活动流程2	①每个小组牵手形成一个圈，领导者站在圈外指挥。 ②每个成员都要记住自己左右两边的人，领导者开始放音乐，成员跟随着音乐开始随意在圈内走动，当音乐停止，大家都停止走动。在保持原地不动的情况下，找到刚开始在自己左边的人，用左手牵住那个人的右手；找到刚开始在自己右边的人，用右手牵住那个人的左手。 ③想尽一切办法在所有人不松手的情况下恢复到正常的最初的牵手状态，最快恢复原状的小组即为胜者，落后的小组进行表演。
活动名称3	建高塔
活动目标3	了解合作的过程和重要性，增进团体的协作能力、信任和凝聚力。
活动流程3	①给小组分发材料（报纸、画报、透明胶），要求小组成员合作建成一座"高塔"。并说明在建造过程中不能发出声音，只能用非言语的方式表达。规定时间到后就必须停下。结束后评比哪组的塔最坚固，哪组的塔最高，哪组的塔最美，哪组的塔最有创意。 ②在每组中选出一个观察员，由观察员记录作业过程中团体内发生的状况，如方案是如何产生的，分歧是如何解决的，谁是团体内的关键人物，每个成员在团体活动过程中的表现与贡献如何等。在活动过程中强调非言语的规则，维持活动的公平性。 ③分享：第一，听了观察员对团体活动过程的记录，你有什么感想？第二，这个活动给了我们什么样的启示？第三，在活动过程中，你担任的角色是什么？你对自己的表现满意吗？你有什么可以提升的吗？

续表

活动名称4	盲人看世界
活动目标4	增强成员对人际关系中相互信任以及被领导的感觉、敏感度,促进成员的互动和了解。
活动流程4	①领导者说明此活动是为了让大家体验领导者和被领导者。活动中每个组选一个人先蒙住眼睛,其他成员则任选其一做同伴,站到他旁边去领导他,但不可说话,不可让他知道自己是谁,试着用其他方式带领同伴。 ②领导者对未蒙住眼睛的成员说明带领时的要点:(不可让蒙眼睛者听到)第一,你现在是领导者,你如何用自己的方式,带领同伴经历他周遭的世界?第二,你如何借自己的领导,来扩充他的世界?第三,注意自己的态度,是保护同伴的呢,还是不太能照顾同伴的?第四,对你来说,带领一个人是否是很重的负担?需要很大的努力吗?然后开始选择同伴。 ③领导者说明:现在开始去扩充你的世界(不可说话),10分钟后回来。 ④10分钟后,大家回来,拿下眼罩,看自己的同伴是谁,两个人分享彼此的感觉(5～10 min)。 ⑤角色互换(可换新同伴,或仍是旧同伴)继续以上的活动,活动体验结束后先由两人互相分享(5～10 min)。 ⑥所有人回到团体和团体成员分享(15～20 min)。分享内容:你是领导者和被领导者时分别有什么不同的感受?经过这个活动,你和你合作的伙伴之间的关系有何变化?
课后作业	关注自己最近生活和学习上的感受,并制作自己的晴雨表之雨天,即让自己感觉到难受、不开心的事情。

(八)单元三:自我的悦纳

活动名称1	天气预报
活动目标1	成员间彼此相互熟悉,放松准备,活跃气氛,回顾前一周的作业。
活动流程1	成员将上一次作业进行分享,领导者引导成员从积极的方面去思考雨天中发生的事情。
活动名称2	找找小核桃
活动目标2	认识到每个人都是与众不同的,促进成员的自我认识。
活动流程2	①领导者给每一个成员发一个核桃,然后要求大家在10分钟内尽量调动一切感觉通道来识别和记住自己的核桃,如肉眼观察、用手触摸、闻味道、听声音等。 ②5分钟后领导者将所有核桃回收并混在一起,看看每个组员能否准确找出自己的核桃。 ③活动结束,领导者号召成员发表活动感想。引导成员思考,核桃看起来都差不多,但是每一个都有它自己的特色,联系到成员自身,要正视自己,挖掘自身的独特之处,每一个人都是独一无二的存在。

活动名称3	参天大树
活动目标3	大树代表人的内心，初步了解每个成员的态度、经历、情感、价值观等，增强成员的归属感与安全感。
活动流程3	①每个同学在纸上画出一棵属于自己的"生命树"，想象它有多少岁，经历了多少风风雨雨，饱受了多少世间沧桑，有哪些价值。 ②与它进行一次心灵对话，并写在树的下方。 ③进行小组分享以及团体分享。
活动名称4	我的自画像
活动目标4	强化成员的自我认识，加深对他人的认识和理解，促进成员的自觉。
活动流程4	①指导者给每位成员发1张图画纸，每人或几个人合用1盒彩色水笔，请成员画出心中的自己。 ②可以有标题，也可以无标题，若有标题，则写：生活中的我、我的梦等。让成员随自己的意思，可以用任何形式画出自己，抽象的、形象的、写实的，动物、植物等什么都可以。总之，把自己心目中最能代表自己的东西画出来。 ③这种方法可以使成员发现隐藏在潜意识层面的自我，不知不觉中对自己作出评估和内省。画完后挂在墙上，开"画展"，让成员自由观看他人的画，不加评论。 ④欣赏完毕，请每一位成员对自己的画进行解释并答疑。自画像用非语言的方法将画者的内心投射出来，是一种独特的自我探索、自我分析、自我展示的方法。 ⑤分享：你是否重新认识自己？是否有发现以前没发现的特点？他人的话对你有影响吗？
课后作业	整理自己在活动中所表现出来的特点并用自己喜欢的方式记录下来。

4）单元四：别人眼中的我

活动名称1	作业回顾：认识自我
活动目标1	强化对自我的认识。
活动流程1	小组内每位成员对上周的内容进行总结，归纳自己的优缺点，分享自己在生活中并没有察觉到的特点，谈谈感受，最后以"我是一个……的人"进行总结，写在便条上。
活动名称2	冥想
活动目标2	让成员思考自己有哪些消极自我评价，以及产生消极自我评价的原因。
活动流程2	领导者引导成员进行冥想，让成员们将注意力集中到自己身上，并引导其思考自己有哪些消极自我评价，以及产生这些消极自我评价的原因。
活动名称3	我是谁

续表

活动目标3	让成员能觉察、认知他人对自己的评价，思考他人的评价对自我评价的影响。
活动流程3	①要求成员在事先准备好的卡片上完成下列句子。 父母眼中的我：＿＿＿＿＿＿＿＿＿＿＿＿＿＿＿。 朋友眼中的我：＿＿＿＿＿＿＿＿＿＿＿＿＿＿＿。 老师眼中的我：＿＿＿＿＿＿＿＿＿＿＿＿＿＿＿。 同学眼中的我：＿＿＿＿＿＿＿＿＿＿＿＿＿＿＿。 自己眼中的我：＿＿＿＿＿＿＿＿＿＿＿＿＿＿＿。 ②成员间交流、分享，并讨论哪个句子最难完成，为什么。
活动名称4	看图想象
活动目标4	让成员意识到不要过分看重别人的评价，促进自我评价的积极客观。
活动流程4	①由领导者给大家呈现一幅图画，要每位成员给这幅图画取个名字，想象图中发生了什么？大家分享自己的内容。 ②领导者对成员进行提问：为什么对同一事物，大家却存在着不同的看法？让成员们意识到，一千个人眼中有一千个哈姆雷特，而我们能做的就是多听取一些别人的意见，不要固执己见。
课后作业	完成乔哈里视窗的知觉反馈表，正确认识自己。

5）单元五：生命的力量

活动名称1	大风吹
活动目标1	减少成员间的隔阂和羞涩感，激发成员的兴趣，营造和谐轻松的氛围，使他们感到融洽，调查成员情况并找到相互之间的共同点以建立亲近感，如年龄、籍贯、毕业学校、身份、爱好等。
活动流程1	①全体围坐成圈，领导者立于中央。 ②领导者开始说："大风吹！"大家问："吹什么？" ③领导者说："吹戴眼镜的人。"则凡是戴眼镜者，均要移动，另换位置，没有抢到位置或最后坐下的成员要进行自我展示，再继续进行。在活动中，领导者可以吹一些积极的品质或需要调查了解的信息。
活动名称2	天生我才
活动目标2	了解自己的长处，珍惜自己的潜能，学会自我欣赏，同时学会欣赏他人。
活动流程2	①成员按小组坐，领导者介绍活动，每人发一张"天生我才"的练习表，成员进行填写。每位成员在小组内说出自己所填的内容后，再开始下一项。 ②所有成员全部讲完之后，开始小组内讨论：你是否同意"每个人都有长处"？原因是什么？你向别人介绍自己的优点时的心情怎样？这个练习让你对自己的认识跟以前相比有没有不同？当你发现自己有这么多优点的时候，你的感受是什么？同学在介绍自己的优点的时候，你觉得跟以前自己对他（她）们的认识有没有不同？当你发现别人有这么多优点时，你的感受是什么？

续表

活动名称3	积极看世界
活动目标3	让成员学会用正向的词语反转评价，形成积极的心态。
活动流程3	①让全体成员学会用建设性的积极用语反转负面用语。 ②积极的反转训练： a. 设计多个消极的内心谈话表，每个小组抽取一张谈话表。 b. 以小组为单位思考并讨论如何用积极的用语来反转消极的内心谈话表。 c. 在班级中相互交流反转结果。
活动名称6	自信之树
活动目标6	引导成员探索自己的人生历程和收获，提高自信心。
活动流程6	①让每位成员在自己的本子上画上一棵大树，大树要大得可以容纳几个大苹果。 ②引导成员回顾自己的过往经历，把自己独立完成、有成就感的事情写在苹果上，有多少成功的事情就画多少个苹果，越多越好。 ③写完后，组内进行分享；每个成员都向组内的其他成员说出自己的自信树上的成功果，越形象、越生动、越调侃越好，并且解释如何获得成功。让成员在回忆成就感的过程中，体验到自信的感觉。
课后作业	给身边的人分享自己的一个优点，并为他们阐述背后的故事。

6）单元六：生命的责任

活动名称1	松鼠与大树
活动目标1	放松心情，营造良好的团体氛围。
活动流程1	①三人一组，两人扮演"大树"，面对对方，伸出双手搭成一个"棚屋"；一人扮"松鼠"，蹲在棚屋下面；领导者或其他没成对的人员担任临时人员。 ②领导者喊"松鼠搬家"，"大树"不动，扮演"松鼠"的人必须离开原来的"大树"，选择其他的"大树"；临时人员就扮演"松鼠"并插到"大树"当中，落单的人应表演节目。 ③领导者喊"樵夫砍树"，则"松鼠"不动，扮演"大树"的人必须离开原先的同伴重新组合成"大树"，并罩住"松鼠"，临时人员就扮演"大树"，落单的人应表演节目。 ④领导者喊"森林大火"，则扮演"大树"和"松鼠"的人全部打散并重新组合，扮演"大树"的人可扮演"松鼠"，扮演"松鼠"的人也可扮演"大树"，临时人员也插入队伍当中，落单的人应表演节目。
活动名称2	价值拍卖会
活动目标2	协助成员认识价值观并检视个人的价值观。

续表

活动流程2	①领导者引导成员想象现在进入了一家大商场，商场正在举行拍卖会，拍卖会上有很多展品，将价值拍卖单和500万道具纸币发放给每位成员并进行说明，告诉成员你现在拥有500万元，可以竞标你所想要的价值，如果竞标成功，主持人会敲锤子表示成交。领导者先让成员填写预算价格，再进行拍卖活动，并做各项拍卖记录。 ②拍卖结束后，领导者引发成员进行思考。分享：请成员对照自己所重视的价值属于哪一项，并在小组中讨论，看看哪些价值是大家普遍都想要的，最后分享是不是每个人都买到了自己想要的价值，有什么感受。 ③拍卖规则：每人500万元，每一项底价5万元，每次喊价不得低于5万元，也不得高于500万元。
活动名称3	我的五样
活动目标3	帮助成员澄清自我价值观，通过整合和选择，深入探索生命中自己重视的东西，并进一步思考怎样让自己的生命更有意义。
活动流程3	①请成员们在白纸上写下"我的五样"，将"我"替换成成员自己的名字。 ②请大家闭上眼睛，在头脑中搜索与自己的名字，也就是与自己相关联的记忆片段。在生命中，有没有一些东西是特别重要的呢？有没有一些人、事、物、有形的、无形的，是最被自己所重视，最不可或缺的呢？然后写出五样在面前的这张白纸上。 ③如果你的生活经历了变故，只剩下了四样，你必须选择舍弃一样，你会选择舍弃哪样？以此类推，到纸上只剩下一样宝贵的东西时，请思考你每次舍弃的是什么？你最终保留的是什么，他为什么对你这么重要？成员进行交流讨论。 ④最后在成功地启发了我们诸多思考之后，请成员们再将它们清晰地写出来，我们的生活美好依旧，幸福依旧。
活动名称4	观看动画短片《礼物》
活动目标4	学会如何面对生活中的苦难，积极乐观地生活
活动流程4	观看奥斯卡动画短片《礼物》，结束后分享，在动画中最打动你的情节是什么？你有什么感受？生活中遇到困难和问题时我们该如何对待？
课后作业	思写对自己最重要的价值以及产生原因；记录最近一周的生活事件，按照时间、地点、事件、原因、心情、调适过程和解决方式，罗列成清单。

7）单元七：生命的展望

活动名称1	我的事件清单
活动目标1	对上周作业的反馈，引导成员积极面对生活中的问题与苦难。
活动流程1	每位成员分享自己的清单，其余成员积极倾听与关注，并进行有效的回应。
活动名称2	观看《一分钟的生命》

续表

活动目标 2	了解时间是有限的，学会如何去掌握时间，让有限的生命活出无限的可能。
活动流程 2	观看视频后引导成员进行思考：看完视频后的感受以及如果你只有一分钟、一年、十年或不确定多少年的生命，你会做些什么？
活动名称 3	我的生命线
活动目标 3	协助学生感悟生命经验的意义，认识生命的价值，树立正确的人生观，从而促进其身心健康发展。
活动流程 3	①成员在自己的生命树右边空白处画一条竖直的生命线，在上方标出箭头。起点代表出生的时候，在终点写出预测死亡年龄。然后找出自己现在所处的位置。回顾过去发生在生活中的事情，并将它们按时间顺序在生命线上列出来，根据感受，愉快的可以放在线条右侧，不愉快的可以放在线条左侧；然后想象未来想要做的事情及可能发生的事情，仍然按可能愉快或不愉快放在线条的左右侧。 ②小组分享讨论。 ③感受启发。
活动名称 4	十年后的我
活动目标 4	设想未来，构建蓝图，并建立一个合适的目标，让未来可视化。
活动流程 4	①设想"十年后的我"，包括"我"的工作、收入和社会地位、家庭生活、娱乐休闲生活是怎样的，会以怎样的形象去参加十年后的大学同学会。 ②让成员在生命树上写下十年后自己的样子，然后思考并写下自己如何才能成为这个自己。
活动名称 5	我的生命清单
活动目标 5	了解自己生命的优势，在这样的优势中获取自己的力量。
活动流程 5	书写"在生命中已做/尝试中/未完成的事情"，思考自身哪些品格优势能帮助实现相应计划和目标。小组内进行讨论，分享自己的清单。
课后作业	做一件在生命清单中尝试中或者未完成的事情，并记录在这过程中的感受。

8）单元八：聚散终有时

活动名称 1	生命中的事
活动目标 1	将自己的能力和优势相结合，把对于未来的目标具象化，在实现清单的同时提升自我价值感。
活动流程 1	小组围成圈，每位成员分享自己的清单。结束后全部成员思考并分享：完成清单时的感受如何？与以前相比，自己有了什么样的改变？
活动名称 2	我们的回忆

续表

活动目标2	引导成员回忆团体心理辅导过程中的收获。
活动流程2	以小组为单位，回顾团体心理辅导活动以及其过程中的其他作业、作品、照片、视频等素材，并在团体中分享感受。
活动名称3	送你一朵小红花
活动目标3	进一步了解他人，增进合作；帮助成员了解自己，发现自己更多的优点，增强自信。
活动流程3	①每位成员将自己的生命树放在场地中间。 ②成员随着欢快的背景音乐在场地中自由地走动。 ③让成员在每一位想要留言的成员的生命树周围的土地上画出一朵小红花，并在花瓣上写出对方的优点，在花蕊中写出想对对方说的话。 ④音乐结束后，成员回到自己的生命树旁，查看他人写下的优点与留言。
活动名称4	笑迎未来
活动目标4	让成员对自己的团体经验作出总结，并准备向团体告别。这个活动了解成员在团体过程后的进步与改善，肯定成长，鼓舞信心。
活动流程4	①团体围圈而坐，给每人发一张彩纸、一支笔。 ②每人在自己的纸上写上自己的名字，然后传给右边的人。 ③接到彩纸的人在纸上写出对纸上名字的人的祝福或建议。 ④以此类推，彩纸回到自己手上时，这张纸就写满了祝福。
活动名称5	惜惜相别
活动目标5	总结个人与团队的收获。
活动流程5	全部成员围成一个圈，站起来手拉手，一起合唱《我们的生活充满阳光》，领导者带领大家一起宣誓对当下、自我的承诺，最后小组成员相互告别。

4.6 效果评估与评价

4.6.1 成员评估

1）问卷调查

再次对班级成员进行《生命意义感量表》调查，与前期结果进行对比。

2）个人评价

学员填写《团体满意度自我评量表》。

3）个案访谈

对问卷调查结果提升非常显著和分数不理想的同学进行再次访谈，从提升显著的同学那里获得成功经验，从分数不理想的同学那里询问具体问题，看看是否是活动设计或操作的缺陷，如是同学个人问题，可建议进行个体咨询处理。

4.6.2 领导者评估

1）领导者自评

领导者填写《团体领导者个人评核量表》，总结和分析此次团体心理辅导过程中的优缺点。

2）观察员评估

观察员通过对领导者带领团体心理辅导的过程的观察，对领导者进行全方位的评估，主要目的是给领导者提供第三者视角的观察所得，供领导者思考与改进。

3）督导评估

领导者提供方案、操作视频、评估结果等与督导进行探讨，对团体心理辅导效果进行评估。

4.6.3 整体评价

（1）生命教育与危机预防团体心理辅导主题是符合学生需要的。通过前期调查，发现该班学生所需求的主题即是生命教育与危机预防，说明他们在这方面确实存在着很大的空缺，因此方案以此为主题进行下一步的研究。

（2）本篇团体心理辅导方案中团体心理辅导目标是符合本班学生实际情况的。团体心理辅导目标的确定是基于生命意义感量表结果以及访谈调查结果，并将其进行整合得出，有事实的依据。同时，总目标与各分目标之间互相联系，阶段目标也在为总目标服务。

（3）本篇团体心理辅导方案中的文献理论借鉴部分具有权威性、启示性和具体性。

在理论借鉴中，均发现了对本研究的启示以及可以借鉴的地方，正确解释了该班学生的问题所在，并且在文献的基础上进行了自己的修改完善。

（4）在方案设计中，严格按照暖身、转换、工作和结束进行，活动间环环相扣，慢慢深入，每次活动后利用课后作业进行巩固。在方案中，设施齐全、有良好的准备工作，且轻松易实施，可以用很简单的道具却又不失趣味地实现团体心理辅导的目的。

（5）本篇团体心理辅导方案设计做了大量的准备工作，根据事实依据、文献依据、理论依据得到了最终的方案流程，并在以往研究上进行符合该班学生特点的创新和完善，可操作性强，能够有针对性地提高学生的生命意义感，达到危机预防的目的，具有实践意义。

第 5 章

大学生异性交往与恋爱心理班级团体心理辅导

——以重庆某大学大二某班级为例

大学阶段正是个体发展亲密感克服孤独感的重要阶段，无论是良好的异性交往能力还是健康的恋爱关系都能够帮助大学生保持平衡的心理状态，更好地适应大学生活。妥善处理异性交往与恋爱关系问题也是衡量大学生社会适应能力的重要指标之一。如果大学生在异性交往过程中存在严重的人际困扰，在恋爱关系中存在不健康的相处模式，由此导致的低自尊会严重地影响大学生心理发展与心理健康，甚至出现因"爱"自杀、他杀等恶性事件。因此，大学生异性交往困扰与恋爱心理不成熟已然成为学生管理和学校心理卫生服务急需解决的问题，开展相应方面的心理辅导刻不容缓。无论是对大学生健康人格的培养，还是对促进和谐校园建设，该类辅导均具有重要的现实意义。通过对重庆某大学大二某班级学生进行心理健康需求主题调查发现，该班大学生普遍对异性交往与恋爱心理辅导主题最为需要。

5.1　学情调查与分析

5.1.1　调查目的

了解该班学生在异性交往与恋爱心理方面的现状，为后续进行班级团体心理辅导方案设计与实施提供依据。

5.1.2　调查对象

重庆某大学大二年级某班 50 名学生，调查对象的人口学变量的构成情况如表 5.1 所示。

表 5.1　调查班级大学生的人口学变量情况表（N=50）

变量	分类	n
性别	男	30
	女	20
是否为独生子女	农村	25
	城镇	25
恋爱状况	正在恋爱	10
	单身（有过恋爱经历）	32
	从未有过恋爱经历	8

5.1.3　调查方法

（1）问卷调查法。采用问卷调查法了解某班级大学生异性交往及恋爱心理现状特点。

（2）访谈法。根据问卷调查结果，抽取异性交往困扰高分数方向 27% 的学生和恋爱成熟度低分数方向 27% 的学生进行访谈，为后续进行异性交往与恋爱心理团体心理辅导方案设计提供更加具体详细的针对性信息。

5.1.4　调查工具

（1）《人际关系综合诊断量表》的异性交往困扰分量表。本研究将选取其中的异性交往困扰维度作为测量异性交往困扰的指标，该量表由我国学者郑日昌（1999）编制。此量表共计 28 道题，每道题两级评分。此量表共分为 4 个维度，分别是人际交谈困扰、人际交友困扰、待人接物困扰、异性交往困扰，每个维度各 7 道题。量表的总分越高，表明个体所受到的困扰程度越深，在人际关系中表现越差；得分越低，表明受到的人际关系困扰程度越低。以往的研究对人际关系综合诊断量表进行了信度分析，

Cronbach's α 系数为 0.780，表明此量表信度良好。

（2）《大学生恋爱心理成熟度量表》。本研究选择由李壮（2011）编制的《大学生恋爱心理成熟度量表》，该量表共 26 个题。量表包含 4 个关键维度，分别是恋爱压力应对、关爱、情趣、婚恋观。整个量表采取 6 点计分，施测方便。用 Cronbacha 系数公式计算量表的 α 系数，得到整个成熟度总量表的 α 系数为 0.929，恋爱压力应对的分量表的 α 系数为 0.919，关爱维度分量表的 α 系数为 0.841，情趣维度分量表的 α 系数为 0.897，婚恋观维度分量表的 α 系数为 0.866。

5.1.5　调查结果

1）问卷调查结果与分析

（1）该班大学生异性交往困扰的总体水平。该班大学生人际交往困扰中异性交往困扰水平的描述性统计结果，如表 5.2 所示。从表 5.2 可知，本次调查的大学生异性交往困扰水平的平均得分为 1.75±0.97，明显高于理论中值 1.5 分，维度最高平均分为 2 分，得分越高，说明困扰程度越大。总体异性交往困扰水平处于中等偏上，其中有 14 人（28%）存在一般程度的异性交往困扰，有 19 人（38%）存在较为严重的异性交往困扰。

该班大学生恋爱心理成熟度的描述性统计结果，如表 5.2 所示。从表 5.2 可知，本次调查的大学生恋爱心理成熟度的平均得分为 2.72±0.20，明显低于理论中值 3.5 分（6级计分制），总体恋爱心理成熟度处于中等偏下水平。根据大学生恋爱心理成熟度量表的评分情况，本次调查中恋爱压力应对、关爱、情趣、婚恋观各维度的得分数也都明显低于维度得分的中点数 3.5 分，表明学生恋爱心理需要进一步调适，恋爱能力还需要继续培养与提升。

表 5.2　调查班级大学生异性交往困扰和恋爱心理成熟度的描述性统计结果（N=50）

异性交往困扰	恋爱压力应对	关爱	情趣	婚恋观	恋爱心理成熟度
1.75±0.97	2.71±0.29	2.77±0.28	2.68±0.28	2.70±0.34	2.72±0.20

（2）该班大学生异性交往困扰及恋爱心理成熟度在性别上的差异。采用独立样本 t 检验分析该班大学生的异性交往困扰水平和恋爱心理成熟度在性别上的差异，结果如表 5.3 所示。从表 5.3 可知，女生与男生在异性交往困扰水平上存在显著性差异，表现为男生在异性交往困扰方面的困扰得分显著高于女生；女生与男生在恋爱心理成熟度总量表及恋爱压力应对、情趣、婚恋观上存在显著性差异，表现为男生在总量表和此

三个分维度上都要比女生成熟，即恋爱心理成熟度要高于女生。

表5.3　调查班级大学生异性交往困扰及恋爱心理成熟度的性别差异（N=50）

因子	男（n=30）		女（n=20）		t	p
	M	SD	M	SD		
异性交往困扰	1.79	0.12	1.71	0.10	3.360	0.002
恋爱压力应对	2.85	0.26	2.51	0.20	5.226	0.000
关爱	2.86	0.27	2.65	0.23	2.913	0.005
情趣	2.78	0.31	2.55	0.17	3.463	0.001
婚恋观	2.79	0.34	2.58	0.19	2.240	0.030
恋爱心理成熟度	2.82	0.19	2.58	0.12	5.748	0.000

（3）该班大学生异性交往困扰及恋爱心理成熟度在是否是独生子女上的差异。采用独立样本 t 检验分析该班大学生的异性交往困扰及恋爱心理成熟度在是否是独生子女上的差异，结果如表5.4所示。从表5.4可知，该班大学生的独生与非独生子女在异性交往困扰总分、恋爱心理成熟度总分及各维度得分上均不存在显著差异。

表5.4　调查班级大学生异性交往困扰及恋爱心理成熟度在是否独生子女上的差异（N=50）

因子	是（n=25）		否（n=25）		t	p
	M	SD	M	SD		
异性交往困扰	1.75	0.10	1.76	0.10	0.307	0.007
恋爱压力应对	2.70	0.30	2.65	0.28	1.352	0.183
关爱	2.82	0.23	2.73	0.32	1.157	0.253
情趣	2.69	0.30	2.67	0.26	0.250	0.804
婚恋观	2.67	0.27	2.73	0.40	−0.581	0.564
恋爱心理成熟度	2.74	0.18	2.69	0.23	0.885	0.381

（4）该班大学生异性交往困扰及恋爱心理成熟度在恋爱状况上的差异。采用单因素方差分析该班大学生的异性交往困扰及恋爱心理成熟度在恋爱状况上的差异，结果如表5.5所示。从表5.5可知，异性交往困扰总得分在三种恋爱状况上存在显著差异，表现为恋爱中的人比单身（有过恋爱经历）的人有更少的异性交往困扰，而单身（有过恋爱经历）的人又比从未有过恋爱经历的人拥有更少的异性交往困扰。也可知，在

这三种恋爱状况上，恋爱心理成熟度及恋爱压力应对得分也呈现出显著差异，体现为正在恋爱的人恋爱心理成熟度高于单身（有过恋爱经历）的人、从未有恋爱经历的人，恋爱压力应对能力也高于单身（有过恋爱经历）的人、从未有恋爱经历的人。

表 5.5　调查班级大学生异性交往困扰及恋爱心理成熟度在恋爱状况上的差异（N=50）

因子	正在恋爱（n=10）		单身（有过恋爱经历）（n=32）		从未有过恋爱经历（n=8）		F	LSD
	M	SD	M	SD	M	SD		
异性交往困扰	1.91	0.12	1.72	0.03	1.71	0.01	48.26***	恋爱 > 单身 > 从未恋爱
恋爱压力应对	2.81	0.27	2.75	0.27	2.41	0.21	6.448**	恋爱 > 单身 > 从未恋爱
关爱	2.71	0.28	2.86	0.25	2.48	0.12	7.993**	恋爱 > 单身 > 从未恋爱
情趣	2.75	0.24	2.71	0.31	2.50	0.13	2.229	
婚恋观	2.78	0.26	2.73	0.36	2.48	0.28	2.296	
恋爱心理成熟度	2.76	0.20	2.77	0.18	2.47	0.06	10.252***	恋爱 > 单身 > 从未恋爱

注：* 表示 $p<0.05$；** 表示 $p<0.01$；*** 表示 $p<0.001$

2）访谈调查问题与结果

根据问卷调查的结果，设计了大学生异性交往与恋爱心理访谈提纲（见表 5.6 左边问题部分），与学生通过微信、QQ 聊天的方式，选取该班异性交往困扰前 27% 的 5 名同学和恋爱心理成熟度后 27% 的 5 名同学进行半结构式访谈，以求能够从访谈结果中找到这个群体所具有的具体问题来帮助设计有针对性的团体心理辅导方案。访谈结果如表 5.6 所示。

表 5.6　调查班级大学生异性交往与恋爱心理访谈结果（n=13）

问题	回答
Q1：你在异性交往中主要是面对哪些人的时候会出现困扰？	A1：我喜欢的暗恋对象。 A2：面对外表条件好的异性的时候。 A3：权威的异性或者与我不熟的人。 A4：同龄或者三十岁以上年龄的异性。 A5：班级异性或者不熟悉的人。

续表

问题	回答
Q2：请举例说明你在异性交往中出现困扰的具体表现。	A1：不敢直视对方的眼睛，可能会浑身发抖，会刻意转移自己注意力。跟他们说话会非常紧张，情况严重时脸会通红，脑袋放空，完全不在状态。 A2：面对不错的异性时，我会考虑自己说话是否恰当，很怕自己说错话也不太敢主动去搭话。与异性来往感觉不自然。对连续不断的谈话感到困难。 A3：我跟班上异性的同学一说话就紧张，想赶紧逃离，根本不敢看对方。 A4：不敢跟他主动交流，有点羞怯，无法主动打开话题。 A5：见面心跳会加速，有点尴尬，表面风平浪静、内心波涛汹涌的那种。
Q3：你第一次出现异性交往困扰是在什么时候？发生了什么？	A1：初中时座位后面坐了一位长得挺好看的男生，有次他找我问问题的时候，我转过头完全不敢对上他的眼神，对于他的问题我也想了好一会儿才说出来。他还没听懂，我于是又给他解释了一遍，我想是因为我突然语言表达能力下降了，好像没帮上他的忙。 A2：青春期的时候有点不太敢和异性交流。就是班上同学，有时会逃避与异性的交流，只找同性交流。前面坐了男同学，我会担心自己都不能和他做好朋友，会不自信。 A4：有一次老师安排我们做活动，要大家围成一个圈手拉手，我旁边是个女同学，我都不敢主动拉手。老师让我们跟旁边的同学两两一组介绍自己，我都不敢看她，她说好多话我也不知道怎么回应，我那个时候应该特别傻。
Q4：异性交往困扰给你带来了什么影响，严重程度如何？	A1：感觉和异性交流的时候都不太自信，也不敢主动，没有玩得好的异性朋友。 A2：就是不能和异性正常沟通，影响其他社交，这会带来许多不必要的消极情绪。 A3：导致每一次跟男生交往过程中，都会害怕自己有什么不好的地方，或者做错了，有点自卑。 A5：感觉变得越来越不主动，很内向。
Q5：你认为是什么导致了你的异性交往困扰？	A1：觉得自己不好看，和帅哥交流的时候就会想自己是不是很丑，在别人看来是不是很自不量力。 A2：我一直以来都不够自信，不只是与异性交往，与同性也会有困扰，好像是人际交往的问题。 A3：我不够主动，是那种腼腆的人，而且周围大部分都是同性，圈子不大。 A4：我是一个很内向的孩子，从小家里人教育我不要跟男生玩。我对成绩好的男生会有崇拜的感觉，我以为是喜欢，就会刻意地压制这种感觉，刻意远离。
Q6：你有为改善自己的异性交往做出过哪些尝试吗？	A1：有过，比如练习在公众面前说话，但效果不好，我也很难迈出这一步。 A2：很少，有参加社团活动，结识不同的异性朋友，后来觉得没意思，就没有参加过活动了。 A3：有的，我会先改变自己吧。比如减肥、收拾打扮、化妆什么的。还有在学习方面，会多看书，多学习一些技能，我觉得这些都很有帮助。
Q7：你觉得哪些异性交往过程中的表现是你最想要的？	A1：我希望能勇敢直视对方的眼睛，认真听对方说话，并且不会感到慌张。 A2：我觉得是那种处变不惊、云淡风轻的感觉，就是在交往中能够自然地反应给对方。 A5：能够友好相处的那种，可以做很好的朋友，相处得很愉快。 A6：充满自信、阳光乐观的表现，还有积极主动，能够主动开启话题。

5.2　目标制订与分解

根据问卷调查与抽样访谈调查，可归纳出以下内容：

（1）异性交往方面。①该班异性交往困扰水平处于中等偏上，其中有 14 人（28%）存在一般程度的异性交往困扰，有 19 人（38%）存在较为严重的异性交往困扰。在性别上，男生的异性交往困扰显著高于女生；在恋爱状况上，恋爱中的人比单身（有过恋爱经历）的人、从未有过恋爱经历的人有更少的异性交往困扰。②异性交往困扰出现的对象：比自己优秀的异性或喜欢的人。③异性交往困扰的表现：害羞、慌张、尴尬。④异性交往困扰产生的原因：内向、自卑、不会沟通。⑤异性交往困扰带来的影响：消极情绪、恐惧社交、焦虑。

（2）恋爱心理方面。①该班大学生恋爱心理成熟度处于一般水平，表明他们的恋爱压力应对能力不强，需要进行培养与提升。在性别上，男生恋爱心理成熟度要高于女生；在恋爱状况上，恋爱中的人比单身（有过恋爱经历）的人、从未有过恋爱经历的人有更高的恋爱心理成熟度。②恋爱观：大多数人认为恋爱很重要，是不可缺失的东西。③恋爱压力的应对方式：逃避、冷漠、争吵。④恋爱压力产生的原因：不自信、不擅长沟通、被动。⑤恋爱压力带来的影响：怀疑自我、关系破裂、消极情绪。

根据以上归纳内容，可以得出大学生异性交往困扰与恋爱心理不成熟等问题最主要的根源在于自信与沟通两大方面。为此，我们拟从这五个方面开展团体心理辅导方案设计：①矫正在交往或恋爱过程中对异性的认知；②大胆展示与剖析自我，寻找自己的优点，接纳自我，提高个人的自信心；③学习人际交往与沟通技能；④实施展开与异性交流沟通的实践练习；⑤学会制订提升自信力与沟通力的目标计划并开展行动。

5.2.1　总体目标

（1）认知信念目标：了解团体成员在异性交往与恋爱中的薄弱点，带领成员认识到自己在异性交往与恋爱关系方面的不正确认知，协助团体成员构建自己的正确恋爱观。

（2）情绪情感目标：接纳自己、提升自信，学会在异性交往与恋爱关系中调节自己的紧张、恐惧和不稳定情绪。

（3）技能行为目标：引导团体成员积极提升自信水平，对异性交往与恋爱作出规划，培养异性沟通技能，找寻适合自己的异性交往方式与方法。

（4）思政辅导目标：以立德树人为目标指向，提升学生的人际交往能力，培养学生在异性交往与恋爱关系中敢担当、敢负责的思想道德品质。

（5）过程方法目标：通过遇见我遇见你、走近一点看、"普通"的人、我好你也好、如果是爱情、今日恋爱中、我的爱情地图、踏上征程八个板块的团体心理辅导，在活动体验中改变对自己在异性交往关系与恋爱关系中的负性认知，接纳自己，勇于面对关系中的挑战，提升自己的异性与恋爱交往能力。

5.2.3　阶段目标

（1）初期阶段：引导团体成员参与活动，打破团队成员之间的距离感，建立信任关系；强调团体纪律并澄清团体成员对团体的期待，建立团体规范。

（2）转换阶段：加强团体间的信任感、凝聚力，开始加入较深层次活动，使团体成员慢慢愿意打开心扉。

（3）工作阶段：重点提升成员自信水平，树立异性交往中的正确自我认知，学会正确和异性交往。在恋爱关系中树立正确的恋爱观，学会正确应对恋爱压力，利用团队的力量相互讨论，帮助成员找到问题解决方案并找寻适合自己的异性交往方式与恋爱相处模式。

（4）结束阶段：回顾整个团体心理辅导过程，梳理团体成员在团体心理辅导中的收获与感受，鼓励成员分享，展望与规划未来的异性交往与恋爱，处理好成员的离别情绪，结束团体。

5.3　理论指导与启示

团体心理辅导本身具有强大的理论支持，方案设计与操作都要遵循这些理论的指导，这里重点探讨的是异性交往与恋爱的相关理论对本团体心理辅导方案设计的指导与启示，主要包括人际交互作用分析理论、人际关系理论、爱情三元理论、依恋理论和自我效能感理论。

（1）人际交互作用分析理论。该理论是美国精神分析学家伯恩创立的，他认为人与人之间的交互可以帮助我们了解人际间的互动本质，获得更深的领悟，从而建立良好、和谐的人际关系。强调在团体中人与人沟通和互动的重要性，通过对他人变化和示范的观察来慢慢了解自身的人格结构，从而学会与人交流沟通（胡林逸，冯江平，2016）。该理论对本次团体心理辅导方案设计的指导与启示是：人际交往与互动必须要体现在团体心理辅导方案的每个环节当中，在异性交往与恋爱团体心理辅导中需要进行专设的人际交往活动，增强人际交往技巧的实际运用能力。

（2）人际关系理论。罗杰斯提出人际交往的原则和技巧，包括倾听、尊重和共情。其中共情也称为同理心，就是将心比心，设身处地，感同身受，能够完全理解对方的心情。生活中常言"人同此心，心同此情"，强调的就是同理心。同理心是人际交往的基础，一旦具备了同理心，就更容易获得他人的信任。同理心也是成功情感重要的成分，不仅使得互相更加了解对方的感受，也能增强两个人共有的感应。该理论对本次团体心理辅导方案设计的指导与启示是：人际关系理论为异性交往和恋爱团体心理辅导提供了重要的人际交往技巧。

（3）爱情三元理论。Sternberg（1986）提出了爱情三元理论，他认为爱情由三个要素构成，分别是激情、亲密感和承诺，其中激情指的就是恋爱中的陶醉感以及性的兴奋，亲密感主要指的是在爱情中感到自己被爱的人理解以及亲近，承诺则是指的忠诚，包括短暂的和长期的。因为三个要素的不同组合，才形成了不同类型的爱情。这三种要素分别对应动机、情绪和认知三个成分。其中，认知作用主要是一种控制因素，是动机与情绪的调节器。该理论对本次团体心理辅导方案设计的指导与启示是：在异性交往和恋爱心理团体心理辅导过程中要重视正确恋爱观的树立。

（4）依恋理论。依恋是婴儿与主要的抚养者（主要是母亲）之间产生的一种特殊的情感联结，是婴儿情感社会化的主要标志（张于，2009）。婴儿时期的依恋模式具有一定的稳定性，成人之间的依恋是个体早期依恋模式的延续。成人的依恋与婴儿的依恋在本质上具有很大的一致性，二者源于同一动力系统，其目的都是让个体生存更加安全（李壮，2011）。Bartholomew 和 Horowitz（1997）以成人依恋理论为基础，以"正向或负向的自我意象"和"正向或负向的他人意象"两个维度为坐标，得出爱情关系的四种依恋类型：①安全型依恋：由正向自我意象和正向的他人意象构成；②焦虑型依恋：由负向自我意象和正向的他人意象构成；③排除型依恋：由正向自我意象和负向的他人意象构成；④回避型依恋：由负向自我意象和负向的他人意象构成。该理论对本次团体心理辅导方案设计的指导与启示是：在异性交往和恋爱心理团体心理辅导过程中要重视引导成员形成安全型依恋的恋爱关系。

（5）自我效能感理论。自我效能感作为个人对自己能力的信任，具有明显的行为效应。首先，个人对自我效能的判断，部分地决定着人们对于活动和特定社会环境的选择；其次，自我效能感越强，人越会相信付出会带来成功，努力持续的时间会更长；最后，自我效能感会影响人在特定情境下的思维方式和情感反应。该理论对本次团体心理辅导方案设计的指导与启示是：大学生在求爱、恋爱过程中，自我效能感作为个体内部的一种心理效应会产生中介作用，部分地影响了大学生的思维情感和行为反应。通过团体心理辅导课程，大家在活动中学习到一些恋爱知识和交往技能，提高在这方面的自我效能感，从而在实际生活中发展出适应性的交往和恋爱技能。

综上所述，团体心理辅导活动在提升学生异性与恋爱交往能力上是具有显著成效的，该结果有充分的文献依据作支撑。从已有方案的设计与制定中，本研究总结出提升学生异性与恋爱交往的关键在于个体的自信心和人际交往技能，这也是学生异性交往与恋爱心理的主要影响因素。同时可以借鉴"爱情地图"这样的活动，让学生对自己的交往能力如何成长形成计划体系，系统地进行自我提升。继续完善团体心理辅导活动中"爱情地图"的操作流程，给予爱情成长路径上不同形式的地图，倡导学生形成主动的人际交往规划意识和能力。

5.4 文献分析与借鉴

从团体心理辅导的辅导效果来看，已有的文献可得出团体心理辅导能够有效减少大学生的异性交往困扰，还能降低恋爱事件对个体造成的人际与健康的压力，提高个体自尊水平（Kim Hye Kyung，Kim Jinsook，2019；Qinghong Mao，2019；KIM Soo Im，CHAE Soo Eun，2018；Park Shin Young，2018；Wei Meifen，Wang LiFei，Kivlighan Dennis M，2021）。例如韩沙沙（2019）研究发现以自我接纳为主题的团体心理辅导可以有效提高大学生的自我接纳水平，进而在一定程度上减少其在异性交往过程中的困扰。吴桐等人（2019）研究得出团体心理辅导能够较好地帮助个体提升自尊水平，降低个体烦恼和恋爱压力程度，在过程中能够给予学生自我探索的机会，满足学生对爱情及恋爱技巧的索求。孔荣和牛群会（2019）也发现团体心理辅导是提升大学生恋爱关系质量的有效形式。杨婉秋和张河川（2010）的研究得出团体心理辅导不仅降低了恋爱事件对个体造成的人际与健康的压力，而且提高了自尊水平，可知有针对性的团体心理辅导是促进学生恋爱心理健康的有效方式。

从团体心理辅导方案的设计与制订上来看，钟向阳（2010）的团体心理辅导方案设计中拓展了本方案的理论基础，如"爱情地图""爱情发展五阶段"。其次，从理论出发而发展出的明晰的几大阶段，包括"爱的认知""爱的地图""爱的轨迹""爱的艺术"和"爱的成长"，简称爱情"五步"，团体心理辅导方案提供了按"状态发展"进行设计的思路。杨婉秋和张河川（2010）的团体心理辅导目标的第一条即为：发展适应行为，形成人际交往的技能技巧。该辅导目标强调发展适应行为，使得在设计本方案过程中让设计者更加确信发展适应行为的重要性，并在设计活动时倾向于让参与者有所学习，在异性交往和恋爱方面的技能和效能感都有所提高。吴桐等人（2019）的团体心理辅导方案综合考虑了包括自尊水平、镜像自我、恋爱概念、羞怯水平等多种因素对大学生人际交往和恋爱的影响。

综合上述，本研究决定在设计团体心理辅导方案时将异性交往与恋爱心理的影响因素主要定位于个体内部，即个体的自信心和人际交往技能，从而让学生能在辅导过程中有效提升自信水平，培养学生个体主动性，提升异性交往技能。

5.5　方案设计与内容

5.5.1　团体心理辅导名称

"异性交往与恋爱心理"班级团体心理辅导。

5.5.2　团体心理辅导性质

封闭性、结构性团体。

5.5.3　团体心理辅导次数

8 次，每次 90 分钟。

5.5.4　团体心理辅导地点

团体心理辅导教室。

5.5.5 方案内容

辅导阶段	单元主题	针对问题	单元目标	单元方案：活动与作业	准备事项
初期阶段	遇见我遇见你	成员之间陌生、不熟悉，不利于工作的开展与实施，团队意识也不够强烈，没有规范约束和明确自己的目标定位。	（1）初步促使成员进行自我认识、成员之间互相认识、互相信任。 （2）澄清本次团体心理辅导的性质、过程、目的，明确团体成员的期待。 （3）建立共同遵守的团体规范，签订团体契约。	（1）大风吹（10 min）； （2）团体与小组成立（10 min）； （3）创意的自画像（25 min）； （4）我能记住你（10 min）； （5）棒打薄情郎（15 min）； （6）愿望树（20 min）； （7）课后作业：每日一步（写下今天自己在异性交往或恋爱关系中的变化与进步）。	白纸、签字笔、团体契约、便利贴、多媒体设备
转换阶段	走近一点看	团队凝聚力需要进一步提升，过渡到对异性差异的了解及受欢迎的特质。	（1）加强团队成员之间凝聚力建设。 （2）了解异性之间的差异。 （3）归纳出异性交往之间受欢迎的特质。	（1）微笑握手（10 min）； （2）可怜小猫（10 min）； （3）解开千千结（15 min）； （4）爱在指尖（15 min）； （5）金星火星碰撞（20 min）； （6）丘比特之箭（20 min）； （7）课后作业：每日一步。	白纸、签字笔、多媒体设备
	"普通"的人	在人际交往中未能正确认识自己和找到自己的定位。	（1）学会正确认识自己，认识他人。 （2）找到自己在人际交往中的立脚点。	（1）按摩操（10 min）； （2）二十个我（20 min）； （3）抽一下子的牌（20 min）； （4）自我寻宝（20 min）； （5）课桌椅（20 min）； （6）课后作业：每日一步。	白纸、签字笔、多媒体设备
工作阶段	我好你也好	缺少与异性人际交往与沟通的自信与技能。	（1）寻找自己的优点，提升自信心。 （2）学会挖掘对方优势，提升成员自己和他人的自我价值感。	（1）猜五官（15 min）； （2）我最成功的一件事（20 min）； （3）你有我没有（25 min）； （4）我愿意和你做朋友（30 min）； （5）课后作业：我的名片牌、每日一步。	白纸、签字笔、多媒体设备

续表

辅导阶段	单元主题	针对问题	单元目标	单元方案：活动与作业	准备事项
工作阶段	如果是爱情	缺少与异性人际交往与沟通的技能。	（1）学会如何正确与异性沟通，学会欣赏，懂得欣赏与喜欢的区别。 （2）学习如果遇到"爱情"，该如何正确地进行异性交往。	（1）一元五角（10 min）； （2）向左向右走（20 min）； （3）交友难题对对碰（20 min）； （4）恋爱目的大讨论（20 min）； （5）我想对你说（20 min）； （6）课后作业：交友连线手册、每日一步。	白纸、签字笔、爱情故事影视资料
	今日恋爱中	现实当中较少会和异性展开实际有效的沟通交流，缺乏实践当中的运用与锻炼。	（1）正确看待恋爱关系中可能出现的各种情况。 （2）学会正确应对恋爱的压力。	（1）你画我猜（10 min）； （2）故事汇（20 min）； （3）真爱成长记（20 min）； （4）爱情保鲜剂（20 min）； （5）同舟共济（20 min）； （6）课后作业：恋爱攻略手册、每日一步。	白纸、签字笔、多媒体设备
	我的爱情地图	在提升自信力与人际沟通力上缺少规划意识与计划能力。	（1）总结加深正确的异性交往观与恋爱观。 （2）总结属于自己的恋爱交流与沟通技巧。 （3）制作未来要为异性交往与恋爱关系作出改变的自我成长计划。	（1）心灵电波（10 min）； （2）"听我说"（20 min）； （3）爱的五种语言（20 min）； （4）探索爱情路（20 min）； （5）我的爱情地图（20 min）； （6）课后作业：成长计划、每日一步。	白纸、签字笔、多媒体设备
结束阶段	踏上征程	处理分离情绪，规划与实践自己的异性交往及恋爱心理成长计划。	（1）处理分离情绪，留下美好期许。 （2）收拾好自己的异性交往与恋爱心理成长计划，踏上新的征途。	（1）第 N 次印象（20 min）； （2）爱情锦囊（25 min）； （3）我的生命树（20 min）； （4）一路同行（15 min）； （5）国王般的祝福（10 min）； （6）课后作业：我的进步总结。	白纸、签字笔、多媒体设备、小卡片

5.5.6 方案详解

1）单元一：遇见我遇见你

活动名称 1	大风吹
活动目标 1	明确团体心理辅导目标，打破成员之间的隔阂。
活动流程 1	所有团体成员坐在椅子上围成一圈。组织者站在圈外，说明规则：组织者先说"大风吹"，成员问"吹什么"。组织者根据成员的特点说"吹××特征的人"，例如"戴眼镜的人""喜欢追星的人"等。符合这种特质的成员都要站起来去坐别人的位置。最后坐下的成员需要展示一下自己，展示形式不限。
活动名称 2	团体与小组成立
活动目标 2	形成封闭安全的团体与小组，促进团体心理辅导活动开展。
活动流程 2	①在之前所做的问卷调查中，将得分进行综合排名，以排名顺序进行 S 形分组，总共分成 6 组，每组 8～9 人。 ②组织者介绍本次团体心理辅导活动的性质、目的、时间、阶段安排等。 ③由组织者下发团体契约纸质版，让团体成员签字并带领团体成员共同宣誓承诺。
活动名称 3	创意的自画像
活动目标 3	发现自己的优点，提升自信心。
活动流程 3	画一个自己的画像，任意形式都可以，但是要突出自己的优点，不少于 3 个优点，画完以后和大家分享。
活动名称 4	我能记住你
活动目标 4	集中成员注意力，让成员互相认识。
活动流程 4	大家围坐在一圈，从一个人开始自我介绍，依次传递下去，直到活动结束为止，下一个人要先介绍自己，再介绍上一个人。介绍的内容包括姓名、籍贯、爱好、优点、昵称、动作等。
活动名称 5	棒打薄情郎
活动目标 5	增加团队凝聚力，加深团队成员友谊。
活动流程 5	用旧报纸制作一根纸棒，小组成员坐成一圈，选一个执棒者站在圈中间，由执棒者用纸棒指着一个成员问他其他任何一个成员的任何一个信息，比如姓名、籍贯、爱好、优点、昵称、动作等，如果反应慢了，就会受到一棒，然后由他执棒，以此类推，直到大家熟悉相互介绍的那些信息为止。
活动名称 6	愿望树
活动目标 6	鼓励成员树立个人目标，表达真实想法，利于组织者了解具体情况。

续表

活动流程 6	播放柔和的背景音乐，让每个成员在便利贴上写自己的感想，或者对未来的期望、对这个团体的期望、意见等，写好后粘在愿望树上。粘好后围成一圈，主持人在圈内选读部分留言，并作最后总结，包括活动过程存在的问题和思考，以及对大家积极参与的感谢，在一片歌声中结束活动。
课后作业	讲述每日一步的规则，即以日记的形式在本子上写下自己在异性交往或恋爱关系中的每日变化，在变化中发现自己的进步，鼓励自我，一步一步变得更好。

2）单元二：走近一点看

活动名称 1	微笑握手
活动目标 1	热身活动，成员间再次熟悉。
活动流程 1	成员微笑着和团体中的每一个人握手打招呼，并跟对方说"很高兴再次见到你，我记得你的 6 个信息是……"
活动名称 2	可怜小猫
活动目标 2	拉近成员距离，促进团队凝聚力建设。
活动流程 2	①全体围坐成圈，一人当小猫坐在中间。 ②小猫走到任何一人面前，蹲下学猫叫。面对者要用手抚摸小猫的头，并说："哦！可怜的小猫。"但是绝不能笑，一笑就算输，要换当小猫。 ③抚摸者不笑，则小猫叫第二次，不笑，再叫第三次，再不笑，就得离开找别人。当小猫者可以装模作样，以逗对方笑。
活动名称 3	解开千千结
活动目标 3	营造轻松活跃的氛围，提升团体合作力，加深团体情谊。
活动流程 3	①小组成员手拉手站成一个圈，看清楚自己的左手和右手分别是抓的谁的右手、谁的左手。确认后松手，在圈内自由走动。 ②指导者叫停，成员定格不动，伸出左手拉住最开始围圈时左手边组员的右手，伸出右手拉住最开始围圈时右手边组员的左手，从而形成很多结或扣。 ③成员不能松手，但可以钻、跨、绕，设法解决难题，恢复到原始状态。 ④当排除困难、解决问题时，请成员分享活动的感受。
活动名称 4	爱在指尖
活动目标 4	进一步加强团体建设，提供人际交往的经验技巧。

续表

活动流程 4	第一步，将团体成员分成相等的两组，两两相向站成内外两个圈。成员在领导者口令的指挥下，做出相应的动作。 第二步，当领导者发出"手势"的口令时，每个成员向对方伸出 1~4 个手指：①伸出 1 个手指表示"我现在还不想认识你"；②伸出 2 个手指表示"我愿意初步认识你，并和你做个点头之交的朋友"；③伸出 3 个手指表示"我很高兴认识你，并想对你有进一步的了解，和你做个普通朋友"；④伸出 4 个手指表示"我很喜欢你，很想和你做好朋友，与你一起分享快乐和痛苦"。 第三步，当领导者发出"动作"的口令，成员就按下列规则做出相应的动作：①如果两人伸出的手指不一样，则站着不动，什么动作都不需要做；②如果两个人都是伸出 1 个手指，那么各自把脸转向自己的右边，并重重地跺一下脚；③如果两个人都是伸出 2 个手指，那么微笑着向对方点点头；④如果两个人都是伸出 3 个手指，那么主动热情地握住对方的双手；⑤如果两个人都是伸出 4 个手指，则热情地拥抱对方。 第四步，每做完一组"动作—手势"，外圈的成员就分别向右跨一步，和下一个成员相视而站，跟随领导者的口令做出相应的手势和动作。以此类推，直到外圈的同学和内圈的每位同学都完成了一组"动作—手势"为止。
活动名称 5	金星火星碰撞
活动目标 5	思考异性之间的共同点和差异点，让成员对异性群体有所了解。
活动流程 5	第一步，请男生一组，女生一组（先两人一组，再合成两大组），领导者说明：男生来自金星，女生来自火星，两性有什么不同呢？请各组完成下列主题写于白纸上。①我眼中的男生是……②我眼中的女生是……③我觉得男女生最大差别是……④我觉得男女交往失败是因为……⑤我觉得男女交往成功是因为…… 第二步，小组讨论，就①~⑥题目，请成员尽量思考两性的异异并分享沟通感受。
活动名称 6	丘比特之箭
活动目标 6	进一步加强成员对异性的了解，学习积极特质，促进个人成长。
活动流程 6	第一步，将成员分为男、女两组。 第二步，请各组讨论，集思广益，爱神丘比特之箭到底会射向何方？思考自己喜欢与哪些特质的异性交往，不喜欢与哪些特质的异性交往。 第三步，就讨论中提到的对男生及女生各个特点，让成员讨论是否合理，让成员针对不喜欢的异性特点提出看法。讨论总结哪些特质最受异性喜欢。领导者要协助成员学习了解异性并尊重异性。
课后作业	根据最受异性喜欢的特质，思考自己的培养途径，每日前进一步。

3）单元三："普通"的人

活动名称1	按摩操
活动目标1	活动暖身，放松心情。
活动流程1	①放音乐，使成员放松。成员站一个圈，每人给前面那个成员按摩，包括肩、脖子、手臂等部位。 ②集体向后转，继续相互按摩，使大家的身心都感到放松。 ③引导成员相互分享刚才被别人按摩时的感受，感受压力释放的感觉，并对刚才按摩的成员表示感谢。
活动名称2	二十个我
活动目标2	了解自我，增强自我认识。
活动流程2	①以纸笔形式让成员写出20句"我是谁"。 ②将陈述的20项内容作下列归类：A.身体状况；B.情绪状况；C.才智状况；D.社会关系状况；E.其他。 ③分析自我暴露信息的以下几个维度：A.表面与深层；B.积极与消极；C.全面与单一；D.现实我与理想我。
活动名称3	独一无二的我
活动目标3	让大家认识到自己是独一无二、不可替代的。
活动流程3	①在小组内摸核桃，发给每个人一个核桃，并用笔做上记号，认真观察自己的核桃两分钟，把所有人的核桃收集放在一起，所有人依次蒙上眼睛找出自己的核桃。选对的说出自己的方法，选错的将自己的核桃与选错的核桃进行对比，看有什么不同。 ②撕纸：在小组内发给每人一张A4纸，将纸对折两次，然后所有人蒙上眼睛，再将对折角撕去。主持人将纸收集起来，摊开。其他人取下眼罩，找自己撕下来的纸。
活动名称4	自我寻宝
活动目标4	探索自己的优点，提升自信心。
活动流程4	每个成员说出自己在恋爱中的优势，至少一点，所有人不做评价。
活动名称5	理想我
活动目标5	使团队成员进一步自我认识，引导成员思考在异性交往中或恋爱关系中的现实我与理想我之间的差距并为之努力。
活动流程5	对成员说明何谓理想我。让成员充分思考并讨论自己的现实我与理想我，引导成员为理想我而努力，思考与行动怎样才能使现实我与理想我更加接近。
课后作业	每日一步。规划自己的每天活动，为理想我而行动，每天进步一点点。

4）单元四：我好你也好

活动名称1	猜五官
活动目标1	暖身作用，增加成员的默契，促进团队凝聚力提升。
活动流程1	①两人面对面，随机一人先开始，指着自己的五官任何一处，问对方："这是哪里？" ②对方必须在很短的时间内回答提问方的问题，例如对方指着自己的鼻子问这是哪里，同伴就必须说：这是鼻子，同时同伴的手必须指着自己鼻子以外的器官。 ③如果过程中有任意一方出错，就要受罚。三轮问题之后，双方互换。
活动名称2	我最成功的一件事
活动目标2	让团队成员回忆自己的成功往事，让其觉察到自己的能力，提升其自信心。
活动流程2	小组内分享自己做过最成功、最自豪的一件事，以小组为单位进行集体分享。
活动名称3	你有我没有
活动目标3	让学生学会真诚夸赞异性，提升成员的自信心。
活动流程3	组内成员举例说明除自己外其他成员的优点，至少两个，越多越好；每个人赞扬别人与听完别人对自己的赞扬后可以分享感受。
活动名称4	我愿意和你做朋友
活动目标4	让成员勇敢迈出人际交往的第一步。
活动流程4	①用领导者所发放的卡片制作自己的名片牌，结合前面活动中的自我挖掘，重新认识自己，添加自己喜爱的元素精心设计属于自己的名片牌。 ②在小组里分享交流，更加深入了解组员。 ③在团体里与他人分享交流（除自己组员外），在介绍过程中学会更全面、更勇敢地展示和介绍自己，也在这个过程中更多地认识他人。
课后作业	我的名片牌（完善自己的名片）、每日一步。

5）单元五：如果是爱情

活动名称1	一元五角
活动目标1	活动暖身，集中注意力，促进团队建设。
活动流程1	大家围成一个圈，教师站在圈内，主持人宣布规则，女生代表1元钱，男生代表5角钱。领导者说出具体价格数目，男生、女生自由自合，最快组合完毕且正确的即获胜，落单或组合错误的都要接受惩罚。
活动名称2	向左向右走
活动目标2	认识男女正常交往的特点，初步形成正确的交友观。

活动流程 2	①根据性别将全班同学分成两队，站成两列（教室空间不够，可多分几列）。 ②领导者播放视频或图片，或读文字片段，让学生判断故事中的男女生是爱情关系还是友情关系。觉得是爱情的向左横（前）跨一步，觉得是友情的则向右横（后）跨一步。 ③逐问讨论：A. 你为什么觉得这两个人是爱情／友情关系？ B. 领导者出示正确答案，并总结引导学生形成正确的男女交友观。
活动名称 3	交友难题对对碰
活动目标 3	接受他人交友过程中的经验，掌握交友的方法。
活动流程 3	成员分享自己与异性交往过程中的疑惑或问题。小组讨论，所有人认真思考，怀着真诚助人的心情，将自己的想法表达出来，没有对错之分，在有人发言时其他成员不要评判、指责他人回答。分享解决的办法，对自己有什么启示。
活动名称 4	恋爱目的大讨论
活动目标 4	认识到正确的恋爱观中一段良好的关系可以带来怎样的收获，树立健康的恋爱观。
活动流程 4	小组思考问题：我为什么想交男（女）朋友？ 男女生择偶条件？分享在恋爱交往中我最想得到什么？彼此了解想交男女朋友的原因；讨论后分享。
活动名称 5	我想对你说
活动目标 5	让学生学会珍惜一段情谊，在尝试接纳他人意见和想法的同时，敢于表达自己，通过给异性写信的活动，去除害羞与逃避心理，学会更好地表达自己。
活动流程 5	①第一轮。选择一名异性，并为他写一封信（不方便可以发消息、打电话）。可以是对自己周围的异性，内容可以是你对他的看法、欣赏的优点，以及你认为他还可以改进的建议等等。 ②第二轮。给自己团队或小组里的异性写一封信。内容同上，可以有不同的观点与看法。结束后在全班分享你写的内容。 ③思考：听到别人信中对你的描述，你有什么感觉？你从中学到了什么，得到了什么启发？
课后作业	交友连线手册（将自己的异性交友难题与解决办法进行连线），每日一步。

6）单元六：今日恋爱中

活动名称 1	你画我猜
活动目标 1	加强团体之间的凝聚力，考验团体之间的默契度。
活动流程 1	每组派出两名代表，一男一女，一名猜，一名用身体来表达成语的意思，一分钟计时，回答正确数量多的组胜。
活动名称 2	故事汇

续表

活动目标2	共同思考，一起探索如何解决异性交往或恋爱关系中的困扰。
活动流程2	第一步，成员分享自己与异性交往过程中或恋爱过程中的困扰，与学生一起讨论遇到这种情况的时候该怎么处理。请当事同学介绍他/她的故事，介绍情境，其他同学有疑问的可以询问。 第二步，将团体分成3个小组，每组构思在这个情景下你们会怎么办，并且以简单情景剧的形式表演出来。表演要包括简单介绍、旁白、主角等，还可以使用道具。 第三步，其他组同学表演时下面的同学认真观看，等大家都表演完以后讨论哪组方式最好，或者综合一下大家的优点，最好得出一个针对这个问题最好的方法。
活动名称3	真爱成长记
活动目标3	认识到良好的恋爱关系需具备哪些特质，反思自己的过往经验以及展望所期待的亲密关系。
活动流程3	①组员分析真爱的标准，组长进行记录，然后总结为8大点，指定每个人代表一个特点。 ②请组员站立，然后玩一个活动：真爱的成长记。首先所有组员都需要蹲着，然后通过与其他真爱特点通过"石头剪刀布"来进行成长，赢的人将输的人及其代表的特点都收到麾下，排在自己身后。持续进行，直到有人胜出。 ③请组员分享自己在活动中的感受。
活动名称4	爱情保鲜剂
活动目标4	学会如何应对恋爱中的压力，如何经营好一段良好的恋爱关系，调整自己的做法，为之后的成长提供技巧和方法。
活动流程1	小组成员"头脑风暴"写下如何能够有效增进爱情美满的方法和途径。组内分享后全班分享。
活动名称1	同舟共济
活动目标5	检验团队动力，培养团队精神。
活动流程5	①活动规则：每个小组发一张报纸，首先将报纸对折一下，小组所有成员要全部站在报纸上，脚不可以接触报纸之外的地面，维持5秒钟即为成功，但报纸折到最小且组员站在上面维持时间最长的小组获胜。 ②讨论问题：在这个过程中你一开始有哪些顾虑？你贡献了什么？你观察到什么？你感受到什么？联系你生活与工作中的团队谈谈自己的看法。在小组中每人分享2分钟。 ③教师总结：根据学员的回答进行引导，提升学员的自我觉察力和为团队去付出和担当的团队精神。
课后作业	交友连线手册（将自己的异性交友难题与解决办法进行连线）、每日一步。

7）单元七：我的爱情地图

活动名称 1	心灵电波
活动目标 1	考验团体的默契，提高团体凝聚力。
活动流程 1	团体成员和指导者一起手拉手围成一个圈，指导者通过手部的某个动作向下一个人传递一个信号，下一个人以相同的方式传给他旁边的人。
活动名称 2	"听我说"
活动目标 2	让大家学会认真倾听。
活动流程 2	带领者说一些容易出错的带有迷惑性的脑筋急转弯，让成员判断正误。
活动名称 3	爱的五种语言
活动目标 3	全面发掘学员的优点，增强其自信心，增进组员感情。
活动流程 3	分享给成员"爱的五种语言"——肯定的言语、精心时刻、礼物、服务的行动、身体的接触。
活动名称 4	探索爱情路
活动目标 4	分享各自的恋爱观，成员交流并给出建议。
活动流程 4	"要获得理想的爱情需要些什么条件呢？""我们现在应该用一种什么样的态度对待爱情？"各小组自由讨论 5 分钟后选出代表与其他小组分享。
活动名称 5	我的爱情地图
活动目标 5	为课程结束之后做准备，制作适合自己的成长地图，了解在异性交往中需要有怎样的行动与改变才能提升自己的交往能力，明白在恋爱关系中要学会怎样的沟通技能才能提升自己的恋爱成熟度。
活动流程 5	团体成员在白纸上制订自己的爱情地图：在与陌生异性、普通异性的交往中，有怎样的目标，应该对应怎样的行动；在与暧昧的异性交往中，如何确定恋爱关系；在与恋爱的异性交往中，如何维持恋爱关系，保持恋爱新鲜度。
课后作业	成长计划（如何获得理想的爱情，自己应该如何成长与进步）、每日一步。

8）单元八：踏上征程

活动名称 1	第 N 次印象
活动目标 1	让成员回顾以往的经历，分享在团队中的成长体验。
活动流程 1	在小组中就每一个成员的第一印象和现在的印象说出自己的想法。自由回答或是被点到的成员就自身出发谈谈在团体中获得的经验和体验。
活动名称 2	爱情锦囊

续表

活动目标2	帮助团体成员解决实际交际中的问题，增强团队成员的互动。
活动流程2	成员写下自己在爱情中最困惑的问题，其余成员分别写下解决的方法。协助成员解决个人在爱情中面临的困惑。
活动名称3	我的生命树
活动目标3	无论何时，都要记住自己是独立的个体，不在任何一段关系中依附他人，深入思考自己的特质，树立目标，促进个人成长。
活动流程3	①每人一张 A3 纸，画出双手手指张开，手并在一起的轮廓，用自己喜欢的颜色，画出生命树。 ②在这个手掌形状的生命树中，右手手指部分写上自己所拥有的美好特质，左手手指部分写上外界对自己所提供的支持，包括人际关系和社会机构等。在手的上方画上喜欢的形状表示自己的未来，描述自己的未来。在手的根部写上十件让自己有成就感的事或快乐幸福的场景。 ③在生命树的手掌部分，根据其他的内容，总结出四句话："我是个……的人""我拥有……""我想成为……""我相信我一定能……"
活动名称4	一路同行
活动目标4	表达美好祝愿，收获真挚友谊，接受来自他人的关心。
活动流程4	与第一次团体心理辅导的扑克牌伙伴在一起，互相赠送事先准备好的礼物，互相列出整个团体心理辅导中对方表现的积极方面，给对方送出祝福。
活动名称5	国王般的祝福
活动目标5	总结个人收获，鼓励继续成长。
活动流程5	成员之间自由进行祝福，每个人可用简短的话概述对本次团体心理辅导的感想，拍照留念，握手离别。
课后作业	我的进步总结。

5.6 效果评估与评价

5.6.1 成员评估

1）问卷调查

再次对班级成员进行《大学生人际关系综合诊断量表》和《大学生恋爱心理成熟

度量表》调查，与前期结果进行对比。

2）个人评价

学员填写《团体满意度自我评量表》。

3）个案访谈

对问卷调查结果提升非常显著和分数不理想的同学再次进行访谈，从提升显著的同学那里获得成功经验，从分数不理想的同学那里询问具体问题，看看其具体原因是什么，若是个人问题，可建议进行个体咨询处理。

5.6.2　领导者评估

1）领导者自评

领导者填写《团体领导者个人评核量表》，总结和分析本次团体心理辅导过程中的优缺点。

2）观察员评估

观察员通过对领导者带领团体心理辅导的过程的观察，对领导者进行全方位的评估，主要目的是给领导者提供第三者视角的观察所得，供领导者思考与改进。

3）督导评估

领导者提供方案、操作视频、评估结果等与督导进行探讨，对团体心理辅导效果进行评估。

5.6.3　整体评价

（1）本篇团体心理辅导方案的辅导主题——异性交往与恋爱心理辅导，是满足大二学生的心理需求的，也符合本次辅导对象的心理需要。我们在辅导对象中已经开展过主题需求的问卷调查，进行了主题现状调查及深入的访谈分析，以全面的调查及访谈资料分析得出该主题确实为学生所需，也是当前学生实实在在值得培养与提升的，能够实际解决学生的困扰。

（2）本篇团体心理辅导方案的目标是层层递进的，其阶段目标也是围绕着总目标的达成而展开的。同时，该方案中的每个目标都是针对学生的实际问题设置的，而实际问题是从学生的问卷调查、访谈调查总结归纳出的。

（3）本篇团体心理辅导方案的设计依据是充分且全面的。设计依据有异性交往与恋爱心理成熟度的现状调查、辅导对象在异性交往与恋爱交往中的认知观念与行为表现访谈、相关的爱情理论分析、异性与恋爱交往的干预文献分析，不同的分析在团体心理辅导方案设计中发挥了不同的作用。调查与访谈为方案设计提供了设计方向，理论指导与启示为方案设计提供了设计重点，文献借鉴与参考为方案设计提供了设计内容。

（4）本篇团体心理辅导方案的设计结构是环环相扣的。设计的逻辑思路从提升成员自信到矫正成员的异性交往观与恋爱观，再到训练成员的实际异性交往与恋爱交往技能，最终形成自己的异性交往观与恋爱观、自己舒适的异性交往模式与恋爱相处模式。

（5）本篇团体心理辅导方案的设计内容上具有创新性。方案中有较多的具象化操作活动，利于学生将自己的认知观点具体化、形象化，例如愿望树、名片牌、爱情地图、生命树活动。这些具象化了的物质资料，可以长期保存，能唤醒成员的学习收获并延长其辅导成效。

第 6 章

大学生情绪调节班级团体心理辅导

——以成都某大学大三某班级为例

情绪对个体的身心发展具有举足轻重的影响作用，积极的情绪状态对个人学习、生活有促进作用，而消极的、不良的情绪则会损害一个人的认知及社交行为活动（Miyamoto et al.，2013）。据调查，情绪问题成为困扰当今大学生的主要问题，大学生自杀的原因中情绪往往也是主导方面，常见的抑郁症、恐怖症、强迫症、神经衰弱等大多数与持久的消极情绪密切相关（Gao，2018）。因此，情绪调节是大学生的一个重要部分，对其身心健康及社会性发展有不可或缺的重要意义。通过对成都某大学大三某班级学生进行心理健康需求主题调查发现，该班大学生普遍对情绪调节主题最为需要。

6.1 学情调查与分析

6.1.1 调查目的

了解该班大学生在情绪调节能力方面的现状，为后续进行情绪调节班级团体心理辅导方案设计与实施提供依据。

6.1.2 调查对象

成都某大学大三年级某班 35 名学生，其中男生 25 名，女生 10 名；农村户籍 15 人，城镇户籍 20 人；独生子女 21 人，非独生子女 14 人；班干部 4 人，非班干部 31 人。

6.1.3　调查方法

（1）问卷调查法。采用问卷调查法了解某班级大学生情绪调节能力现状。

（2）访谈法。根据问卷调查结果，选取低分数方向 27% 的学生中的 9 名同学进行访谈，为后续进行团体心理辅导方案设计提供更加具体详细的针对性信息。

6.1.4　调查工具

（1）《情绪调节策略量表》（王力 等，2007），包含两个维度即认知重评和表达抑制，共 10 个项目，其中认知重评 6 项，表达抑制 4 项。量表采用 7 点计分，得分越高则表示个体使用该情绪调节策略的频率越高。

（2）《大学生情绪调节访谈提纲》（自编）。

6.1.5　调查结果

1）问卷调查结果与分析

（1）该班大学生的情绪调节策略使用总体水平。本次调查的大学生情绪调节策略使用平均得分 3.34±0.35，处于 7 点计分制的中等偏下水平，其中，认知重评得分 3.31±0.36 和表达抑制 3.56±0.41，同时平均值均小于中间值 4，可见该班级大学生情绪调节策略使用较少，存在情绪调节困难的学生较多。

表 6.1　调查班级大学生情绪调节策略使用水平描述性统计结果（N=35）

维度	M	SD
认知重评	3.31	0.36
表达抑制	3.56	0.41
总分	3.34	0.35

（2）该班大学生情绪调节策略使用水平在性别上的差异。采取独立样本 t 检验进行分析，结果如表 6.2 所示：不同性别大学生在情绪调节策略使用中的认知重评维度不存在差异，在表达抑制维度上差异显著，男生显著高于女生，女生更不愿意使用表达

抑制策略，而是更多地释放自己的情绪。

表 6.2　调查班级大学生情绪调节策略使用水平的性别差异（N=35）

因子	男（n=25）		女（n=10）		t	p
	M	SD	M	SD		
认知重评	3.72	0.57	3.81	0.66	−1.257	0.073
表达抑制	3.40	0.73	3.15	0.81	3.058	0.021
总问卷	3.55	0.61	3.47	0.74	2.453	0.134

（3）该班大学生情绪调节策略使用水平在不同生源地大学生上的差异。采取独立样本 t 检验进行分析，结果如表 6.3 所示：不同生源地的大学生在情绪调节策略使用上的差异不显著。

表 6.3　调查班级大学生情绪调节策略使用水平的户籍所在地差异（N=35）

因子	农村（n=20）		城市（n=15）		t	p
	M	SD	M	SD		
认知重评	3.83	0.46	3.87	0.66	−1.157	0.334
表达抑制	3.38	0.89	3.21	0.64	1.202	0.568
总问卷	3.61	0.67	3.53	0.78	2.793	0.179

（4）大学生情绪调节策略使用水平在是否独生子女上的差异。采用独立样本 t 检验进行分析，结果如表 6.4 所示：该班大学生的情绪调节策略使用水平在是否独生子女上的差异不显著。

表 6.4　调查班级大学生情绪调节策略使用水平在是否独生子女上的差异（N=35）

因子	独生（n=21）		非独生（n=14）		t	p
	M	SD	M	SD		
认知重评	3.26	0.69	3.45	0.47	−1.203	0.098
表达抑制	3.67	0.34	3.76	0.81	−1.102	0.089
总问卷	3.47	0.51	3.61	0.64	−2.794	0.074

（5）大学生情绪调节策略使用水平在是否班干部上的差异。采用独立样本 t 检验

进行分析，结果如表 6.5 所示：大学生的情绪调节策略使用水平在是否班干部上的差异不显著。

表 6.5　调查班级大学生情绪调节策略使用水平在是否班干部上的差异（N=35）

因子	班干部（n=4）		非班干部（n=31）		t	p
	M	SD	M	SD		
认知重评	3.78	0.63	3.26	0.76	1.129	0.315
表达抑制	3.83	0.62	3.18	0.81	0.946	0.231
总问卷	3.81	0.61	3.22	0.78	1.876	0.145

2）访谈调查问题与结果

根据问卷调查的结果，设计了大学生情绪调节策略访谈提纲（见表 6.6 左边问题部分）。与学生通过微信、QQ 聊天的方式，选取该班情绪调节策略水平低分数方向 27% 的 9 位学生进行半结构式访谈，以求能够从访谈结果中找到这个群体所具有的具体问题来帮助设计有针对性的团体心理辅导方案。访谈结果如表 6.6 所示。

表 6.6　调查班级大学生情绪调节策略使用访谈问题与结果（n=9）

问题	回答
Q1：请你回忆一下最近两个月中自己对快乐、悲伤、愤怒三种情绪是如何调节的以及所采取的情绪调节策略。	A1/A2/A4/A9 同学面对快乐情绪时心情激动，面对负面情绪易怒、情绪低落；A2/A5/A7 同学易烦躁想哭；A1/A2/A8 同学通过自我激励；A4/A5 同学寻求身边人的帮助，主动找他们倾诉；A3/A6 同学选择听音乐、睡觉等方式来进行调节。
Q2：负面情绪发生后，你内心会经历一个什么过程？	A2/A4/A5/A6/A8 同学面对负面情绪首先选择逃避或者压抑，其次是希望时间能带走情绪，通常只会等待，最后迫不得已的情况下才会找人倾诉；A1/A3/A7/A9 同学内心首先是抱怨，其次是找别人的原因，最后自己无法调节才会主动找朋友、家人倾诉。
Q3：当你高兴/不高兴时，你如何表达自己的情绪？你认为怎么表达情绪是恰当的？	A5/A3/A6/A7 同学会把情绪埋藏在心里，不会主动表达，无论是正面还是负面的都会压抑情绪，他们认为情绪表达合理的方式是，情绪是需要自己消化的，不想因为自己的情绪给其他人带来困扰；A2 同学会把高兴情绪分享给朋友，不高兴的情绪会自己消化，她认为恰当的情绪表达是要说话不能易怒，态度要温和、认知要合理，才能缓解负面情绪；A1/A3/A8/A9 同学自述是没有分享欲的人，不会表达情绪，也不知道怎么表达才恰当。

问题	回答
Q4：你觉得自己为什么会无法很好地调节情绪？	A1/A6/A8 同学认为自己的信念、价值观不同，有时明明知道采取的方法不可取，但还是不能改变自己的思想；A2/A3/A5/A7 同学认为有很多时候想向同学家人倾诉，但是担心别人会忽视、拒绝、否定、贬低、嘲笑和攻击自己，这样自己更会紧张不安，所以无法很好调节；A4/A9 同学认为自己当时处于负面情绪中，愤怒、难过的情绪一直围绕自己，已经不想再努力调节了。
Q5：在个人情绪方面，你所遇到的困难有哪些（请详细列举）？	A1/A2/A4/A9/A7 同学认为不知道怎么平息怒火，放平心态；A3/A6 同学不知道如何表达自己的情绪或者向他人寻求帮助；A5/A8 同学想在负面情绪的时候，能改变自己的观念和想法，调节情绪问题。
Q6：如果你能够参加此次团体辅导，你愿意承诺做出什么努力？	A1/A3 同学表示能做到不迟到；A5/A8/A9 同学表示积极参加活动；A2/A4/A6/A7 同学表示愿意全程参与。

6.2 目标制订与分解

根据前面有关该班级情绪调节能力的问卷调查和抽样访谈调查，主要归纳为以下几点：

（1）自我情绪表达能力较差。大部分同学不知道在生活中如何正确表达情感，情绪稳定性差，情感起伏波动大。

（2）情绪觉察能力较弱。情绪调节困难学生无法很好地认知自己情绪，而且部分同学对他人的情感变化感知不敏感，缺乏换位思考的意识和能力。

（3）管理情绪能力不强。情绪认知不合理，无法更好地控制情绪，人际交往能力不足，缺乏人际沟通中情绪调节和管理的方法。

6.2.1 总体目标

（1）认知信念目标：正确认识自己以及他人的情绪，探索自己处理情绪的方式，纠正错误观念。

（2）情绪情感目标：增强对他人的情感觉察力，接纳自己、肯定自己，保持良好的心理状态。

（3）技能行为目标：掌握情绪调节的方法，能够合理宣泄情绪，提升自我表达能力和人际交往能力，增强自我调适、自我控制能力。

（4）思政辅导目标：促使大学生保持乐观而稳定的情绪，形成健全的人格，适应心理健康教育发展。

（5）过程方法目标：通过加入团队、感受情绪、体验情绪、转变思维、管理情绪、应对情绪、保持好心态、路长情更长八个板块的团体心理辅导，在活动中提升大学生对自我情绪的调节能力。

6.2.2 阶段目标

（1）初始阶段：互相认识并建立互信、共融关系，协助成员了解团体性质并澄清成员对团体的期待，建立团体守则和规范。

（2）转换阶段：让学生感受到不同的情绪体验，分享自己的情绪困扰，初步了解情绪调节的重要性，学习生活中产生的情绪会对自己和别人产生何种影响，培养学生的情绪觉察能力。

（3）工作阶段：转变非理性的思维信念，尝试从另一种角度看问题，通过帮助成员梳理情绪，了解成员处理情绪的方式，给出情绪调节建议，积极表达和宣泄情绪，合理掌握情绪调节方法，进行实际情景操作，接纳自己、肯定自己，拥有积极心态，进而不断提升自己的情绪调节能力。

（4）结束阶段：分享讨论自己的感受及收获，处理离别情绪，将学习到的新知识新经验应用到自己的生活实践中。

6.3 理论指导与启示

（1）情绪 ABC 理论。认知行为疗法认为，人的情感和行为受他们对事件的知觉影响，这种影响不是取决于个人的感觉而是取决于人们自身构筑的情景，是根据他们产生的想法不同，对此情景有相当不同的情绪反应（汤冬玲 等，2010）。该理论对本次团体心理辅导方案设计的指导与启示是：在团体心理辅导方案设计中帮助大学生了解如何正确认识自身的情绪，了解现在面临的问题，以及他们对负性生活事件发生后如何用多角度的眼光来看待一切问题，并引导他们看清自己的负性自动思维和核心信念，调整和修正思维方式，进而掌握情绪调节的方法和策略，从而改善其不良的情绪状态。

（2）情绪调节过程模型。情绪调节是对情绪内在过程和外部行为所采取的监控、调节，以适应外界情景和人际关系需要的动力过程。情绪调节是一个复杂的过程，包括启动、抑制或改变一个人在特定情境中的状态或行为，比如主观体验、认知、情绪相关的生理反应、情绪相关的行为（身体动作和表情）。根据情绪调节的过程模型，情绪的产生遵从情景、注意、评价、反应的顺序（侯瑞鹤 等，2010）。该理论对本次团体心理辅导方案设计的指导与启示是：在团体心理辅导方案设计中可着重从情境选择、情境修正、认知改变、反应调整来进行团体心理辅导设计。比如个体选择接近或参与某个情绪相关的情景，那么个体体验到情绪的可能性就会增加，可对情绪相关的情景加以改变以调节情绪，使个人在认知上改变情景的情绪意义，从而更积极地努力调节自己的情绪，并对情绪的控制程度和自我效能作出更灵活的评价，从而实现对自己情绪的调节与目标一致。

（3）人际沟通理论。人际沟通理论是指在传递观点、交换意见、表达情感、提出需求等活动中，使用语言或非语言的过程。团体心理辅导的过程本质上就是一种人际沟通的过程。团体内的沟通形式主要包括正式沟通网络和非正式沟通网络，正式沟通网络是运用言语符号进行沟通交流的过程；如寻找共同点、真诚赞美等，而团体非正式沟通网络更强调非言语过程，如合理恰当地运用好体态语言、目光接触等，这可能会起到更好、更深刻的团体心理辅导作用（欧嘉瑞 等，2006）。该理论对本次团体心理辅导方案设计的指导与启示是：在团体心理辅导方案设计中引导大学生应该给情绪一个"出口"，要适度地表达自身情绪而不是压抑它、忽视它，让学生学会积极有效的人际沟通表达方式，帮助成员学会识别不良沟通状态，提高积极的情感表达能力，减少由于无效沟通产生的负面情绪。

（4）情绪智力理论。情绪智力的内容包括了解自身感受，控制冲动、恼怒，理智处事，面对考验时保持平静和乐观心态的能力。后来研究者将情绪智力扩展到 5 个主要领域：了解自身情绪、管理情绪、自我激励、识别他人情绪、处理人际关系（张进辅，徐小燕，2004）。该理论对本次团体心理辅导方案设计的指导与启示是：在团体心理辅导方案设计中可从了解自我、自我管理、自我激励、识别他人情绪以及处理人际关系方面来进行设计，例如，首先，能够察觉某种情绪的出现，观察和审视自己的内心世界体验；其次，加以调控自己的情绪，使之适时适度地表现出来，并且能够依据活动的某种目标，调动、指挥情绪；最后，在人际交往中，识别他人的情绪，能够通过细微的社会信号敏锐地感受到他人的需求与欲望，学会调控自己与他人的情绪反应的技巧，从而具备心理承受能力、应变能力和驾驭情绪能力。

综上，在本次团体心理辅导中，通过团体间的相互联结、相互支持学会积极有效的人际沟通表达方式，提高大学生积极的情感表达能力，从而掌握情绪调节的方法和策略。

6.4　文献分析与借鉴

赵富才（2009）从了解情绪的类别、学会觉察自己的情绪、掌握发现快乐的方法、学会恰当表达愤怒以及学会运用理性情绪疗法这几个方面切入，进行团体心理辅导方案设计，发现情绪管理团体心理辅导对于大学生提升自身的情绪管理能力具有重要的意义和作用。苏轶（2013）从悦纳自我，接受他人，增强自信，改善情感体验来设计团体心理辅导方案，研究发现情绪管理班级团体心理辅导的学生明显增强了情绪调控能力，能合理应对负性情绪，可以作为心理健康教育的有效途径，并且值得推广应用。李洁等人（2014）的团体心理辅导活动方案的设计不仅仅停留在了解和调节情绪上，而是侧重在帮助大学新生认识和接纳自己、肯定自己、提高自信、拥有积极的心态，团体心理辅导干预后新生的情绪调节能力得到改善，自尊和学业自我效能感随之有明显提升。麻彦坤（2014）在选择情绪智力概念和结构维度及其理论的基础上，结合青少年的情绪和情感特征，对提高学生的情绪智力和促进学生全面发展具有启迪与借鉴作用。张晨旭（2015）制订睡眠业想法的团体心理辅导方案，通过干预"移情"也显著提高青少年的情绪智力水平。马容利谢琳霖（2019）在情绪管理相关理论的指导下，运用理性情绪疗法，尝试把情绪管理治疗融入团体心理辅导来设计方案，通过对大学新生为期三个月的干预，发现团体心理辅导是提升大学新生心理健康的有效途径。

综上所述，团体心理辅导对大学生情绪调节能力的提升有比较显著的作用。在上述文献中，大部分研究是以情绪的合理表达、合理宣泄等方面来进行，并制定出相匹配的评估机制作为团体心理辅导的核心，确保大学生在接受团体心理辅导以后情绪管理得到改善，情商有所提升。同时，借助团体内成员相互之间的人际关系、交际作用，使大学生能够在与他人进行交流表达的过程中，观察他人和强化自身的感受，并形成科学、正确的态度，掌握情绪调控的技巧。因此，本方案设计将借鉴前人干预成功之处，鼓励大学生积极地表达情绪，合理地进行情绪宣泄，帮助大学生在认知自己情绪的同时感受和了解以及识别他人的情绪，进而提升大学生对自我情绪的调节能力。

6.5　方案设计与内容

6.5.1 团体心理辅导名称

"情绪调节"班级团体心理辅导。

6.5.2　团体心理辅导性质

封闭性、结构性团体。

6.5.3　团体心理辅导次数

8 次，每次 90 分钟。

6.5.4　团体心理辅导地点

团体心理辅导教室。

6.5.5　方案内容

辅导阶段	单元主题	针对问题	单元目标	单元方案：活动与作业	准备事项
初期阶段	加入团队	团体成员之间比较陌生，没有凝聚力和信任感，没有规范约束。	（1）团队成员互相认识熟悉，消除陌生感并加深了解。 （2）建立信任、安全、轻松、愉悦的活动氛围，增强团队凝聚力。 （3）建立团队规范。	（1）拍蚊子（15 min）； （2）我们的约定——团体契约（20 min）； （3）男女混合分组及团体命名（20 min）； （4）"滚雪球"式的自我介绍（20 min）； （5）你记住我了吗？（15 min）； （6）课后作业：团队风采展示准备。	纸、笔、团体契约书、废旧报纸、多媒体设备（奥尔夫音乐"拍蚊子"）

续表

辅导阶段	单元主题	针对问题	单元目标	单元方案：活动与作业	准备事项
转换阶段	感受情绪	没有正确认识自己的情绪会对自己和别人产生何种影响。	（1）让学生们感受到不同情绪，身临其境体验。（2）营造小组氛围，提升团体凝聚力与参与度。（3）分享自己生活中的情绪困扰。	（1）海洋生物（15 min）；（2）团队风采展示（30 min）；（3）选组长、副组长（5 min）；（4）情绪气象站（20 min）；（5）我的小树洞（20 min）。	黑色头纱、旧报纸若干张、CBT三栏表、纸、笔、多媒体设备
	体验情绪	成员对自己及他人的情绪觉察能力较弱，感知不敏感。	（1）引导团体成员进一步熟悉彼此，增加团体成员彼此的信任感。（2）引导成员调动自己的情绪经验，培养学生的情绪觉察能力。	（1）狮子王（15 min）；（2）情绪体验场（40 min）；（3）我的情绪进化论（20 min）；（4）角色互换会（15 min）。	纸、笔、多媒体设备
工作阶段	转变思维	成员情绪认知不合理，缺乏换位思考的意识和能力。	（1）学生能够在与他人交流表达的过程中，观察他人，强化自身的感受，并形成科学、正确的态度，掌握人际沟通表达技巧。（2）结合成员分享的故事，帮助成员找寻理性信念，尝试从另一种角度看事件。	（1）抓情绪（15 min）；（2）个性名片（20 min）；（3）情绪 ABC（30 min）；（4）信念大挑战（25 min）；（5）课后作业：指导成员选出其中一件烦心事，回忆当时自己对事件的想法、情绪及后果，通过今天课程所学，重新解读当时事件。	纸、笔、卡片、多媒体设备
	管理情绪	成员缺乏应对相当消极情绪的正确方式。	（1）帮助成员梳理自己的情绪，正视负面情绪。（2）让成员探索应对方式和解决办法。	（1）互相按摩（15 min）；（2）心情剧场（50 min）；（3）我的故事（15 min）；（4）课后作业：收集情绪调节的方法。	纸、笔、多媒体设备
	应对情绪	成员不知道如何正确表达、宣泄和调节情绪。	引导学生积极地表达和宣泄情绪，建立起合理有效的情绪调节方式。	（1）雨点变奏曲（15 min）；（2）视频观看（25 min）；（3）空椅子技术（25 min）；（4）松紧练习（25 min）；（5）课后作业：离别准备。	纸、笔、多媒体设备
	保持好心态	成员核心自我评价低、自信心不足。	（1）培养成员良好的心态。（2）帮助成员认识和接纳自己，肯定自己、提高自信、拥有积极的心态。	（1）呼吸调整（15 min）；（2）镜像自我（25 min）；（3）积极看世界（25 min）；（4）肖像画（25 min）；（5）课后作业：离别准备。	纸、笔、多媒体设备

续表

辅导 阶段	单元 主题	针对问题	单元目标	单元方案：活动与作业	准备事项
结束 阶段	路长 情更 长	总结收 获、处理 离别情 绪、探讨 实践所 学。	（1）协助成员发现自己的 改变，分享感受及收获。 （2）处理学生的离别情 绪。 （3）将团体心理辅导所学 应用到自己生活实践中。	（1）波罗乃兹（15 min）； （2）我的成长（20 min）； （3）拾穗（20 min）； （4）国王般告别（35 min）。	纸、笔、 多媒体设 备、小卡 片

6.5.6 方案详解

1）单元一：加入团队

活动名称 1	拍蚊子
活动目标 1	集中成员注意力，减少团员间的尴尬和羞涩感，激发团员的兴趣，营造和谐轻松的氛围，使他们感到融洽，活跃气氛。
活动流程 1	①众人围成一圈，在音乐节奏中跟随圈中的老师示范做出相应的动作，如拍手掌、左拍拍、右拍拍、手掌握拳转圈圈等。 ②变换规则：两人为一组，跟随音乐节奏拍手掌、左拍拍、右拍拍、模仿蚊子、互相帮忙拍蚊子等。 ③再次变换规则：两人为一组，跟随音乐节奏做上述动作，并在特定的音乐点上手挽手转圈圈，相反方向再来一次，重复几轮。 ④再次变换规则：众人可随便活动，在音乐节奏下任意与他人互动拍蚊子。
活动名称 2	我们的约定——团体契约
活动目标 2	建立班级活动的规范，维护班级课堂秩序，有利于班级团体辅导活动的顺利进行。
活动流程 2	①注意集中。 ②暂停评价：保持中立与探究的好奇。 ③坦诚开放：坦诚并非没有秘密，而是态度坦诚。 ④保密守时。 ⑤积极倾听：（小贴士）当老师拍手掌说最高品质的时候，同学要立马停止讨论和手中事情，积极倾听。 ⑥积极回应：在同学分享或表演之后，要及时给予反馈，倾听时有眼神回应，结束时要有掌声支持。
活动名称 3	男女混合分组及团体命名

续表

活动目标 3	①女生的情绪调节能力要高于男生，而男生又远多于女生，则控制每组的女生数量平均，通过将男女生平均分在每个组，避免每组的性别差异大。 ②小组内女生可以带动男生，利于提高团体整体的情绪调节水平。
活动流程 3	这个班级一共有 35 名同学，其中女生有 10 人，男生有 25 人。准备 35 张相同的纸条，分别写上 1、2、3、4、5、6、7，每组带有数字 1 的纸条上分别有星星、对勾、菱形、圆圈、正方形五种符号，其他的数字相同。把带有数字 1、2 的放在一起，由女生来抽签，其他数字的放在一起，由男生来抽签，带有相同符号的则在一组。
活动名称 4	"滚雪球"式的自我介绍
活动目标 4	让团员之间彼此熟悉，减少团员之间的隔阂，有利于增强凝聚力。
活动流程 4	先分好小组，然后小组成员坐成一个圈，逆时针方向开始"滚雪球"式的自我介绍，第一介绍人介绍自己的家乡、爱好、品质、毕业后的打算、昵称，第二个人重复介绍第一人的情况，再介绍自己；以此类推，最后一人需重述所有人的情况，最后介绍自己。活动目的在于营造和谐有趣的团体心理辅导氛围，加强小组成员的联系。
活动名称 5	你记住我了吗？
活动目标 5	①进一步拉近团员之间的距离，减少尴尬、羞涩感。 ②不断识记组内成员的信息。 ③被记住的团员会拉近距离，没有记住别人的也会羞愧，私下去识记。
课后作业	领导者给每个小组布置任务，下次上课时要小组全体上场 3 分钟之内来展示小组的组名、口号、队歌及风采。提醒：提前准备好，不能选组长，第一名有奖励，最后一名有惩罚。

2）单元二：感觉情绪

活动名称 1	海洋生物
活动目标 1	学生能够增强在课堂上的专注力，活跃气氛，在被可怕的海洋生物追赶时，感受到情绪变化。
活动流程 1	①由老师扮演一种以海洋动物为食的可怕的海洋生物。其他同学扮演海洋中的生物，这些生物都是惧怕那种可怕的海洋生物的。 ②可怕的生物未出现时，其他海洋生物可以自由活动，并互相认识，介绍自己，用自己的方式打招呼。 ③当老师披上黑纱，可怕的海洋生物出没，其他的海洋生物必须躲在被报纸覆盖的安全地带，否则，会被折磨或者吃掉。报纸铺成的安全地带会逐渐减少，只有在内圈才会比较安全，外圈也有被咬食的可能。
活动名称 2	团队风采展示

活动目标 2	从团队准备过程与展示结果看到自己和团队成员的行动与结果之间的关系，反思自己在生活、学习中付出了什么，得到了什么，提高学员的反思力，增进团队凝聚力。
活动流程 2	①每个小组轮流上台展示上节课布置的小组风采展示作业，其他小组要给予积极反馈，拍照录像等。 ②一个组表演后，其他组每个人打分，总分 10 分，最后算出各个小组的总分，给第一名的小组颁奖，比如一张奖状；最后一名给予小惩罚，比如下蹲。
活动名称 3	选组长、副组长
活动目标 3	从那些担当与付出的榜样身上学习，为自己和团队的发展做贡献。
活动流程 3	经过这段时间的相处以及上个活动的准备，小组成员匿名投票选出小组内的组长和副组长，当选人员要对成员们表示感谢，以及表达未来会努力带好团队的决心。组员要对组长表示祝贺，并感谢他们为团队的付出，向他们学习，并承诺今后为团队付出行动。
活动名称 4	情绪气象站
活动目标 4	让成员初步感受自身及他人情绪。
活动流程 4	①要求学生尽可能多地想一些情绪的词，如高兴、愉悦、悲伤、低落等。 ②再让学生想一些天气术语，如晴天、雨、多云、寒流、台风等，教师将这些词写在黑板上。 ③让学生思考如何用天气术语来表达自己一周的心情。比如：周一，本人×××，天气晴朗，平静无事，除了晚上十点左右在宿舍与小米同学略有冷暖空气对流，造成局部小雨；周二，本来上午阳光明媚，但由于期末考试 9 级台风的影响，低温急剧下降，专家推测这股台风在本周五查测验成绩时还会演变成 12 级飓风，伴随父母寒流和暴雨。 ④学生写好后，请团体内的成员发言，表述自己的情绪气象站。
活动名称 5	我的小树洞
活动目标 5	帮助成员梳理情绪，使成员清楚自己的情绪问题。
活动流程 5	带领者发下表格后，带领成员围坐成一圈，播放舒缓的音乐，闭上眼睛，身体放松，回忆近一段时间发生的事情，写出自己脑海中记忆最深刻的情景，感知自己脑海在回忆这个情景时下意识出现的情绪，是喜悦还是愤怒，是平静还是其他的情绪，慢慢睁开眼睛，先把情绪记下，再将回忆中的情景写下来，包括细节。

3）单元三：体验情绪

活动名称 1	活动 1：狮子王
活动目标 1	增强在课堂上的专注力，增加同伴之间的交流。

续表

活动流程1	①每个人扮演一个动物,用扮演动物的方式互相打招呼,两人猜测对方所扮演的动物,进行交流。 ②点到谁就是谁:所有人围成一个圈,从一个同学开始用自己所扮演的动物的方式在圈内行走,所有同学猜这位同学所扮演的动物,并进行模仿;然后这位同学选定一个人,到他的位置坐下,由这位被点到的同学用他所扮演的动物的方式在圈内行走,指导所有同学都扮演一遍(可根据时间调整)。 ③介绍完之后,所有同学可以在教室内进行自由活动,互相认识,交流自己为什么要扮演这个动物,扮演这个动物的时候情绪状态是什么样的。
活动名称2	情绪体验场
活动目标2	让学生体验到自身以及成员的情绪,提高成员的情绪觉察力。
活动流程2	7人一组,带领者派给每一个组一个主题,1、3组是哀,2、4组是怒,5组是惧。在告诉他们主题的时候要小声且保密,每个组之间互相不知道。每个组有10分钟的时间思考和排练围绕所给主题的小情景剧,可以是某个组员的亲身经历,也可以是编造的故事,每个组有7分钟的时间表演。其他小组猜测此小组所表演的主题的内容,带领者说明,要保证情景剧有创造性和代表性,结局不可以是封闭式结尾,要有开放性。
活动名称3	我的情绪进化论
活动目标3	让学生更进一步觉察到自己在学习生活中负面情绪产生的整个过程,包括事件、情绪产生的生理和行为现象,以及对个人的影响。
活动流程3	请学生回忆最近发生的最令自己愤怒的事件,按要求用笔写在纸上。 ①描写自己当时愤怒的表情和动作。 ②描述自己愤怒时的生理反应,如心跳加速、呼吸急促、脸红、眼睛圆瞪、头皮发紧、流泪等。 ③表达自己愤怒时的内心感受,如"我被愚弄了""他(她)太过分了!""这简直是厚颜无耻的做法!"等。 ④写下自己愤怒时的行为反应,如骂人、摔东西、打人、痛哭、咬牙切齿、强忍、强迫冷静等。 ⑤写下自己愤怒反应后自己和对方的感受。小组分享。学生自愿表达自己写的内容。
活动名称4	活动4:角色互换会
活动目标4	帮助学生反省自己的愤怒表达习惯,练习新的、恰当的处理方式。
活动流程4	①根据"活动3",小组讨论,我对愤怒的处理方式是否恰当?为什么? ②如果事件重演,我会怎样做? ③配对练习,每个同学找一个搭档,改用新的处理方式,重新练习。

4）单元四：转变思维

活动名称 1	活动 1：抓情绪
活动目标 1	增强在课堂上的专注力，增加同伴之间的交流。
活动流程 1	伸出你的右手，将掌心向下；再伸出左手，食指向上；将你的左手食指顶住你左边同学的右掌心，而你的右掌心则与你右边同学的左手食指尖相接触；保持这个姿势不动，听教师读段文章，当听到"情绪"两个字的时候，请同学们用你的右手掌去抓旁边同学的左手食指，而自己左手的食指要争取快速脱逃，不让别人的右手掌抓住。
活动名称 2	个性名片
活动目标 2	学生能够在与他人进行交流的过程中，观察他人，强化自身感受，学会表达，掌握人际沟通方法
活动流程 2	①带领者给每个成员发一张卡片、一个卡套和一支笔，说明卡片上要写清自己的名字，写得足够大，对面的同学可以看清，还要写至少一个属于自己的特质，性格、品质、特长等都可以；带上名片，排成两列纵队，相向而站。 ②先是热情地打招呼，之后真诚、面带微笑、身体前倾、有眼神交流地握手问候，带领者要说明这几个动作。 ③之后，两人互相介绍自己的名片卡和特征；想出一个属于自己的招牌动作，互相做出来并互相模仿。 ④两边队伍打开，带领者先做示范，举起自己的名片，边走边大声介绍自己的名字和特征，最后摆出自己的招牌动作，其他成员依次展示；所有成员走一遍之后，集体合照，摆出自己的招牌姿势。
活动名称 3	情绪 ABC
活动目标 3	帮助成员了解情绪 ABC 理论，澄清理性和非理性的想法。
活动流程 3	选取"半杯水"等故事引导成员发现"想法"决定情绪。让学生明白影响我们情绪的不是事件本身，而是我们对事情的看法；简要介绍情绪 ABC 理论。
活动名称 4	信念大挑战
活动目标 4	帮助学生合理宣泄自己的负面情绪，正确认识情绪给自己带来的影响。
活动流程 4	①组内两两分组，一成员倾诉和宣泄自己最近的烦恼，倾诉令自己不高兴的事情，以及对此的负面情绪和非理性想法，另一成员用理性的想法对他的负面情绪进行驳斥。 ②辩论结束后，成员在心情卡片上写下对遭遇了一件不高兴的事情产生的理性想法与非理性想法，以及不同情绪体验对生活、行为、健康的影响。
课后作业	指导成员回去后选出其中一件烦心事，回忆当时自己对事件的想法、情绪及后果，通过今天课程所学，重新解读当时事件。

5）单元5：管理情绪

活动名称1	互相按摩
活动目标1	增强在课堂上的专注力，合作完成各个环节的活动，增加同伴之间的交流。
活动流程1	①放音乐，使成员放松。成员围坐成一个圈，按摩前面的那个成员，用锤、敲、拍等姿势互换，包括肩、脖子、手臂等部位。 ②集体向后转，继续互相按摩，使大家的身心都放松，引导成员互相分享刚才被别人按摩时的感受，感受压力释放的感觉，并表示感谢。
活动名称2	心情剧场
活动目标2	帮助成员梳理自己的情绪，了解自己的主导情绪特点，并正确理解情绪对个体社会生活和身心健康所具有的意义
活动流程2	情绪传递和调解。后一个小组要跟随前一个小组的情景再创造，小组成员共同想出调节情绪的方式，然后通过情景表演表现出来。在每一组表演完之后分享看法和感受，不能随意评价，可以给予这个组自己关于该情绪解决方法的建议，大家一致同意，就添加在黑板上，并尝试表演出来。
活动名称3	我的故事
活动目标3	回顾反思自己平时产生消极情绪时一般是怎么处理的，为以后问题的出现提供更多解决方法。
活动流程3	每个成员自己在表演完和看完所有情景剧之后，分享自己有关的亲身经验以及当时自己的应对方式和解决方法。注意事项：提醒成员给出积极的回应和反馈。
课后作业	收集情绪调节的方法，在组内分享。

6）单元6：应对情绪

活动名称1	雨点变奏曲
活动目标1	增强成员在课堂上的专注力，活跃气氛。
活动流程1	①带领者给大家念一段文字，文字中会出现"小雨""中雨""大雨"和"暴雨"的字样，听到小雨拍腿，听到中雨拍手，听到大雨拍肩膀，听到暴雨用力鼓掌，听到雷声用力跺脚。 ②"乌云密布，一道闪电划过，雷声开始轰隆了，又一道闪电，又一阵雷声，小雨噼噼啪啪地下来了，行人慌忙躲避；很快地，小雨变成了中雨，中雨变成了大雨，大雨变成了暴雨……又是一阵雷声，暴风雨来啦……又是一阵雷声，大雨倾盆，雨渐渐地变小了，大雨变成中雨，中雨变成小雨……一阵又一阵雷声，小雨突然变成了大雨，大雨变成了暴雨，暴雨转为了中雨，中雨变成了小雨。雷声又响起了，大雨又降临了……但仅仅一会儿，雨过天晴啦。

活动名称 2	视频观看
活动目标 2	使学生认识到，消极情绪是可以表达的，压抑不是最好的办法，帮助学生学会情绪调节的方法。
活动流程 2	收集两段关于愤怒情绪的不同处理方式的录像：一段是粗暴的处理方式，一段是压抑容忍的处理方式，让学生观看两段录像并进行讨论。
活动名称 3	空椅子技术
活动目标 3	帮助成员全面察觉发生在自己周围的事情，分析体验自己和他人的情感，宣泄自己的负面情绪，减轻压力，缓解情绪。
活动流程 3	搬两把椅子放在教室里，做好准备；先站在两把椅子中间，诉说让自己烦恼的情景；坐在一把椅子上，对他（她）说出自己愤怒、委屈、悲伤、自责等；起身，离开自己的椅子，坐在他（她）的椅子上，让自己完全成为他（她），说出他（她）想说的想法与感受；再回到自己的椅子上，完全放弃他（她）成为自己，说出听了他（她的）的话后自己的想法和感受。反复沟通，直到新的体验和感受代替了原有的体验和感受，人会因为成了他（她）而变得慈悲，心变得宽广，从而完成"未完成事件"的修复体验，不良情绪被化解。
活动名称 4	松紧练习
活动目标 4	通过练习学会在心理上和躯体上放松，帮助自我减轻或消除各种不良情绪。
活动流程 4	第一步："深吸一口气，保持一会儿。"（停 10 秒）"好，请慢慢地把气呼出来，慢慢地把气呼出来。"（停 5 秒）"现在我们再做一次。请你深深吸进一口气，保持一会儿，保持一会儿再呼出来。"（停 10 秒） 第二步："现在，请伸出你的前臂，握紧拳头，用力握紧，体验你手上的感觉。"（停 10 秒）"好，请放松，尽力放松双手，体验放松后的感觉。你可能感到沉重、轻松、温暖这些都是放松的感觉，请你体验这种感觉。"（停 5 秒）"我们现在再做一次。"（同上） 第三步："现在弯曲你的双臂，用力绷紧双臂的肌肉，保持一会儿，体验双臂肌肉紧张的感觉。"（停 10 秒）"好，现在放松，彻底放松你的双臂，体验放松后的感觉。"（停 5 秒）"我们现在再做一次。"（同上） 第四步：双脚。"现在，开始练习如何放松双脚。"（停 5 秒）"好，紧张你的双脚，脚趾用力绷紧，用力绷紧，保持一会儿。"（停 10 秒）"好，放松，彻底放松你的双脚。""我们现在再做一次。"（同上） 第五步：小腿。"现在开始放松小腿部肌肉。"（停 5 秒）"请将脚尖用劲向上翘，脚跟向下向后紧压，绷紧小腿部肌肉，保持一会儿，保持一会儿。"（停 10 秒）"好，放松，彻底放松。"（停 5 秒）"我们现在再做一次。"（同上） 第六步：大腿。"现在开始放松大腿部肌肉。""请用脚跟向前向下紧压，绷紧大腿肌肉，保持一会儿，保持一会儿。"（停 10 秒）"好，放松，彻底放松。"（停 5 秒）"我们现在再做一次。"（同上）
课后作业	选择一种情绪调节方法巩固练习（如放松训练、空椅子技术）。

7）单元七：保持好心态

活动名称1	呼吸调整
活动目标1	舒缓身心，放松心情。
活动流程1	①首先，找个舒服的姿势坐好。关掉一切干扰声音的来源。让我们来做几个缓慢的深呼吸放松。一只手放在胃部，现在用鼻子慢慢吸气，用嘴慢慢呼气，感受你胃部随着呼吸的起伏，想象你的肚子随着吸气像气球充气，呼气时又瘪了下去。想象你所有的焦虑和烦恼都随着呼吸带走了。感觉吸进的气流通过鼻孔，呼气时通过嘴唇。当你呼吸时，留意身体的感觉，体会肺被空气充盈，随着每一次呼吸，感觉你身体不断地放松。 ②现在，你继续呼吸，开始数着每一次的呼气，默数就可以了。每数4下为一轮。一开始，用鼻子慢慢吸气，嘴呼气，数"1"；再来一次，鼻子慢慢吸气，嘴呼气，数"2"；重复，鼻子慢慢吸气，嘴呼气，数"3"；最后一次，鼻子慢慢吸气，嘴呼气，数"4"；然后，又从"1"开始。 ③当你开始走神，发现自己在想其他事，把自己拉回到深呼吸。不要因被干扰而自责，保持缓慢呼吸进出肚子。你的思绪就像蓝天上飘过的缕缕白云，想象它们缓缓飘过，不要停留，也不要评判。想象肚子像气球一样充满空气，感觉它随着每一次呼吸的起落。继续数数，每次呼气，感觉你的身体越来越放松。现在，我们慢慢地睁开眼睛，扫视四周，回到现实意识中来。
活动名称2	镜像自我
活动目标2	让成员明白情绪具有传染性，掌握镜子技术，让学生体会到尝试表达某种情绪时，很容易产生相应的情感体验，所以学生也可尝试模仿某种心情时，往往能帮助我们真的获得这种心情。
活动流程2	①学生两人一组，甲学生按照抽取的题卡上的要求做相应表情和肢体动作，乙学生作为镜子模仿甲的各种表情。时间为2分钟左右。题卡A：欣喜情境。老师宣布带领我们班同学"五一"出去旅游。题卡B：愤怒情境。你到教室时，发现你的书被别人撕坏了扔在地上。题卡C：悲伤情境。你回到寝室发现自己这个月的生活费丢失了。题卡D：激动情景。你心想甲发现自己唱悲的那个她/他其实也一直喜欢着自己。 ②乙同学猜测甲表演的情绪名称，然后双方互换角色，进行活动。 ③成员围绕刚才的活动讨论：看到"镜子"的表情，你有什么感受？情绪可传染吗？在努力做各种愉快表情时，你的情绪有变化吗？ ④引导成员，当我们假装有某种心情，模仿着某种心情时，往往能帮助我们真的获得这种心情。因此，每天早上起床后我们对着镜子笑一笑，告诉自己"今天会有个好心情"，往往会为你带来一天的好心情。即使没有镜子的时候，也可利用镜子技巧，使自己脸上露出开心的笑容来，挺起胸膛，深吸一口气，然后唱一段歌曲，或吹一小段口哨，或哼哼歌，记住自己快乐的表情。
活动名称3	积极看世界
活动目标3	会用正向的情绪词表达情绪，形成积极的心态。

活动流程3	带领者引导设计一个自己的内心谈话表，用它来记载消极的内心谈话，然后用积极的内心谈话来代替，每人至少写3个，小组之间互相交流。如下表：

危险的自我谈话	建设性的自我谈话
我必须……	我愿意。
我肯定不能……	我能。
这太不公平！	世上没有绝对的公平。
这个问题有点麻烦。	这是一种挑战。
我的生活是乱七八糟的。	我的生活由我做主。
我真没用！	我是一个有时会出错的人。
我一向都不走运。	我能掌握自己的命运。

表格中给出的仅仅是一些例子，实际进行的时候可以让成员们集思广益，扩展思路，自主理解和学习。

活动名称4	肖像画
活动目标4	看到自己和其他成员的闪光点，肯定自己，提升自信，遇到压力事件时能保持良好的心态。
活动流程4	每个小组各自围坐成一个圆圈，带领者给每个小组发一张A3纸，每个成员选择自己喜欢的颜色的画笔，在纸上画出一个属于自己的形象，还可以画一些其他的事物让整幅作品更美观、更完整，并留出一部分空间，写出自己至少一个优点。所有成员顺时针旋转一下，写下在你眼中该成员的至少一个优点，依次右转，直到回到自己原来的位置。
课后作业	离别准备。

8）单元八：路长情更长

活动名称1	波罗乃兹
活动目标1	集中注意力，增加学生间的互动交流，增进同学间的关系。

续表

活动流程 1	①两人一组，两人成行向后延伸，排成"毛毛虫"的队形。每一列跟随老师，伴随音乐，变换队形，两列相合时要手拉手。 ②变换规则：两两成对用双手搭建房子，从第一队开始向后穿越房子，房子可以随时变形，来阻碍成员前进，穿越后连接队伍的尾巴，直到全部通过。 ③再次变换规则：每组成员选择自己喜欢的方式，和列队里每一位成员握手，并真诚地对视打招呼（不能像领导一样打招呼），直至全部通过。 ④再次变换规则：所有成员手拉手围成一个大圈，要求成员间的手不能分开，可以在任意两人之间穿过，让全体打成一个不能再动弹的结。之后，全员想方法把结解开，就算成功。
活动名称 2	我的成长
活动目标 2	回顾所学与展望未来
活动流程 2	引导成员回顾整个团体历程，并分享收获而能有所成长。
活动名称 3	拾穗
活动目标 3	回顾与团队的点点滴滴，珍惜团队情感。
活动流程 3	①每个小组用 3 ~ 5 分钟作回顾展示。 ②教师总结引导。
活动流程 4	国王般告别
活动目标 4	对小组成员的离别表达，处理离别情绪。
活动流程 4	①两两之间作国王般的告别与赠送留言卡，包括：我从你身上学到的是……我要感谢你的是……我要对你说抱歉的是……我要给你的建议是……我要祝福你的是…… ②学生个别发言，教师总结。

6.6　效果评估与评价

6.6.1　成员评估

1）问卷调查

再次对班级成员进行《情绪调节策略量表》调查，与前期结果进行对比。

2）个人评价

学员填写《团体满意度自我评量表》。

3）个案访谈

再次访谈问卷调查结果提升非常显著和分数不理想的同学，从提升显著的同学那里获得成功经验，从分数不理想的同学那里询问具体问题，看看是否是活动设计或操作的缺陷，如是同学个人问题，可建议进行个体咨询处理。

6.6.2 领导者评估

1）领导者自评

领导者填写《团体领导者个人评核量表》，总结和分析此次团体辅导过程中的优缺点。

2）观察员评估

观察员通过对领导者带领团体心理辅导的过程的观察，对领导者进行全方位的评估，主要目的是给领导者提供第三者视角的观察所得，供领导者思考与改进。

3）督导评估

领导者提供方案、操作视频、评估结果等与督导进行探讨，对团体心理辅导效果进行评估。

6.6.3 整体评价

通过前期的需求主题调查、问卷调查、对教师与学生的访谈调查中可以证明，情绪调节是当前学生所需的团体心理辅导主题，同时通过归纳总结学生的问题现状、原因，针对性地提出阶段目标和单元目标，最终逐步达成认知信念目标、情绪情感目标、技能行为目标、思政辅导目标和过程方法目标。

在理论指导和文献支撑方面，利用人际沟通理论、情绪智力理论等，启发了我们在团体心理辅导设计和实施过程中，要通过团体间的相互联结引导学生了解如何正确认识自身情绪，树立正确、合理的信念，通过减少由于无效沟通产生的负面情绪，从而掌握情绪调节的方法和策略。与此同时，通过对文献的梳理，借鉴前人以认知行为、情绪的合理表达为途径，制定出相匹配的评估机制作为团体心理辅导的核心，团体内的成员相互之间的人际关系、交际作用，使大学生能够在与他人进行交流表达的过程中，观察他人，强化自身的感受，并形成科学、正确的态度，掌握情绪调控的技巧。在理论的指导与文献的支撑之下，形成了一套四阶段八单元的系统的环环相扣、层层递进的团体心理辅导方案，不同的阶段和不同的单元都有着针对性问题处理，每个单元的设计都是在考虑了安全性、性别、年龄、文化程度、前后衔接等方面后，按照暖身、过渡、工作、结束进行设计的，前后衔接流畅，并通过布置作业和课后练习来进一步拓展学生的情绪调节能力。

综上，在扎实的理论基础、丰富的专业技术和扎实的理论指导下，按照科学的方案设计流程与规范，本篇《大学生情绪调节班级团体心理辅导方案设计》帮助大学生群体以更加积极的情绪状态来面对个人学习、生活，对促进和助力大学生心理健康有着重要作用。

第 7 章

大学生挫折应对班级团体心理辅导

——以重庆某大学大二某班级为例

每个人在人生的道路上都会遇到各种挫折，而每个人应对挫折的能力是各不相同的。挫折应对能力的大小直接反映了一个人的心理素质和健康水平。《教育部关于加强普通高等学校大学生心理健康教育工作的意见》（2001）就提到学生挫折承受能力的培养，大力支持学校开展挫折教育。近年来频频曝出大学生因挫折承受力弱而酿成悲剧的事件，更证明了挫折应对教育的重要性，大学生挫折教育与耐受力训练刻不容缓。通过对重庆某大学大二某班级学生进行心理健康需求主题调查发现，该班大学生普遍对挫折应对主题最为需要。

7.1 学情调查与分析

7.1.1 调查目的

了解该班学生在挫折应对能力方面的现状，为后续进行班级团体心理辅导方案设计与实施提供依据。

7.1.2 调查对象

重庆某大学大二年级某班 48 名学生，其中男生 15 人，女生 33 人；农村户籍 29 人，城镇户籍 19 人；独生子女 21 人，非独生子女 27 人。

7.1.3　调查方法

（1）问卷调查法。采用问卷调查法了解某班级大学生挫折应对能力现状。

（2）访谈法。根据问卷调查结果，选取低分数方向 27% 的学生中的 13 名同学进行访谈，为后续进行挫折应对团体心理辅导方案设计提供更加具体详细的针对性信息。

7.1.4　调查工具

（1）《大学生抗挫折应对能力问卷》（方鸿志，2015），包括自我疏导能力、人际交往能力、问题解决能力、支持寻求能力和压力承受能力 5 个维度，采用李克特五点计分法。问卷一致性系数为 0.88，总体上具有较好的信度和结构效度。

（2）《大学生抗挫折应对能力访谈提纲》（自编）。

7.1.5　调查结果

1）问卷调查结果与分析

（1）该班大学生抗挫折应对能力的总体水平。该班大学生抗挫折应对能力的描述性统计结果，如表 7.1 所示。本次调查的大学生抗挫折应对能力的平均得分为 2.54 ± 0.34，处于中下水平。各维度得分从高到低依次是寻求支持能力（2.58 ± 0.40）、自我疏导能力（2.53 ± 0.49）、压力承受能力（2.43 ± 0.34）、人际交往能力（2.41 ± 0.62）、问题解决能力（2.07 ± 0.35）。从平均数的高低可以看出，该班大学生挫折应对能力不但总均分处于中等偏下水平，而且各个维度都是如此，特别是问题解决能力、人际交往能力和压力承受能力都低于 2.5 分。

表 7.1　调查班级大学生抗挫折应对能力的描述性统计结果（*N*=48）

人际交往能力	问题解决能力	寻求支持能力	自我疏导能力	压力承受能力	总均分
2.41 ± 0.62	2.07 ± 0.35	2.58 ± 0.40	2.53 ± 0.49	2.43 ± 0.34	2.54 ± 0.34

（2）该班大学生抗挫折应对能力在性别上的差异。采用独立样本 *t* 检验进行分析，结果如表 7.2 所示：女生与男生在抗挫折应对能力整体水平与各维度上均无显著性差异。

表 7.2　调查班级大学生抗挫折应对能力的性别差异（*N*=48）

因子	男（*n*=15）		女（*n*=33）		*t*	*p*
	M	*SD*	*M*	*SD*		
人际交往能力	2.58	0.55	2.32	0.64	1.349	0.184
问题解决能力	2.82	0.29	2.65	0.37	1.434	0.158
寻求支持能力	2.69	0.34	2.53	0.42	1.272	0.226
自我疏导能力	2.62	0.36	2.49	0.54	0.841	0.405
压力承受能力	2.48	0.42	2.42	0.31	0.692	0.492
总问卷	61.06	5.92	57.33	8.36	1.556	0.127

（3）该班大学生抗挫折应对能力在生源地上的差异。采用独立样本 *t* 检验进行分析，结果如表 7.3 所示：在寻求支持能力、自我疏导能力两个维度上农村学生显著高于城市学生。

表 7.3　调查班级大学生抗挫折应对能力的生源地差异（*N*=48）

因子	农村（*n*=29）		城市（*n*=19）		*t*	*p*
	M	*SD*	*M*	*SD*		
人际交往能力	2.33	0.64	2.51	0.58	−0.967	0.339
问题解决能力	2.77	0.35	2.58	0.34	1.833	0.073
寻求支持能力	2.69	0.39	2.42	0.37	2.420	0.020
自我疏导能力	2.65	0.48	2.35	0.46	2.114	0.040
压力承受能力	2.49	0.37	2.35	0.28	1.424	0.161
总问卷	59.82	8.19	56.47	6.93	1.471	0.148

（4）大学生抗挫折应对能力在是否独生子女上的差异。采用独立样本 *t* 检验进行分析，结果如表 7.4 所示：非独生子女在大学生抗挫折应对能力各维度上均值都大于独生子女，而且在总分及问题解决能力、寻求支持能力、自我疏导能力维度上非独生子女显著高于独生子女。

表 7.4　调查班级大学生抗挫折应对能力在是否独生子女上的差异（N=48）

因子	独生（n=21）		非独生（n=27）		t	p
	M	SD	M	SD		
人际交往能力	2.30	0.64	2.48	0.60	−1.016	0.315
问题解决能力	2.53	0.43	2.83	0.22	−2.942	0.003
寻求支持能力	2.43	0.45	2.70	0.32	−2.361	0.023
自我疏导能力	2.35	0.57	2.68	0.36	−2.405	0.020
压力承受能力	2.38	0.33	2.48	0.35	−1.002	0.322
总问卷	55.28	8.95	61.00	5.84	−2.669	0.010

2）访谈调查问题与结果

根据问卷调查的结果，设计了大学生抗挫折应对情况访谈提纲（见表 7.5 左边问题部分）。与学生通过微信、QQ 聊天的方式，选取该班抗挫折应对能力后 27% 的 13 名同学进行半结构式访谈，以求能够从访谈结果中找到这个群体所具有的具体问题来帮助设计有针对性的团体辅导方案。访谈结果如表 7.5 所示。

表 7.5　调查班级大学生抗挫折应对能力访谈结果（N=13）

问题	回答
Q1：1~10 分，分数越高表示抗挫折能力越强，你给自己打几分？	M=6.68　SD=0.74 这部分大学生认为自己的抗挫折能力处于中等水平，能够处理生活中的部分困难，但是遇到重大的挫折，表示自己不知道怎么应对。
Q2：请举例说明你遇到过的挫折（至少三例）。	根据学生的回答，主要分为四个方面的挫折：情感方面（被喜欢的人拒绝、失恋、朋友关系破裂）；家庭关系方面（家庭关系不好、不被家人理解、家人意外离世）；学业方面（成绩不合格、高考失利、学习困难）；其他方面（竞选失败、学不会某样东西……）。
Q3：你第一次遇到的挫折是什么，在什么时候？	一般是在小学时期，因为考试不合格而感到伤心。
Q4：遇到挫折时，你一般会有什么想法和行为？	睡觉、难过、逃避、感觉人生没有意义、觉得自己不行、自暴自弃、倾诉、接受、想办法解决。
Q5：你认为挫折给你带来了什么影响？	挫折没让我变得更好，能度过的挫折使我进步，度不过的挫折成为阴影，坏心情，很直接的就是痛苦。我觉得有挫折就有好处和收获都是假的，没挫折我照样活得好，甚至更好；不能把我打败的都会让我更强大。

问题	回答
Q6：你曾经为对抗挫折做出过哪些努力？	睡觉、努力学习！但是最主要的感觉是我从未战胜挫折，只是心态的改变；向外人求助过；争取上课不睡觉，认真听讲；哭，难过，然后等着时间带我走出去；基本上不做直接应对。
Q7：当你遇到挫折时，你认为身边哪些人能够帮助你？	家人朋友的理解与鼓励、一位有经验之人（比如老师）的帮助；父母朋友；学长学姐、父母、哥哥、老师；挫折从来谈不上别人能帮我，只有自己想通了，挫折自然也就没有困扰了。
Q8：你希望学习关于面对挫折的哪些知识或能力？	怎么能够不因为挫折否定自己；如何平静看待挫折；化解负面情绪，心里可以充满能量，相信自己可以解决；如何调整心态。
Q9：如果有人能和你一起共同努力，面对挫折，你愿意承诺什么？	我愿意向大家学习，相互帮助，共同提升自己的抗挫折应对能力；我愿意花时间来训练自己，这对我未来的人生很重要；我承诺认真对待，让自己成为一个坚强的人。

7.2　目标制订与分解

　　根据前面有关该班级挫折应对能力的问卷调查和抽样访谈调查，可以发现该班大学生的挫折应对能力处于中下水平。它具体表现在以下几个方面。

　　（1）该班大学生挫折应对能力总体及其各维度都处于中等偏下水平，特别是问题解决能力、人际交往能力和压力承受能力偏低。它具体表现在寻求支持能力、自我疏导能力两个维度上农村学生显著高于城市学生，在总分及问题解决能力、寻求支持能力、自我疏导能力维度上非独生子女显著高于独生子女。因此，在后续分组时要尽量把城镇学生和农村学生进行混合分组，独生子女和非独生子女进行混合分组。

　　（2）问题解决能力不足。在遇到问题时，挫折应对能力低的人通常无法有效良好地解决问题，从而让自己陷入焦虑压力之中，形成习得性无助，更加畏惧遇到挫折。

　　（3）人际交往能力弱，也无法向他人寻求帮助。首先是人际交往的能力不足，在和朋友、家人相处中就经常有挫折感，在遇到挫折时更无法寻求帮助，让自己处于孤立无援的状态中。

　　（4）自我评价太低。挫折应对能力弱的人通常都认为自己能力不足，就是没有办法解决好问题，无法从自己身上发现闪光点，缺乏自信。

7.2.1　总体目标

（1）认知信念目标：训练学生用全面、发展、积极的眼光看待自己，正确认识挫折情绪产生的根本原因，理智分析挫折对人生的价值和意义。

（2）情绪情感目标：接纳自己、提升自信，用正确的态度面对挫折，逐步培养学生敢于面对、担当付出、顽强拼搏等良好的心理品质。

（3）技能行为目标：培养学生良好的人际交往能力、问题解决能力和压力承受能力，从容地面对挫折，增强他们面对挫折的免疫力。

（4）思政辅导目标：培养学生的人际交往能力与团队精神，以及百折不挠的长征精神，训练学生接纳自己、提升自信、敢于面对挫折的心理品质。

（5）过程方法目标：通过加入团队、建设团队、认识挫折、理解挫折、战胜挫折、压力面对、悦纳自我、珍重再见八个板块的团体心理辅导，在活动体验中改变对自己和挫折的负性认知，悦纳自己和面对挫折，提升自己的挫折耐受力。

7.2.2　阶段目标

（1）初期阶段：让团体成员相互认识，建立团队规范，澄清成员期待。

（2）转换阶段：从提升团队凝聚力，初步体验挫折，转换到对挫折的认识，从正面与反面、消极与积极、当下与未来等角度认识挫折的作用与意义。

（3）工作阶段：由接纳挫折的原因与自己来源，从榜样学习、抗压训练、集体训练、总同训练来战胜挫折，通过榜样学习、抗压表便、长征精神、自我突破来面对压力，提升自信与对自我的悦纳，进而提升挫折耐受力。

（4）结束阶段：珍重再见。再次感受团队凝聚力，处理离别情绪，增强未来生活的信心，将团体心理辅导所学运用到日常的学习与生活中。

7.3　理论指导与启示

团体心理辅导及挫折耐受力都有强大的理论支持，包括团体动力学理论、社会学习理论、人际相互作用分析理论、人际沟通理论、人本主义理论、情绪 ABC 理论等，这些理论在进行团体心理辅导时具有重要的指导作用。

（1）团体动力学理论。也称群体动力学理论，该理论注重生活环境中人的行为，将个体与环境视为相互依存和相互作用的关系（徐西森，2003）。团体动力学还强调群体内聚力，注重团体咨询过程中团体氛围的建设。该理论对本次团体心理辅导方案设计的指导与启示是：在团体心理辅导中要注重团体凝聚力的建设。在进入主题活动前需要一个初期阶段和转换阶段将团队建设好，并在整个团体心理辅导活动中贯穿团队凝聚力的建设。

（2）社会学习理论。该理论认为人的行为是个人和环境相互作用的结果，是通过观察他人、模仿他人而学到的。在团体中，成员之间也会相互作用，进而观察和模仿他人恰当的社会行为，从而达到自己学习的目的。该理论对本次团体心理辅导方案设计的指导与启示是：在分组时可以利用抗挫折耐受力分数高低排序进行 S 形分组，让小组成员能够以其中抗挫折能力最高的成员为榜样，在团体中得到学习。

（3）人际沟通理论。该理论指出人与人之间的语言或者非语言符号系统的交流过程，是人们交往的一种前提条件和重要形式，团体心理辅导的过程就是一种人际交往与沟通相互作用的过程。该理论对本次团体心理辅导方案设计的指导与启示是：人际交往必须要贯穿在整个团体心理辅导方案之中，在挫折团体心理辅导中需要进行专门的人际交往活动，加强社会支持力量。

（4）人本主义理论。该理论认为每个人都有自我实现的动力，当个体身处于尊重、接纳、开放、信任的环境之中时，个体的自我效能感就会被激发，就会更加积极地探索自我，发掘自我的潜能。该理论对本次团体心理辅导方案设计的指导与启示是：团体心理辅导应该以参与者为主体，创造一个信任、接纳的环境，领导者只是一个引导者，更多的是让学生自己在这种环境中探索发现，进而学习成长。

（5）情绪 ABC 理论。A（Activiting events）指诱发性事件；B（Belief system）指个体的信念、观念系统；C（Consequences）指个体的情绪、行为反应或结果。人们通常以为是事件 A 引起了结果 C，而该理论认为只有 B——人们对事件 A 的看法与解释背后的信念与观念才是 C 产生的直接原因。ABC 理论以认知心理学的观点来看待挫折情绪的产生，揭示了内部信念和观念系统对挫折产生的作用。该理论对本次团体心理辅导方案设计的指导与启示是：在团体心理辅导方案设计中可以让成员理解这个事件导致挫折感的原因以及更深层次的信念，让成员理解挫折情绪的真正来源，指向瑕疵信念的改变。

综上，在本次团体心理辅导中，将在以上理论指导下设计一个安全、放松、充满动力的方案，主要是通过团体的形式促进人际交流与沟通、人际互动的过程，让大学生置身于团体之中，自己和别人有同样的体验，会对自己产生认同。通过观察他人，能够帮助个体更全面地观察和了解自己。通过人与人的互动激发个人内在潜力，帮助成员厘清愿望，澄清他们的真实需要。并通过在团队中的自我成长，调节或改变人的观念系统，将动力带到生活中去赋能，让团体成员掌握应对挫折的技能，提升抗挫折应对能力。

7.4　文献分析与借鉴

刘伟（2007）采用团体治疗的形式，尤其是体验式治疗法，在改变受治者在对挫折错误认知重构的基础上，亲身体验挫折的感受，增加挫折经验，提高挫折耐受阈值。结果表明，团体综合干预能有效提高学生的挫折承受力。

孙世波（2010）认为团体心理辅导中促进学生走出挫折困扰的机制在于以下四个方面：①获得情感支持；②尝试积极体验；③发展适应行为；④重建理性认知。在团体心理辅导过程中需要掌握几种重要策略：①积极营造正向情绪的气氛；②正常化同理；③重新建构赋予挫折积极的含义；④区分挫折类型，选择介入重点。在后面的团体辅导设计中，根据该机制和测量形成了以下几点：①每个成员都坦言对别人的看法，甚至进行"无情"的批评和揭露。通过这种激烈而坦诚的交流，帮助各成员深入地剖析自己的情感和行为，从而达到领悟和改变的目的。②在团体中产生共同感，当成员看到别人也有和自己一样的问题困扰时，会减轻自己的焦虑。团体成员还可以从多角度得到有关他对别人的影响的反馈。③让成员体会到积极情绪适应下的自我感受，给予成员一些积极的挫折面对体验和反馈，让成员感受到它的积极含义。

同样，牟宏玮（2015）利用团体心理辅导对大学生挫折能力与应对进行干预，结果发现团体心理辅导后，在解决问题、求助与合理化这三个维度上实验组得分显著高于对照组，在退避这一应对方式的得分上显著低于对照组，即团体心理辅导对大学生挫折应对能力与方式有明显的干预效果。因为，在团体心理辅导设计中，不能只引导成员对挫折积极认识，更要教会成员们用什么样的方式去面对挫折，提高问题解决能力。

综上所述，可以发现团体心理辅导对大学生的挫折教育有比较显著的作用。在团体心理辅导中，要着重建立信任接纳的环境，增强团体凝聚力，发展人际交往，通过对挫折的积极解读与耐受力训练来应对挫折事件。其重点在于促进大学生自我成长与自我评价，改变不良认知，正确认识挫折事件，在接下来的团体心理辅导方案设计中也要着重于以上策略。

7.5 方案设计与内容

7.5.1 团体心理辅导名称

"面对挫折"班级团体心理辅导。

7.5.2 团体心理辅导性质

封闭性、结构性团体。

7.5.3 团体心理辅导次数

8 次，每次 90 分钟。

7.5.4 团体心理辅导地点

团体心理辅导教室。

7.5.5 方案内容

辅导阶段	单元主题	针对问题	单元目标	单元方案：活动与作业	准备事项
初期阶段	加入团队	团体成员之间比较陌生，没有凝聚力和信任感。	（1）了解团体目标，激发学生参加活动的兴趣。（2）进行团队分组，加深成员之间的了解和联结，提升团体安全感。（3）拟定团体规范，签订团体活动契约。	（1）开场短讲大风吹（20 min）；（2）挫折耐受力分组（5 min）；（3）"滚雪球"式的自我介绍（30 min）；（4）团队规范与承诺（30 min）；（5）课后作业：团队风采展示准备。	纸、笔、多媒体设备

续表

辅导阶段	单元主题	针对问题	单元目标	单元方案：活动与作业	准备事项
转换阶段	建设团队	团队建设不足，对挫折的基本认识不够。	（1）初步体验活动中的小挫折，认识挫折的普遍性。（2）营造小组氛围，提升团体凝聚力与参与度。（3）通过活动让成员初步体会到团体心理辅导主题"挫折"的感受。	（1）晋级活动（15 min）；（2）团队风采展示（30 min）；（3）选组长、副组长（5 min）；（4）体验被打击与支持（35 min）；（5）课后作业：写一篇"我的挫折故事"（5 min）。	纸、笔、多媒体设备
	认识挫折	成员们无法全面看待挫折，容易陷入困境之中。	（1）协助小组成员面对挫折，增进小组成员彼此理解与接纳。（2）激励小组成员重新认识挫折，全面看待挫折的价值与意义。	（1）棒打薄情郎（15 min）；（2）比比谁更惨（40 min）；（3）挫折解读（30 min）；（4）课后作业：重写挫折故事（5 min）。	纸、笔、多媒体设备、报纸做的棍棒
工作阶段	理解挫折	成员们的挫折认知有问题，进而产生情绪问题。	（1）让学生知道从不同的思维角度去认知挫折，会得到不同的结果。（2）让学生知道情绪不是来自事情本身，而是我们看待事物的不同观念导致不同的情绪结果。	（1）猴子搬家（10 min）；（2）故事重讲（20 min）；（3）情绪 ABC 认知置辩（15 min）；（4）心理 AB 剧（40 min）；（5）课后作业：感恩生命中的"白衣天使"和"黑衣天使"。	纸、笔、多媒体设备
	战胜挫折	成员们无法从挫折事件中看到积极因素，导致遇到挫折容易陷入思维困境。	（1）从企业家的挫折经历中学习如何面对自己生命中的挫折，感恩生命中的"白衣天使"和"黑衣天使"。（2）从影响抗挫折力的4个因子进行积极归因训练。（3）五步脱困法让自己走出思维的困境，增添力量。	（1）大雨小雨（15 min）；（2）企业家成长史与人生曲线（30 min）；（3）《影响抗挫折力的4个因子》及归因训练（20 min）；（4）困境思维与意向训练（20 min）；（5）课后作业：准备一个名人的抗挫折故事讲给组员听（5 min）。	纸、笔、多媒体设备、视频材料：《企业家成长史》
	压力面对	成员不敢面对压力给自己的感受，没有信心和斗志去面对挫折。	（1）让学生体会压力带给自己的感觉以及放下与接纳后的轻松感。（2）抗压的方法有很多，关键是要听"天使"的声音，激发学生的斗志与训练抗挫的心理品质。	（1）蜗牛的家（20 min）；（2）抗压天使（25 min）；（3）长征精神（15 min）；（4）课后作业：自我突破（5 min）。	多媒体设备、视频材料：《长征精神》

续表

辅导阶段	单元主题	针对问题	单元目标	单元方案：活动与作业	准备事项
工作阶段	悦纳自我	成员们自我接纳不足，自信心不够，不敢尝试。	（1）激发学生自信心。 （2）认识到自己的长处与优点，学会接纳自己。 （3）激发与训练学生敢于展示自己。	（1）热舞（15 min）； （2）成功故事（20 min）； （3）优点轰炸（25 min）； （4）T 台秀（25 min）； （5）课后作业：离别准备（5 min）。	多媒体设备、糖果、高帽子
结束阶段	珍重再见	统整团体历程与所学及离别情绪处理。	（1）感受团队力量。 （2）回顾与统整团体心理辅导历程。 （3）处理学生的离别情绪。 （4）增添未来生活的力量。	（1）同舟共济（15 min）； （2）回首来时路（15 min）； （3）国王般告别（20 min）； （4）大团圆（40 min）。	纸、笔、多媒体设备、小卡片

7.5.6　方案详解

1）单元一：加入团队

活动名称 1	开场短讲大风吹
活动目标 1	明确团体心理辅导目标，消除陌生与拘谨，快速融入团队。
活动流程 1	成员围坐成一个圆圈，领导者先讲解本次团体心理辅导的基本目标，然后开始活动：大风吹，吹呀吹，吹到具有某种特征的人，这样的同学就要起立去找别人的位置来坐。有以下几种情况需要到场地中央展示自己：①吹到具有这种特征的同学没有去坐别人的位置；②吹到具有这种特征的同学弄虚作假，比如吹到戴眼镜的同学，结果他取下眼镜而不移动位置；③吹到具有这种特征的同学，虽然也起立去找，但是别人两两相换，他又回到自己的位置；④没有被吹到的同学也在移动位置；⑤最后才坐到位置上的同学。特别提醒：①保证自身安全，只要你先碰到位置上的凳子，那个凳子就是你的；②保证凳子的安全，不要损坏凳子；③展示自己的方法有很多，但必须与前面所有同学展示的方式不一样，比如前面有人唱歌或跳舞，后面的人就不能再唱歌跳舞。
活动名称 2	挫折耐受力分组
活动目标 2	保证组间同质，各组的挫折耐受力水平没有显著性差异。
活动流程 2	在之前所做的挫折耐受力问卷调查中，将得分进行排名，以排名顺序进行 S 形分组，总共分成 6 组，每组 8 人。
活动名称 3	"滚雪球"式的自我介绍
活动目标 3	深入了解彼此，快速融入团队，提升团队凝聚力和学员自信心。

续表

活动流程3	①由第一位同学（可以由领导者指定或组内推选）开始进行自我介绍，注意使用一句话完成，包含家乡、喜好、品质、毕业打算、昵称，而且顺序不能变。比如：我是来自重庆江津的、喜欢跑步的、热情的、毕业想考研的小鱼儿。 ②第二位同学要先重复前面同学的信息再介绍自己，第三位要重复前面两位，依此规则，第八位要重复前面七位同学的信息再介绍自己。 ③最后要考察的是小组任何一个人对别人信息的记忆，小组之间比赛的是看哪一个组最先全部组员举手说已经完成，最后完成的组受一点小惩罚，比如给第一名小组按摩等，也可以让后完成的四个组给前面四个组做按摩。
活动名称4	团队规范与承诺
活动目标4	让成员理解规则及其用意，激发大家遵守并维护，以使大家收获更多。
活动流程4	领导者说明本次班级团体心理辅导的主题与内容，同学设立好目标，然后讨论哪些行为会影响团体的进行，应该建立怎样的团体规范？可以在辅导者的引导下，各小组讨论，最后综合各组意见在一致通过的基础上订立合约。
课后作业	领导者给每个小组布置任务，下次上课时要小组全体上场3分钟之内来展示小组的组名、口号、队歌及风采。提醒：提前准备好，不能在这个过程中选组长，考察各组成员自己的自觉性。第一名有奖励，最后一名有惩罚。

2）单元二：建设团队

活动名称1	晋级活动
活动目标1	活跃气氛，增进感情，引申到挫折体验。
活动流程1	①所有成员蹲在地上，扮演鸡蛋，然后一对一，采用"石头、剪子、布"猜拳的方式进行PK（比赛），决出胜负，胜者晋升一级，即为小鸡，作半蹲状，并与其他胜出的小鸡进行猜拳PK，争取下一次晋升。 ②负者仍为"鸡蛋"，继续寻找其他负者的鸡蛋进行猜拳PK，争取晋升机会。 ③小鸡与小鸡PK的胜者即晋升为母鸡，可以站立，母鸡与母鸡PK的胜利者便晋升为主人，可以回到自己的座位，直至绝大部分成员都成功晋升为主人为止。
活动延伸1	①领导者请若干成功晋升为主人的成员分享自己的蜕变过程，特别是猜拳胜出时的感受体会，并请若干蜕变不成功的成员讲述自己的故事，分享感受。 ②引导思考：如果将这个活动看成我们的人生或生活，晋升的过程就是我们成长的过程，那么猜拳象征着什么？猜拳的结果又意味着什么？（引出活动主题：挫折） 提问导出：谁在蜕变过程中的每一次PK都是胜利者？（简单统计成员在蜕变PK中所遇到的失败，结合主题，让成员认识到人生不可能永远都成功、顺利，难免有困难挫折，关键是要学会如何面对并继续成长。）
活动名称2	团队风采展示

活动目标 2	从团队准备过程与展示结果看到自己和团队成员的行动与结果之间的关系，反思自己在生活、学习中付出了什么，得到了什么，提高学员的反思力，增进团队凝聚力。
活动流程 2	每个小组轮流上台展示上节课布置的小组风采展示作业，其他小组要给予积极反馈，拍照录像等。一个组表演后，其他组每个人给打分，总分 10 分，最后算出各个小组的总分，给第一名的小组颁奖，比如一张奖状，最后一名小惩罚，比如下蹲。
活动延伸 2	无论展示结果怎样，我们都可以请小组同学思考讨论，回答以下几个问题： ①别的小组值得我们学习和借鉴的是什么？ ②从我们小组准备的过程与展示的结果来看，我在里面扮演了什么角色？起了什么作用？ ③如果我以意向百分百的态度与行动对待这次展示或学习等，我的人生将会怎样？
活动名称 3	选组长、副组长
活动目标 3	激发组员从那些担当与付出的榜样身上学习，为自己和团队的发展作贡献。
活动流程 3	经过这段时间的相处与了解以及上个活动的准备过程与展示结果中组员扮演的角色与付出，小组成员匿名投票选出小组内的组长和副组长，当选人员要对成员们表示感谢以及表达未来努力带好团队的决心。组员要对组长表示祝贺，感谢他们为团队的付出，向他们学习，并承诺今后为团队付出行动。
活动名称 4	体验被打击与支持
活动目标 4	让成员体验与感受被打击的挫折和被支持的温暖，学会将心比心地理解与支持别人，才能得到别人的理解与支持。
活动流程 4	①体验被打击。小组内由组长开始，每个人轮流站在圈内，其余成员依次对他 / 她说："你是组长，不关我的事，不要找我"，然后面向一边不予理睬。接下来站在中间扮演组长的人又面向下一位同学，接受下一位同学的打击，直到所有同学对他 / 她讲完后回到原位，换下一位组员到中间体验这个过程，直到所有成员都体验完，小组分享感受与讨论总结发言。 ②感受被支持。小组内由组长开始，每个人轮流站在圈内，其余成员依次对他 / 她说："组长，我们一起努力，建设好我们的小组，让别人去羡慕！"然后双方握手或拥抱。接下来站在中间扮演组长的人又面向下一位同学，接受下一位同学的支持，直到所有同学对他 / 她讲完后回到原位，换下一位组员到中间体验这个过程，所有成员都体验完，小组分享感受与讨论总结发言。
课后作业	每个人课后写一篇自己经历过印象最深刻的挫折故事，包括简单的故事情节、自己的感受、想法、行动、对自己的影响等，下节课和小组成员分享。

3）单元三：认识挫折

活动名称1	棒打薄情郎
活动目标1	加深对组员个人信息的记忆，增进组员感情。
活动流程1	小组选一位执棒者站在圈内，他可以突然用手指着某一个人问他用棒指着的另一个人的一个信息，比如：他的昵称是什么？或者他的家乡在哪里？就是之前介绍的5个信息之一。如果这个人能够迅速回答，则通过考核。如果不能迅速回答，而是吞吞吐吐、犹豫迟疑，则执棒者就在他的肩膀上打一棒，然后这个人就到中间来执棒，又去考核别人，直到打到别人才能坐下来。
活动名称2	比比谁更惨
活动目标2	通过了解大家的挫折故事，明白挫折的普遍性，感受大家都一样的感觉。
活动流程2	①小组中认为自己的挫折故事最惨的那一位先讲，然后其他人要争先恐后地讲自己的"悲惨故事"，从某一个方面把别人比下去，最后小组评出第一名，小组成员都去安慰他一下。 ②接下来老师要引导大家问这位同学，你生命中发生了那么"悲惨"的事情，我们很好奇和敬佩的是你怎么走出来的，请分享一下你的经验。等这位同学分享结束，大家给他热烈的掌声和大大的赞。 ③每个人都有大大小小的不同的挫折，我们也好奇大家都是怎么走出来的，请小组其他成员做一个分享，最后总结起来大组分享。
活动名称3	挫折解读
活动目标3	让学员发现挫折产生的原因、价值与意义，引导大家反思成长。
活动流程3	完成上一个活动后，小组成员要开始自我反思： ①为什么这个挫折会发生在自身上，有没有可能规避？ ②发生以后我在心里做了一个什么决定？做了什么来处理这件事情和缓解自己的挫败情绪。 ③从这件事情上找得到了怎样的收获与成长。从某位同学开始每人3~4分钟进行分享，小组总结，大组分享。
课后作业	通过这次课程，将上次课后写的挫折故事进行重写，要求深入探讨挫折带给自己的积极意义，组员两两之间互相帮忙找，看看成员面对挫折的心态变化。

4）单元四：理解挫折

活动名称1	猴子搬家
活动目标1	让学生体验团队合作，增进与同学的感情，感悟自己热情主动参与的重要性，以及快乐情绪对挫折体验的疗愈作用。

活动流程 1	三人一组，其中两人面对面扮演两棵树，双手（树枝）支撑起来做成一个房子的样子，下面蹲一个同学扮演猴子。 ①当老师说："猴子搬家"，则扮演猴子的同学要离开当前位置去找另外的家，这时老师或者单出来的同学会扮演猴子去抢位置，谁没有抢到位置就要简单表演一下。 ②当老师说："樵夫砍柴"，则猴子不动，扮演两棵树的同学都要离开当前位置，分别去找另外的"树"为猴子搭一个房子，落单者表演。 ③当老师说："森林大火"，则所有的人都被打散，重新去找两个人做成房子下一个猴子的样子，落单者表演。 ④结束后讨论分享这个活动中的挫折体验是什么？为什么有的失败导致挫折体验，对我们打击很大，而有的失败却很开心呢？
活动名称 2	故事重讲
活动目标 2	引导学员全面看待挫折，积极看待挫折，自己为自己的人生负责任。
活动流程 2	小组成员分享上次课程结束后重写挫折故事的感受与体会，要以一种开心的状态（即使是"假装"或"表演"）给大家分享自己从挫折中得到的成长。
活动名称 3	情绪 ABC 认知置辩
活动目标 3	理解情绪的真正来源，纠正自己的瑕疵信念，从挫折中真正走出来。
活动流程 3	①领导者讲解情绪 ABC 理论：事件 A 只是引发情绪和行为后果 C 的间接原因，直接原因是个体对事件 A 的认知、评价、观念、信念 B。因此，在日常生活和工作中，当遭遇各种失败和挫折，要想避免情绪失调，就应多检查一下自己的大脑，看是否存在一些"绝对化要求""过分概括化"和"糟糕至极"等非理性信念。如有，就要有意识地用合理观念取而代之。 ②组员两两配对开始查找引起自己挫折情绪感受的瑕疵信念，找到之后开始进行置辩，用一个新的积极信念代替，并植入自己的大脑。 ③分享收获与感受。
活动名称 4	心理 AB 剧
活动目标 4	让学员直观体验不同信念导致的不同情绪行为，引导学员积极正向思考。
活动流程 4	①选择小组内某成员写过和讲过的挫折故事的两个版本，或者综合大家的典型版本，进行排练，将事件表演出来。 ②小组开始表演，其他小组要积极倾听，给予最大的尊重和鼓励。 ③小组讨论，学习借鉴，总结分享。
课后作业	通过邮件、微信、电话或者当面等各种自己认为最好的方式，感恩自己生命中的"白衣天使"和"黑衣天使"，下次课程中分享自己的感受与收获。

5）单元五：战胜挫折

活动名称 1	大雨小雨
活动目标 1	迅速集中学员注意力，同时培养学员对犯错的担当精神。
活动流程 1	①领导者将小雨、中雨、雨夹雪、大雨、狂风暴雨相应的五个动作教给大家。小雨是用双手轻拍自己的肚子，中雨是用双手拍自己的双大腿，雨夹雪是拍两边人的膝盖，大雨是鼓掌，狂风暴雨是嘴吹风、手鼓掌、踩脚三个动作结合。 ②领导者开始慢慢报出雨的种类，学员做出相应的动作，做错的人起立对小组成员说一句"我错了"。领导者可以逐渐加快口令，在学员基本不出错的情况下结束活动。 ③教师引导大家快速集中注意力，并对自己的错误具有担当精神，才能让自己的负责任得到别人的谅解、信任与成长。
活动名称 2	企业家成长史与人生曲线
活动目标 2	让学生从企业家成长史中感悟挫折的普遍性，从挫折中吸取教训与营养，以平静的心态去看待自己经历中的"顺"与"逆"，学会辩证地看待挫折。
活动流程 2	①播放视频《企业家成长史》。 ②教师引导大家拿起彩笔画自己的"人生曲线图"。请在A4纸的中间画一条横向直线，在横线上标出生命中重要的时间刻度，积极的事件用正向数0—10表示，标注在横线的上方。带给自己的积极体验越强，标注的点离横线的直线距离越远。消极的事件用负向数0—10表示，标注在横线的下方。带给自己的消极体验越强，标注的点离横线的直线距离越远。 ③学生开始作画，并把那些点连接起来。 ④教师引导学生分享：同学们，看着你们手中的人生曲线图有什么感受？现在以小组为单位进行讨论分享：当时的感觉和现在的感觉以及未来50年后对这件事情的感觉会怎样？对人生曲线图中最大拐点的一件挫折事件进行正向解读，即通过这件事我得到了什么成长？ ⑤教师总结并让学生记住：人生中所发生的每一个事件，如果我们没有得到什么，就一定要学到什么，不然就认真反思。
活动名称 3	《影响抗挫折力的4个因子》及归因训练
活动目标 3	了解挫折商的四个因子，了解每个人面对挫折时为什么有不同的表现，我们如何提升自己的挫折商。
活动流程 3	①观看视频：评估与分析自己的挫折商的高低与特点。 ②教师引导：影响一个人挫折商的因子有掌控、延伸、归因、耐力等，而这些因子都是可以通过后天学习训练得到改变和提升的。下面，我们就通过一个角色扮演的活动让大家来体验不同归因带来的感受。 ③将成员随机分成3人一组。3个人中，分别扮演凡人、天使和魔鬼的角色。天使和魔鬼分别对凡人的烦恼从积极和消极的角度进行归因。要求3个人轮流交换角色，保证每个人都担任过每个角色。 ④教师引导：在这个活动中，你们的感受是什么？每组派一名代表发言，教师做总结，引导学生做积极归因。

续表

活动流程2	②每次由天使先说30秒，再换恶魔说30秒，每个人皆轮过三个角色为止。 ③每个人轮流在组内说出刚刚扮演不同角色的感受，鼓励同学主动分享感受。 ④教师总结：消除压力的方法有很多，有一种方法就是多听听自己的天使说话，让恶魔闭嘴。多想想乐观、理性、积极的想法。
活动名称3	长征精神
活动目标3	激励大学生向红军学习他们百折不挠的革命精神，锻炼自己的抗挫折品质，成为一个内心强大的人。
活动流程3	①播放视频《长征精神》。 ②小组讨论发言。 ③教师总结：红军行程二万五千里，经过380余次战斗最终获得万里长征的胜利。希望同学们在今后的生活中也能像红军一样，树立远大理想，艰苦奋斗。遇见挫折不害怕，拿起"积极归因""情绪ABC"的武器，对挫折报以微笑。 ④最后，咱们一起唱一首歌，结束今天的课程。"红军不怕远征难……"预备唱。
课后作业	每个同学都要学会"红军不怕远征难"这首歌，下次上课时每个组单独唱。另外，每个同学找一句有关挫折的名言警句作为自己的座右铭，每天早上练习10遍才离开寝室出门上学，下次上课时每位同学都来进行一下分享。

7）单元七：悦纳自我

活动名称1	热舞
活动目标1	营造快乐气氛，增进同学感情，打开自己，释放自己的积极情绪。
活动流程1	①在热舞音乐伴奏下，小组围圈圈跳舞，先由组长在中间带领大家跳，组长怎么跳，组员就怎么跳。 ②一分钟之后换一位组员到中间带领，所有人都要在中间扮演带领者，让每一位组员打开自己，释放自己。
活动名称2	成功故事
活动目标2	从每个人抗挫折的故事中汲取营养，学习榜样，提高自身挫折耐受力。
活动流程2	①组员围坐成一个U形，小组长第一个站在开口处，面对组员自信而大声地讲几个自己成功的小故事，时间3分钟之内，组员要给以积极的回应，并依次站在那个位置去讲自己成功的小故事。 ②小组内选出讲得最自信、最好的那一位戴上小组提前做好的有创意的高帽子与其他小组的优秀代表进行PK，评选一、二、三等奖，发给组内每个同学相应数量的糖果等。
活动名称3	优点轰炸
活动目标3	全面发掘学员的优点，增强其自信心，增进组员感情。

续表

活动流程 3	①小组内先选一位同学坐中间，戴上高帽子，其余小组成员凭借这段时间的相处，挨个对中间的成员说出他的优点和赞美的话，必须要真诚，所有组员说完以后轮到下一位成员坐到中间位置。 ②夸奖时，两个人必须面对面眼神直视，并对对方的夸奖表示赞同和感谢。 ③活动结束后分享各自的感受。
活动名称 4	T 台秀
活动目标 4	让学员体验自己的差者和思维限制，大胆展示自己，提升自信。
活动流程 4	①从全班挫折耐受力最高的同学开始伴随音乐依次从 A 点走到 B 点，要求后面所有同学的姿势不得与前面任何同学雷同，相似度太高就打回去重来。 ②老师要由最后的位置也按照规则走过去，展示自己的风采。 ③全班一起热舞，结束课程。
课后作业	①提前告知成员们下周就是最后一次团体心理辅导活动，让同学们为小组每一位同学准备一张离别赠言卡，写上你对他的感谢与祝福。 ②小组准备一张回忆录，可以是 PPT、照片、视频、留言等，下次课进行展示。

8）单元八：珍重再见

活动名称 1	同舟共济
活动目标 1	体验团结的力量，珍惜团队的感情。
活动流程 1	①每组发一张大报纸，小组成员将报纸铺在地上，代表汪洋大海中的一条船。成员必须同时站在船上维持至少 5 秒，同生死共命运。 ②成功完成任务后，可以将报纸对折面积减半，继续试验，完成后可将报纸再对折面积再减半，递减直到活动结束。 ③结束后请各组成员派代表分享体会。 ④教师小结：人生旅途我们共同走过，只有相互扶持才能共渡难关，提醒大家不要忘记团队，不要忘记在自己需要的时候寻求帮助。
活动名称 2	回首来时路
活动目标 2	回顾与统整自己和团队走过的日子，珍惜感情，为自己的未来努力。
活动流程 2	①每个小组用 3 ~ 5 分钟作回顾展示。 ②教师总结引导。
活动名称 3	国王般告别
活动目标 3	对小组成员的离别表达，处理离别情绪。
活动流程 3	①两两之间作国王般的告别与赠送留言卡，包括：我从你身上学到的是……我要感谢你的是……我要对你说抱歉的是……我要给你的建议是……我要祝福你的是…… ②学生个别发言，教师总结。

续表

活动名称4	大团圆
活动目标4	总结整个团体心理辅导历程，处理离别情绪，把所学用到今后的学习与生活中。
活动流程4	①站立围成圆圈，将两手搭在两侧成员的肩上，聚拢静默10秒。 ②然后随着音乐轻轻地哼唱歌曲《阳光总在风雨后》，并随着旋律自由摇摆。 ③使全体成员在一个充满温馨甜蜜而有内聚力的情景中告别团体，走向生活，留下一个永远的、美好的、极有象征性的、难忘的记忆，最后是小组成员进行告别和拥抱，小组拍照、全班拍照留念等。

7.6　效果评估与评价

7.6.1　成员评估

1）问卷调查

再次对班级成员进行《大学生抗挫折应对能力问卷》调查，与前期结果进行对比。

2）个人评价

学员填写《团体满意度自我评量表》。

3）个案访谈

对问卷调查结果提升非常显著和分数不理想的同学再次访谈，从提升显著的同学那里获得成功经验，从分数不理想的同学那里询问具体问题，看看是否是活动设计或操作的缺陷，如是同学个人问题，可建议进行个体咨询处理。

7.6.2　领导者评估

1）领导者自评

领导者填写《团体领导者个人评核量表》，总结和分析此次团体辅导过程中的优缺点。

2）观察员评估

观察员通过对领导者带领团体心理辅导的过程的观察，对领导者进行全方位的评估，主要目的是给领导者提供第三者视角的观察所得，供领导者思考与改进。

3）督导评估

领导者提供方案、操作视频、评估结果等与督导进行探讨，对团体心理辅导效果进行评估。

7.6.3 整体评价

（1）挫折应对的团体心理辅导主题是符合学生需要的。首先我们进行了主题需求问卷调查，随后进行了一系列有关挫折应对的问卷调查与访谈，确保了该主题的确是学生所需，针对性地解决学生的实际问题。

（2）本篇团体心理辅导方案中团体心理辅导目标是符合学生实际情况的。团体心理辅导目标的确定是根据挫折应对的问卷结果以及访谈调查结果，进行整理总结得出的目标，有事实的依据。同时，总目标与分目标之间互相联系，阶段目标也在为总目标服务。

（3）本篇团体心理辅导方案中的文献理论借鉴部分具有权威性、启示性和具体性。每个文献的借鉴都解决了本篇方案设计中的实际问题，并且在文献的基础上进行了自己的修改完善。

（4）本篇团体心理辅导方案设计的逻辑思路具有清晰流畅性。阶段与阶段之间环环相扣、层层递进，能够有效地一步步解决学生挫折应对上的问题。同时，各个阶段的活动设计互相联系、互相作用，能够有针对性地解决学生的实际问题。

（5）本篇团体心理辅导方案设计进行了大量的准备工作，根据事实依据、文献依据、理论依据得到了最终的方案流程，并在以往研究上进行符合该班学生特点的创新和完善，可操作性强，能够有针对性地解决学生在挫折应对上的问题，具有实践意义。

第 8 章

大学生自信提升班级团体心理辅导

——以重庆某大学大二某班级为例

当个体表现出对自己的能力和品质评价过低时，会极大地限制个体能力的正常发挥，进而影响他们的社会适应和人生发展。因此，如何通过心理健康教育，激发和培养大学生的自信心（即个体对自身行为能力与价值的客观认识和充分评估的一种体验和积极向上的心理品质），是促进大学生人格发育和健康成长的核心内容。通过对重庆某大学大二某班级学生进行心理健康需求主题调查发现，该班大学生普遍对自信提升主题最为需要。

8.1 学情调查与分析

8.1.1 调查目的

了解该班大学生的自信现状，为后续进行班级团体心理辅导方案设计与实施提供依据。

8.1.2 调查对象

重庆某大学大二年级某班 38 名学生，其中男生 12 人，女生 26 人；农村户籍 25 人，城镇户籍 13 人；独生子女 18 人，非独生子女 20 人；14 名班干部，24 名非班干部。

8.1.3　调查方法

（1）问卷调查法。采用问卷调查法了解大学生自信心现状。

（2）访谈法。根据问卷调查结果，选取低分数方向 27% 的学生中的 6 名同学进行访谈，为后续进行自信提升团体心理辅导方案设计提供更加具体详细的针对性信息。

8.1.4　调查工具

（1）《青年学生自信问卷》。该问卷由毕重增和黄希庭（2009）编制，包含才智自信、成就自信、人际自信、应对自信和品质自信 5 个因子。量表采用李克特五点计分法，分为"完全不符合""有点不符合""一般""有点符合"和"完全符合"，得分越高说明自信水平越高。量表内部一致性信度 Cronbach's α 系数为 0.92，各个因子在 0.72—0.82；重测信度系数为 0.81，各个因子为 0.70—0.86，具有良好信效度。

（2）《大学生自信水平现状访谈提纲》（自编）。

8.1.5　调查结果

1）问卷调查结果与分析

（1）该班大学生自信心的总体水平。该班大学生自信心水平的描述性统计结果，如表 8.1 所示。从表 8.1 可知，本次调查的大学生自信心的平均得分为 2.97 ± 0.35，处于中等偏下水平。各维度得分从高到低依次是应对自信（3.03 ± 0.44）、品质自信（3.02 ± 0.28）、才智自信（2.97 ± 0.41）、人际自信（2.97 ± 0.62）、成就自信（2.94 ＋ 0.43）。从平均数的高低可以看出，该班大学生自信心得分最低的是成就自信，其次是人际自信和才智自信。

表 8.1　调查班级大学生自信心水平的描述性统计结果（N=38）

成就自信	才智自信	应对自信	品质自信	人际自信	总量表
2.94 ± 0.43	2.97 ± 0.41	3.03 ± 0.44	3.02 ± 0.28	2.97 ± 0.28	2.97 ± 0.35

（2）该班大学生自信心水平在性别上的差异。采用独立样本 t 检验分析该班大学生的自信心水平在性别上的差异，结果如表 8.2 所示。从表 8.2 可知，女生与男生在自信心整体水平与各维度上均无显著性差异。

表 8.2　调查班级大学生自信心水平的性别差异（N=38）

因子	男（n=12）		女（n=26）		t	p
	M	SD	M	SD		
成就自信	2.97	0.44	2.93	0.43	0.25	0.80
才智自信	3.09	0.33	2.92	0.43	1.22	0.24
应对自信	2.92	0.53	2.90	0.42	0.99	0.92
品质自信	3.06	0.36	3.02	0.33	0.33	0.75
人际自信	3.07	0.36	3.00	0.26	0.45	0.66
总量表	3.03	0.38	2.96	0.35	0.53	0.60

（3）该班大学生自信心水平在生源地上的差异。采用独立样本 t 检验分析该班大学生的自信心水平在生源地上的差异，结果如表 8.3 所示。从表 8.3 可知，自信总量表及各维度均分在生源地上均不存在显著差异。

表 8.3　调查班级大学生自信心水平的生源地差异（N=38）

因子	农村（n=25）		城市（n=13）		t	p
	M	SD	M	SD		
成就自信	3.02	0.35	2.90	0.47	0.84	0.41
才智自信	3.05	0.31	2.93	0.15	0.00	0.39
应对自信	3.03	0.34	2.85	0.49	1.21	0.24
品质自信	3.07	0.31	3.01	0.27	0.50	0.62
人际自信	3.05	0.32	3.02	0.29	0.41	0.70
总量表	3.04	.31	2.94	0.37	0.84	0.41

（4）大学生自信心水平在是否独生子女上的差异。采用独立样本 t 检验分析该班大学生的自信心水平在是否独生子女上的差异，结果如表 8.4 所示。从表 8.4 可知，自信总量表及各维度均分在是否独生子女上均不存在显著差异。

表 8.4　调查班级大学生自信心水平在是否独生子女上的差异（*N*=38）

因子	独生（*n*=18）		非独生（*n*=20）		*t*	*p*
	M	*SD*	*M*	*SD*		
成就自信	2.94	0.40	2.93	0.46	0.10	0.93
才智自信	3.05	0.48	2.85	0.34	1.36	0.19
应对自信	2.96	0.46	2.84	0.44	0.77	0.45
品质自信	3.05	0.29	3.01	0.28	0.40	0.70
人际自信	3.05	0.98	2.99	0.28	0.66	0.52
总量表	3.01	0.36	2.92	0.36	0.78	0.44

（5）大学生自信心水平在是否担任班干部上的差异。采用独立样本 *t* 检验分析该班大学生的自信心水平在是否担任班干部上的差异，结果如表 8.5 所示。从表 8.5 可知，自信总量表及各维度均分在是否担任班干部上均不存在显著差异。

表 8.5　调查班级大学生自信心水平在是否担任班干部上的差异（*N*=38）

因子	班干部（*n*=14）		非班干部（*n*=24）		*t*	*p*
	M	*SD*	*M*	*SD*		
成就自信	2.97	0.33	2.86	0.46	0.75	0.46
才智自信	2.91	0.12	2.30	0.48	0.75	0.46
应对自信	2.93	0.33	2.85	0.49	0.56	0.59
品质自信	3.05	0.29	3.01	0.28	0.40	0.70
人际自信	3.04	0.09	2.95	0.32	1.29	0.21
总量表	3.00	0.13	3.00	0.40	1.11	0.27

2）访谈调查问题与结果

根据问卷调查的结果，设计了大学生自信心现状访谈提纲（见表 8.6 左边问题部分）。与学生通过微信、QQ 聊天的方式，选取该班自信心水平后 27% 的 6 名同学进行半结构式访谈，以求能够从访谈结果中找到这个群体所具有的具体问题来帮助设计有针对性的团体心理辅导方案。访谈结果如表 8.6 所示。

表 8.6　调查班级大学生自信心现状访谈结果（ $N=6$ ）

问题	回答
1. 请按照 1 — 10 的等级为你的自信心打分。	A1：6；A2：6；A3：1.5；A4：6；A5：3；A6：3。
2. 如果你觉得自己缺乏自信，那么是在什么情况下呢？	A1：发胖的情况下。 A2：缺乏实力，缺乏底气。 A3：需要当众讲话和独自发表观点时，被作为领导角色带领团队。 A4：在情绪不佳的情况，或者情绪很好，突如其来的一个小事情让心情不好，再或者，一件努力的事情受挫的时候。 A5：当众展示自己的时候，比试讲之类；参加任何类型的比赛时我会觉得我一定不如别人；当我看到别人很厉害的时候我会非常没信心。 A6：遇见喜欢的人的时候，或者遇见特别想争取的机会的时候。
3. 请你举例说明你缺乏自信的表现。	A1：经常宅在家里或者寝室。 A2：心慌，不相信自己。 A3：找借口逃避问题、焦虑、紧张、失眠。 A4：偶尔会错开与人对视的目光，推辞一些表现的时候。 A5：会不停地玩自己的手，然后东张西望，最后会盯着一个地方发呆，严重时还会腿抖。 A6：不知所措，觉得特别尴尬，严重的时候甚至会大脑空白，一个字也说不出。
4. 这样的状态给你带来了怎样的影响？	A1：少了社交，然后越来越胖。 A2：缺乏自信。 A3：怀疑自己的能力，依赖心强，不敢冒险挑战难题，但自己想摆脱这样的状况却又经常有无力感。 A4：会让我暂时失去擅长的社交技能，但是会给我带来一些谨慎。 A5：直接影响这件事的结果，如比赛失利，还会让我以后越来越没自信，最后都是丧失不想去做的什事。 A6：失去了很多可以挑战自己的机会。
5. 你觉得是什么原因导致你缺乏自信？	A1：胖了身体都不好看。 A2：实力不足。 A3：被同学嘲笑过，因为身份的特殊性不敢犯错，所以一直小心翼翼。 A4：经常会遇到不太好的事情，而且本身也不算优秀。 A5：自身能力的不足，以及我怕失误被人嘲笑，太在意别人对自己的看法。 A6：好胜心强，喜欢跟优秀的人比较，就觉得自己特别不行。
6. 你曾经为提高自信做过哪些尝试？	A1：减肥。 A2：增强自身实力。 A3：参加演讲比赛，主持以及去做一些有难度的事情。 A4：我没有特别不自信，而且我并不觉得这是一件坏事情，所以没有做尝试。 A5：我没做过什么尝试，我一直在逃避。 A6：在课堂上多举手，多回答问题，主动跟不太熟的认识的人打招呼。

问题	回答
7. 你在什么情况下会变得充满自信？	A1：瘦下来的情况下。 A2：有足够的实力完成接下来的事的时候。 A3：做的一件事能够得到别人的认可以及鼓励。 A4：突然照镜子觉得自己还不错或者去表演和考试取得成功的时候。 A5：当我有充分准备，且是我的长项以及不停有人给我打气加油时。 A6：在自己擅长的领域取得成就的时候。
8. 在生活中，你希望你拥有如何自信的表现才满意？	A1：天天运动。 A2：能轻松地处理遇到的事情。 A3：能在众人面前直接说出自己的想法，即使困难的任务也能尽力去挑战，不在意最终的结果。 A4：大大方方，不在重要的场合怯场就好。 A5：至少是不怯场，能自如地表达自己，面对很多陌生人的时候也能从容不迫。 A6：从容不迫地接触不熟悉的领域。
9. 如果拥有较高自信，你觉得的大学生活会怎样？	A1：丰富多彩，天天夜生活走起来。 A2：更美好。 A3：很美好，不会那么社恐，也能拥有更多更坚固的人际关系，不会容易焦虑，因为敢于冒险也能做出一定的成就。 A4：我觉得会志得意满且膨胀，不是好事。 A5：会拥有更多机会表现自我，然后会受到很多人的关注或喜欢吧。 A6：丰富多彩，认识很多优秀的人，获得很多机会。
10. 如果老师要为你们做几次关于提升自信的团体心理辅导，你自己要承诺做出哪些努力？	A1：努力减肥、少吃零食多运动。 A2：结合自身情况，听取老师意见，完善自己。 A3：老师的每次团体心理辅导活动会积极配合，自己也会尽力避免紧张害怕的情绪，会融入活动中，每次活动后会记录自己的思考与需要自己改进的地方。 A4：多做提高自己自信的心理暗示，不要太过度解读别人的言语，加强运动锻炼，强身健体，多参加社交娱乐活动，和大家打成一片。 A5：敢于面对，不怕失败，会走出自己的舒适圈，然后不要总是逃避。我会尝试自己上台分享自己的不自信的故事，让更多人知道不自信会错过很多。 A6：在团体心理辅导结束的时候，主动发表自己的感受。

8.2　目标制订与分解

根据前面有关该班级大学生自信水平的问卷调查和抽样访谈调查，可以发现该班大学生的自信水平处于中等偏下水平。具体表现主要有以下几个方面。

（1）该班大学生自信总体及其各维度都处于中等偏下水平，得分最低的是成就自信，其次是人际自信和才智自信，自信总分及各维度在人口学变量上都不存在显著性差异。因此在后续活动分组时，可不考虑人口学变量；在方案设计时应设置一些挖掘优势、体验成功经历、拓展人际关系的活动，从而提升学生的自信心水平。

（2）成就自信低。不自信的个体不敢改变自己、挑战自己，导致成功经验、幸福体验较少，从而陷入不自信的循环。

（3）人际自信低。对自我的不自信导致逃避社交活动，不敢走出自己的舒适圈。

（4）才智自信低。对自我认识不清晰导致对自我的接纳程度不够，没有发现自己的潜在能力，从而形成低自我评价。

8.2.1　总体目标

（1）认知信念目标：引导学生全面地认识自己，悦纳自己，意识到自己是独特的个体。帮助学生发现他人眼中的自己，训练学生从多元、发展、积极的角度看待自己，使学生形成积极、正向的自我认知，从而提升自信。

（2）情绪情感目标：使学生学会正确地认识自己，悦纳自己，相信自己，用积极的人生态度面对生活、学习中的问题。

（3）技能行为目标：发挥学生的主观能动性，使学生主动探索和挖掘自身的潜在优势，掌握正确认识自我的方法，同时正视自己的弱点，不断实现自我完善，在活动中悦纳自己，提升自信。

（4）思政辅导目标：引导学生挖掘自身的优点，发现和体验幸福，使学生具有自尊自信的心理品质，明确自己的人生价值和目标。

（5）过程方法目标：通过加入团队、建设团队、自我认识、自我接纳、挖掘优势、挑战自我、自我提升、珍重再见八个板块的团体心理辅导，在活动体验中全面地认识自己，悦纳自己，使学生形成积极、正向的自我认知，提升自信。

8.2.2　阶段目标

（1）初期阶段：引导成员参与团体、互相认识并建立互信、共融关系；协助成员了解团体性质并澄清成员对团体的期待，建立起团体守则和规范。

（2）转换阶段：加强成员彼此之间的了解，强化团体的凝聚力，建立成员之间的信任；纠正成员对自信的认知偏差，引导成员进行初步的自我探索。

（3）工作阶段：在团体活动过程中，引导成员自我认识与自我接纳，挖掘自身优势，提升成员的自我价值感，挑战自我，超越自我。

（4）结束阶段：回顾团体历程，整理并分享自己在团体中的收获和感受，为以后的生活做好准备；评估成效，赠送和接受祝福，让整个活动在温馨的气氛中结束。

8.3　理论指导与启示

团体心理辅导本身有强大的理论支持，本次方案设计主要探讨与自我认识、自我提升相关的理论，包括阿德勒的自卑与超越理论、埃里克森的自我同一性理论、马斯洛的需求层次理论、自我效能感理论等，这些理论在进行团体心理辅导时具有重要的指导作用。

（1）阿德勒的自卑与超越理论。在早期理论中，阿德勒是把自卑感与身体缺陷联系起来的，他所探讨的是由身体缺陷所造成的自卑及其补偿的问题。一种是觉知到自己的生理缺陷后，集中力量在低劣的器官上发展其功能。另一种是承认自己的某种缺陷，发展自己的其他机能以弥补有缺陷的机能。后来，阿德勒提出社会自卑、心理自卑。如一个出身低微的人可能会因此而产生社会自卑。在个体成长过程中，由于真实的或想象的障碍，个体就会有不完全或不完美的感觉，从而产生心理自卑。该理论对本次团体心理辅导方案设计的指导与启示是：在阿德勒看来，自卑感不是变态的象征，而是完全正常的，正是它的存在才促使人寻求补偿。该班大学生自信心得分最低的是成就自信，其次是人际自信和才智自信，这就是一种心理自卑。对于成员不自信的地方可以辅导他进行意向百分百的努力去改变，也可以发展其他特长对自己不自信的地方加以补偿。

（2）埃里克森的自我同一性理论。埃里克森认为，青年期主要面临的问题和困惑是自我同一性，同一性混乱具体表现为自我认识不全面、不客观，自我目标不明确，自我与环境适应不良，由此导致了自我认识偏差、自卑、人际关系不良、生涯规划不明等一系列迷失性问题。因此这一阶段的主要发展任务就是要建立同一性和亲密关系，即帮助青年人认识自我、了解自我，思考自身角色和责任，以及自己与周围环境的关系，确认自己的正确位置和发展方向。该理论对本次团体心理辅导方案设计的指导与启示是：根据埃里克森的理论，自我同一性混乱进而导致自卑，故本团体心理辅导方案引导成员，树立正确的自我意识，提升自我认识，形成目标意识，提升成员自信心。

（3）马斯洛的需求层次理论。马斯洛认为，人的需求可以分为由低到高的五个层次：生理需求、安全需求、爱与归属的需求、尊重的需求、自我实现的需求。该理论对本次团体心理辅导方案设计的指导与启示是：在团体中营造一种安全、爱与归属、尊重的氛围以及满足成员尊重的需要，从自我尊重出发，帮助成员发现自己身上的闪光点（例"我擅长做什么"的活动），也可以以伙伴的形式，互相挖掘对方的优秀品质。

（4）自我效能感理论。"自我效能感"是美国著名心理学家班杜拉社会学习理论中的主要概念之一，指个体对自己是否有能力完成某一行为所进行的推测与判断。班杜拉认为自我效能感指的并非一个人的真实能力，而是一个人对自己行为能力的自我评价或信心。由此，自信与自我效能联系无比密切。班杜拉对自我效能感的影响因素进行了大量的研究，指出可以通过增加个体对成功的体验、增加替代性经验、语言说服三条途径来培养自我效能感。该理论对本次团体心理辅导方案设计的指导与启示是：根据班杜拉提出的三个提升自我效能感的方法，可以通过获得更多的来自团队成员的认可与支持，增强个体的成功体验，模仿学习其他榜样同学，使成员进一步了解自己，提升自信。

综上所述，本次团体心理辅导首先须营造一种安全、爱与归属、尊重的氛围，让成员明白自卑不可怕，相反正是因为它的存在，才促使人们寻求补偿。其次，根据埃里克森和班杜拉的理论，团体心理辅导方案设计可以通过团队成员之间的认可与支持，提升成员自我认识，增强个体的成功体验，使成员进一步了解自己，提升自信。

8.4　文献分析与借鉴

余洁、何旭娟（2014）等人采取团体心理咨询与素质拓展训练分别对两组女大学生进行自信心干预研究，发现团体心理咨询与素质拓展训练都能有效地提高女大学生的自信水平，并且团体干预的效果有一定的长效性。

朱金凤（2014）、谢晶星（2019）以积极心理学理论为基础设计方案，通过团队凝聚力的建立、消极情绪的对抗处理、同伴的模仿学习、幸福的体验分享，侧重设计深层挖掘团体成员的积极特质、积极情绪的活动，培养成员形成积极的情绪体验、积极的认知应对方式、积极的人格品质，从而提高大学生的自信水平。

林媛、钟向阳等人（2015）以自我意识结构及身心交互理论为基础进行方案设计，通过提升贫困大学生的自尊、核心自我评价、自我意识和自我和谐，促进贫困生的自信心培养。

解艳（2017）以高职院校研究生为研究对象，站在认知疗法和行为疗法的角度，通过改变成员的不合理信念，用宽容、理解、接纳、鼓励的语言改变成员的自我认知和行为方式，提升团体成员的自信水平。

从上述自信心干预的文献可知，团体心理辅导对自信心的提升是一种有效的干预方式，能显著提升干预对象的自信水平。并且大部分团体心理辅导从认识自我、悦纳自我，改变认知、同伴模仿、幸福体验的角度进行方案设计。本研究借鉴已有研究中的有效方法，在后续团体心理辅导的方案设计中通过提升个体自我意识，改变个体的自我认知、挖掘个体的自我优势，使个体获得积极的情绪体验来提升个体的自信水平。

8.5 方案设计与内容

8.5.1 团体心理辅导名称

自卑与超越——大学生的自我认识与自信提升班级团体心理辅导。

8.5.2 团体心理辅导性质

封闭性、结构性团体。

8.5.3 团体心理辅导次数

8次，每次90分钟。

8.5.4　团体心理辅导地点

团体心理辅导教室。

8.5.5　方案内容

辅导阶段	单元主题	针对问题	单元目标	单元方案：活动与作业	准备事项
初期阶段	加入团队	团队成员对团体规则的不清晰以及成员之间不熟悉，凝聚力弱。	（1）澄清本次团体心理辅导的性质、过程、目的，明了团体成员的期待。（2）进行团队分组，加深成员之间的了解和联结，提升团体安全感。（3）建立共同遵守的团体规范，签订团体契约。	（1）伊比呀呀（10 min）；（2）我们的承诺（25 min）；（3）大风吹（20 min）；（4）自信心分组（5 min）；（5）我能记住你（30 min）；（6）课后作业：每个小组课后准备团队名字、口号及才艺展示。	纸、笔、多媒体设备
转换阶段	建设团队	团队凝聚力问题以及成员对自信的片面理解。	（1）建立人际信任与温暖气氛。（2）进一步提升团体凝聚力。（3）纠正日常观念中对自信的片面理解。（4）引导成员进行初步自我认识。	（1）下雨活动（10 min）；（2）团队风采展示（30 min）；（3）选组长、副组长（5 min）；（4）自信，你好（20 min）；（5）画"自画像"（25 min）；（6）课后作业：活动反馈。（今天经历了什么？你有什么发现？当对方提到你或你的小组时你有什么感受？）	纸、笔、彩色笔、多媒体设备
	自我认识	团队成员对自我认识不清晰。	（1）引导团体成员从各个方面认识自我。（2）使成员了解自己的日常行为特征，明白自己是独一无二的个体。	（1）棒打薄情郎（15 min）；（2）20 个我（20 min）；（3）独一无二的我（20 min）；（4）最熟悉的我（15 min）；（5）理想我（20 min）；（6）课后作业：给之前的自己和今天活动后的自己打分（满分10分），并说明改变的理由或之后期待的活动。	纸、笔、核桃、报纸做的棍棒、多媒体设备
工作阶段	自我接纳	团队成员对自我存在的消极认知。	（1）提供成员自我评估的机会，协助成员肯定自己、悦纳自己。（2）促进成员相互认同，学会悦纳他人。（3）五步脱困法让自己走出思维的困境，增添力量。	（1）萝卜蹲（15 min）；（2）我擅长做什么（15 min）；（3）我有你没有（20 min）；（4）爱自己、接受自己（20 min）；（5）困境思维训练（20 min）；（6）课后作业：全面审视自己，写下自己的不足以及针对该不足未来改进的计划并记录行动的瞬间。	纸、笔、多媒体设备

辅导阶段	单元主题	针对问题	单元目标	单元方案：活动与作业	准备事项
工作阶段	挖掘优势	团队成员自我效能感低、幸福体验少。	（1）引导成员挖掘自身优势，提升成员的自我价值感。 （2）提供成员互相鼓励支持、认可的机会，增强幸福体验，缩小成员自我认识盲目区。	（1）抢椅子（10 min）； （2）我最成功的一件事（20 min）； （3）我能做什么（30 min）； （4）自我寻宝（15 min）； （5）认识你，我很幸运（15 min）； （6）课后作业：写下自己至少 15 个优点并向至少 5 个人介绍自己的优势。	纸、笔、多媒体设备
	挑战自我	团队成员自我设限，不敢走出自己的"舒适圈"。	（1）引导成员打破"不可能"的惯性思维。 （2）帮助成员挑战自己，超越自我，提高对自我能力的认识。	（1）嘴巴手指不一样（10 min）； （2）打破不可能（15 min）； （3）自信小剧场（45 min）； （4）挑战书（20 min）； （5）课后作业：根据挑战书行动，以照片、视频等形式记录。	纸、笔、多媒体设备
	自我提升	团队成员人际自信低、逃避社交。	（1）帮助成员掌握情绪调节方式。 （2）通过我愿意和你做朋友等活动，唤醒成员积极的情绪体验，从而增强成员自信。	（1）身体写数字（10 min）； （2）困境探索训练（20 min）； （3）击鼓传花（20 min）； （4）我愿意和你做朋友（20 min）； （5）T 台秀（20 min）； （6）课后作业：为小组成员准备礼物，和团队成员一起准备展示团队风采。	多媒体设备、小球
结束阶段	珍重再见	团队成员间的离别情绪以及对未来的展望。	（1）感受团队力量。 （2）建立成员崭新期望。 （3）结束团体心理辅导，处理离别情绪。	（1）我的新形象（40 min）； （2）国王般的结束（20 min）； （3）团体心理辅导总结（20 min）； （4）大团圆（10 min）； （5）课后作业：写下经历前面活动后自身的改变，并具体说明是怎么改变的，记录自己的感受。	纸、笔、彩色笔、多媒体设备、小卡片

8.5.6 方案详解

1）单元一：加入团队

活动名称 1	伊比呀呀
活动目标 1	活跃团队气氛，使团队成员集中注意力。

续表

活动流程1	所有成员围成一个圈，由领导者播放歌曲《伊比呀呀》，团队成员根据音乐节奏拍手。活动共计三轮，音乐节奏每轮递增。
活动名称2	我们的承诺
活动目标2	让成员理解规则及其用意，激发大家遵守并维护，以使大家收获更多。
活动流程2	领导者说明本次班级团体心理辅导的主题与内容，同学设立好目标，然后讨论哪些行为会影响团体的进行，应该建立怎样的团体规范。在一致通过的基础上订立合约。
活动名称3	大风吹
活动目标3	活跃气氛，调动成员参与热情，使其消除陌生与拘谨，快速融入团队。
活动流程3	成员围坐成一个圆圈，主持人站在中央说"大风吹"，大家问"吹什么？"主持人说："吹穿有鞋子的人。"则凡是穿鞋子者均要移动，另换位置。有以下几种情况成员需要到场地中央展示自己：①吹到具有这种特征的同学没有去坐别人的位置；②吹到具有这种特征的同学弄虚作假，比如吹到戴眼镜的同学，结果他取下眼镜而不移动位置；③吹到具有这种特征的同学，虽然也起立去找，但是别人两两相换，他又回到自己的位置；④没有被吹到的同学也在移动位置；⑤最后才坐到位置上的同学。特别提醒：①保证自身安全，只要你先碰到位置上的凳子，那个凳子就是你的；②保证凳子的安全，不要损坏凳子；③展示自己的方法有很多，但必须与前面所有同学展示的方式不一样。比如前面有人唱歌或跳舞，则后面的人不可以再用此方式展示自己。
活动名称4	自信心分组
活动目标4	保证组间同质，各组的自信心水平没有显著性差异。
活动流程4	在之前所做的自信心问卷调查中，将得分进行排名，以排名顺序进行S形分组，总共分成6组，4组6人，2组7人。
活动名称5	此间记住你
活动目标5	深入了解彼此，快速融入团队，提升团队凝聚力和学员自信心。
活动流程5	①由第一位同学（可以由领导者指定或组内推选）开始进行自我介绍，注意使用一句话完成，包含家乡、喜好、品质、毕业打算、昵称，而且顺序不能变。比如：我是来自重庆江津的、喜欢跑步的、热情的、毕业想考研的小鱼儿。②第二位同学要先重复前面同学的信息再介绍自己，第三位要重复前面两位同学的信息，第八位要重复前面七位同学的信息再介绍自己。③最后要考察的是小组任何一个人对别人信息的记忆，小组之间比赛的是看哪一个组最先全部组员举手说已经完成，最后完成的组受一点小惩罚，比如给第一名小组按摩等。
课后作业	领导者给每个小组布置任务，下次上课时要小组全体上场3分钟之内来展示小组的组名、口号、队歌及风采。提醒：提前准备好，不能选组长。

2）单元二：建设团队

活动名称 1	下雨活动
活动目标 1	活跃团队气氛，使团队成员集中注意力。
活动流程 1	①领导者将小雨、中雨、雨夹雪、大雨、狂风暴雨相应的五个动作教给大家。小雨就是用双手轻拍自己的肚子，中雨是用双手拍自己的双大腿，雨夹雪是拍两边人的膝盖，大雨是鼓掌，狂风暴雨是嘴吹风、手鼓掌、跺脚三个动作结合。②领导者开始慢慢报出雨的种类，学员做出相应的动作，做错的人要起立对小组成员说一句"我错了、对不起"。领导者可以逐渐加快口令，在学员基本不出错的情况下结束活动。③教师引导大家快速集中注意力，并对自己的错误具有担当精神。
活动名称 2	团队风采展示
活动目标 2	从团队准备过程与展示结果看到自己和团队成员的行动与结果之间的关系，反思自己在生活、学习中付出了什么，得到了什么，提高学员的反思力，增进团队凝聚力。
活动流程 2	每个小组轮流上台展示上节课布置的小组风采展示作业，其他小组要给予积极反馈，拍照录像等。一个组表演后，其他组每个人打分，总分10分，最后算出各个小组的总分，给第一名的小组颁奖，比如一张奖状或一些糖果等，最后一名小惩罚，比如下蹲。
活动名称 3	选组长、副组长
活动目标 3	从那些担当与付出的榜样身上学习，为自己和团队的发展做贡献。
活动流程 3	经过这段时间的相处以及上个活动的准备，小组成员匿名投票选出小组内的组长和副组长，当选人员要对成员们表示感谢以及表达未来会努力带好团队的决心。组员要对组长表示祝贺，并感谢他们为团队的付出，向他们学习，并承诺今后为团队付出行动。
活动名称 4	自信，你好
活动目标 4	帮助成员辨析自信概念，打破对自信的认知偏差。
活动流程 4	以小组为单位进行讨论分享，交流在之前的活动中自己或其他成员的自信表现。讨论结束之后每组派代表进行分享，使成员正确认识自信。
活动名称 5	画"自画像"
活动目标 5	通过画"自画像"，投射出个体内心对自我的认识，在此基础上，通过成员间的交流，促进对彼此的了解和理解。
活动流程 5	教师发给每位参与者一张16开大小的白纸，把彩色笔放于场地中央，供需要者自由取用。在15分钟内，每人在白纸上画一幅"自画像"，"自画像"可以是形象的肖像画，也可以是抽象的比喻画；可以是一色笔画成，也可以是多色笔画成。最后，以小组为单位，成员对自己的自画像做一定的解释。
课后作业	每个人对今天活动的感受进行总结，包括今天经历了什么？你有什么发现？当对方提到你或你的小组时你有什么感受？

3）单元三：自我认识

活动名称1	棒打薄情郎
活动目标1	加深组员信息记忆，增进组员感情。
活动流程1	小组选一位执棒者站在圈内，他可以突然用手指着某一个人问他用棒指着的那个人的一个信息，比如：他的昵称是什么？或者他的家乡在哪里？就是之前介绍的5个信息之一。如果这个人能够迅速回答，则通过考核。如果不能迅速回答，而是吞吞吐吐、犹豫迟疑，则执棒者就在他的肩膀上打一棒，然后这个人就到中间来执棒，又去考核别人，直到打到别人才能坐下来。
活动名称2	20个我
活动目标2	引导成员进行初步的自我认识。
活动流程2	以纸笔形式让成员写出20句"我是谁"，内容不限，可以包括以下6个方面：兴趣、性格、健康、财富、关系、能力；也可以分析自己的积极面与消极面、表面与内在等等，成员书写完毕后在小组内进行讨论交流。
活动名称3	独一无二的我
活动目标3	通过活动让大家认识到自己是独一无二、不可替代的。
活动流程3	发给每位成员一个核桃，并用笔做上记号，请他们认真观察自己的核桃，包括长相、腰围、纹路等。随后把组内成员所有人的核桃收集放在一起，所有人依次蒙上眼睛找出自己的核桃。活动结束，小组成员组内分享自己核桃的特点以及自己选对的方法，选错的将自己的核桃与选错的核桃对比有什么不同。
活动名称4	是或不是
活动目标4	让成员了解自己日常的行为特征，体会自己的独特性。
活动流程4	领导者提出10个问题，每个问题成员都要回答"是"或"不是"，回答"是"的人站着，回答"不是"的人坐下。活动结束后以小组为单位讨论：刚刚是否有人从头到尾都和自己答案一致？为什么？
活动名称5	理想我
活动目标5	使团队成员进一步自我认识，引导成员思考现实我与理想我之间的差距并为之努力。
活动流程5	领导者对成员说明何谓理想我。让成员充分思考并讨论自己的现实我与理想我，引导成员为理想我而努力，思考怎样才能使现实我与理想我更加接近。思考完毕后小组内进行讨论。
课后作业	每位成员给之前的自己和今天活动后的自己打分（满分10分）并说明改变的理由，若没有改变，写下之后期待在哪方面获得改变。

4）单元四：自我接纳

活动名称 1	萝卜蹲
活动目标 1	活跃课堂气氛，使成员集中注意力。
活动流程 1	以小组为单位，领导者随机叫一组蹲，被叫到的全组队员则需一起蹲起并说"×××队蹲，×××队蹲，×××队蹲完×××蹲"。组里有成员没蹲或者蹲得较慢则小组输，退出活动。以此循环，直至场上还剩下最后一支队伍，活动结束。
活动名称 2	我擅长做什么
活动目标 2	使团队成员通过自我觉察发现自身优势。
活动流程 2	以小组为单位，在小组内部讨论"我擅长做什么"并举例说明，每名成员必须分享。每名成员分享完毕后，每组派代表分享活动感受。
活动名称 3	我有你没有
活动目标 3	初步挖掘成员自我优势，增强其自信。
活动流程 3	以小组为单位进行活动。小组成员每人伸出 5 根手指，从第一个人开始，说出自己的特质并举例说明，如果其他成员不符合就放下一根手指，符合则保持不动，放下 5 根手指即退出此轮活动。场上还剩最后一名成员时活动结束。活动结束后，每组派代表分享活动感受。
活动名称 4	爱自己、接受自己
活动目标 4	使成员敢于正视自己的缺点，明白敢于面对它就会接受它。
活动流程 4	①先请同学们思考一下自己的缺点。你觉得自己身体上哪些是不满意的，然后将它写到自己的本子上。 ②邀请几位同学到讲台上，将自己不满意的身体或者身体某一个部位的情况说出来，不过仅限生理上的缺点，越形象、越生动、越调侃越好，不需要解释原因。说完后，自己要大声说一句话："虽然是这样子，我还是喜欢我自己！"活动结束后全班分享活动心得。
活动名称 5	困境思维训练
活动目标 5	培养团队成员用发展性的思维看待自己，提升成员自信。
活动流程 5	①领导者请成员以纸笔的形式写出当下的困境："我不能做到 / 我做不到 / 我不擅长×××"例如：我不能做到早睡早起；我做不到不打瞌睡；我不擅长游泳等等； ②请同学们对困境进行改写："到现在为止，我尚未×××"例如：到现在为止，我尚未学会游泳；我尚未做到早睡早起。 ③对困境进行因果分析："因为×××，所以到现在我还不会×××"例如：因为我没有全力以赴，所以到现在我的成绩还很一般。 ④对困境进行假设："当我×××，我就会×××"例如：当我全力以赴学习时，我的成绩就会越来越好。 ⑤对困境进行未来展望："我要如何做，我就会×××"例如：当我下定决心，拿出行动，全力以赴地投入到学习当中，我的成绩一定会很好。

续表

课后作业	全面审视自己，写下自己的不足以及针对该不足未来改进的计划并记录下自己的每一天为此而做出的每一个行动。

5）单元五：挖掘优势

活动名称1	抢椅子
活动目标1	活跃团队气氛，集中成员注意力，使成员进入活动状态。
活动流程1	领导者在场地上摆放5张椅子，每组派一名代表参加，每轮结束后撤掉一张椅子。领导者播放音乐，随机叫停，叫停时没有坐在椅子上的成员即被淘汰。留在最后一张椅子上的成员即为赢家。赢家所在队伍在本次团体心理辅导活动享有决定小组分享顺序权，并获得一些糖果作为奖励。
活动名称2	我最成功的一件事
活动目标2	通过让团队成员回忆自己的成功往事，让其觉察到自己的能力，提升其自信心。
活动流程2	以小组为单位进行组内分享，分享自己最成功的一件事。
活动名称3	我能做什么
活动目标3	引导成员进行自我探索，并通过团队成员之间的认可提升成员自信，缩小对自我认识的盲区。
活动流程3	①以小组为单位，每位成员分发一张白纸，每位成员以"我能××××"的形式造句，并向小组成员分享。成员分享完之后，其他成员要依据对她的了解给予反馈。如"我觉得你还能××××，因为××××"。 ②活动结束后，成员分享活动感受：被人家指出优点时有何感受？是否有一些优点是自己以前没有意识到的？是否加强了对自身优点、长处的认识？指出别人的优点时你有何感受？
活动名称4	自我寻宝
活动目标4	让成员通过自我觉察发现自己身上的优点。
活动流程4	领导者请成员以纸笔的形式，写出：我喜欢我自己，因为……要求：必须实事求是，必须是自己的优点或特长，也可以是进步，每个人至少写出五个。
活动名称5	认识你，我很幸运
活动目标5	通过小组成员相互找优点，从而提升自信心。
活动流程5	让小组成员两两组合，面对面坐着，写下你眼中对方的优点和特长。真诚地看着对方，并用肯定和鼓励的语气，说出对方的优点和特长。例如：认识你，我很幸运，因为你是个……说完后，将纸条赠送给对方，对方郑重地接过，表示接受成员对自己的肯定和鼓励。双方都讲完后，再次自由组合，两两配对，重复以上活动。
课后作业	写下自己至少15个优点并向至少5个人介绍自己的优势。

6）单元六：挑战自我

活动名称1	嘴巴手指不一样
活动目标1	活跃团队气氛，集中成员注意力。
活动流程1	成员在领导者的带领下鼓掌打节奏的同时，轮流说出一个数字，同时伸出手指示意，要求速度快，手指示意的和嘴巴说出的数字不能一样，否则要接受惩罚。
活动名称2	打破不可能
活动目标2	通过两次小活动的强化，打破团队成员的思维不可能。
活动流程2	首先，让团队成员估计自己1分钟能拍掌多少次，然后进行1分钟拍掌的尝试。拍掌结束后让团队成员估计自己1分钟能速读多少字，然后进行尝试。活动结束后进行小组感受分享。
活动名称3	自信小剧场
活动目标3	通过角色扮演，成员明白行动、走出舒适圈是提升自信的重要一步。
活动流程3	以小组为单位讨论不自信的场景，选出小组内投票最高的场景之一写在纸条上；将各组纸条汇总，每组派代表抽取其中一张纸条，如果抽到的是本组纸条，则重新抽取；小组对所抽取的不自信情境进行讨论，先讨论在这些场景下缺乏自信的原因，并将该情境所对应的自信表现表演出来。
活动名称4	挑战书
活动目标4	让成员制订自己的目标和计划。
活动流程4	让成员写一份挑战书，向自己或某位成员发起挑战。挑战的内容可以是成绩、能力、品质、技巧等自己希望提升的方面。注意事项：挑战书上应有比较明确的挑战实施计划，并承诺会付诸行动。
课后作业	根据挑战书展开具体的行动，并以照片、视频等形式进行记录。

7）单元七：自我提升

活动名称1	身体写数字
活动目标1	使团队成员感受放松，享受身体的快乐。
活动流程1	成员用头、双手、屁股等身体不同的部位分别写下数字1—10。
活动名称2	困境探索训练
活动目标2	通过正念的方法，引导成员体察生活中的不愉快的情绪在身体引起的感受，以呼吸的方法将不愉快的情绪呼出体外。

续表

活动流程2	让团体成员以自己舒适的姿势坐好，领导者播放背景音乐，用语言引导成员回忆生活中带来负性情绪的事件，跟随指令进行呼吸放松。 正念指导语：首先，找个舒服的姿势坐好。关掉一切干扰声音的来源。让我们来做几个缓慢的深呼吸放松。一只手放在胃部，现在用鼻子慢慢吸气，用嘴慢慢呼气，感受你胃部随着呼吸的起伏，想象你的肚子随着吸气像气球充气，呼气时又瘪了下去。想象你所有的焦虑和烦恼都随着呼吸带走了。感觉吸进的气流通过鼻孔，呼气时通过嘴唇。当你呼吸时，留意身体的感觉，体会你的肺被空气充盈，感觉你座位之处承受的体重，随着每一次呼吸，感觉你身体不断地放松。现在，你继续呼吸，开始数着每一次的呼气，默数就可以了。每数4下为一轮。一开始，用鼻子慢慢吸气，嘴呼气，数"1"；再来一次，鼻子慢慢吸气，嘴呼气，数"2"；重复，鼻子慢慢吸气，嘴呼气，数"3"；最后一次，鼻子慢慢吸气，嘴呼气，数"4"；然后，又从"1"开始。 当你开始走神，发现自己在想其他事，把自己拉回到数呼吸。不要因被干扰而自责，保持缓慢呼吸进出肚子。你的思绪就像蓝天上飘过的缕缕白云，想象它们缓缓飘过，不要停留，也不要评判。想象肚子像气球一样充满空气，感觉它随着每一次呼吸的起落。继续数数，每次呼气，感觉你的身体越来越放松。现在，我们慢慢地睁开眼睛，扫视四周，回到现实意识中来。
活动名称3	击鼓传花
活动目标3	引导成员进行自我反思，加深成员自我了解，提升成员行动力。
活动流程3	领导者说明活动规则，给成员准备时间。成员围坐。领导者播放热门的音乐，成员开始传球，当领导者停止音乐时，请球正在手中的成员谈谈自己近来一直想做但没有足够勇气去做的事。领导者以以下问题引导成员思考：如果你不再感到那么焦虑，你能做些什么？如果尝试去做你想做的事，可能冒出什么问题？如果你的担心是错的，事情并没有你想象的那么糟，你打算怎么做？这对你又有什么意义？
活动名称4	我愿意和你做朋友
活动目标4	让成员迈出人际交往的第一步，树立人际自信。
活动流程4	①两组面对面坐在一起，一组为内圈，另一组为外圈。 ②当领导者发出"手势"的口令时，每个成员向对方伸出1到4个手指。伸出1个手指表示"我现在还不想认识你"；伸出2个手指表示"我愿意初步认识你并和你做个点头之交的朋友"；伸出3个手指表示"我很高兴认识你并想对你有进一步的了解，和你做个普通朋友"；伸出4个手指表示"我很喜欢你，很想和你做好朋友，与你一起分享快乐和痛苦"。 ③当领导者发出"动作"的口令，成员就按下列规则做出相应的动作。如果两人伸出的手指不一样则站着不动，什么动作都不需要做；如果两个人都是伸出1个手指，那么各自把脸转向自己的右边，并重重地跺一下脚；如果两个人都是伸出2个手指，那么微笑着向对方点点头；如果两个人都是伸出3个手指，那么主动热情地握住对方的双手；如果两个人都是伸出4个手指，则热情地拥抱对方。 ④每做完一组"动作—手势"，外圈的成员就分别向右跨一步，和下一个成员相视而站，跟随领导者的口令做出相应的手势和动作，以此类推。

活动名称5	T台秀
活动目标5	让学员突破自己的害羞和思维限制，大胆展示自己，提升自信。
活动流程5	①从全班自信心最强的同学开始伴随音乐依次从 A 点走到 B 点，要求后面所有同学的姿势不得与前面任何同学雷同，相似度太高就打回去重来。 ②领导者要在最后的位置也按照规则走过去，展示自己的风采。 ③全班一起热舞，结束课程。
课后作业	①提前告知成员们下周就是最后一次团体心理辅导活动，让同学们为小组每一位同学准备一张离别赠言卡，写上你对他的感谢与祝福。 ②小组准备一个回忆录，可以是 PPT、照片、视频、留言等，下次课进行展示。

8）单元八：珍重再见

活动名称1	我的新形象
活动目标1	激发成员对美好未来的憧憬，更有自信地迎接未来。
活动流程1	每位成员用彩笔画出自己未来的形象，或未来的一个场景。画完之后每个人在组内分享自己的画，并给大家讲解。
活动名称2	国王般的结束
活动目标2	友谊纪念，为团体心理辅导结束做准备。
活动流程2	每个小组依次展示小组风采，然后每个人发一张卡片，在卡片上写上自己的名字，传给大家写上六句话：我要向你学习的是……我要感谢你的是……我要向你说抱歉的是……我要给你的建议是……我要祝福你的是……
活动名称3	团体心理辅导总结
活动目标3	团体评估，总结活动，结束团体心理辅导。
活动流程3	每位成员谈一谈这次团体心理辅导对自己的影响，并对活动提出改进的意见。
活动名称4	大团圆
活动目标4	处理离别情绪，使全体成员在温馨甜蜜的气氛中告别。
活动流程4	①站立围成圆圈，将两手搭在两侧成员的肩上，聚拢静默 10 秒。 ②然后随着音乐轻轻地哼唱歌曲《阳光总在风雨后》，并随着旋律自由摇摆。 ③使全体成员在一个充满温馨甜蜜而有内聚力的情景中告别团体，走向生活，留下一个永远的、美好的、极有象征性的、难忘的记忆，最后是小组成员进行告别和拥抱。

8.6　效果评估与评价

8.6.1　成员评估

1）问卷调查

再次对班级成员进行《青年学生自信问卷》调查，与前期结果进行对比。

2）个人评价

学员填写《团体满意度自我评量表》。

3）个案访谈

对问卷调查结果提升非常显著和分数不理想的同学再次访谈，从提升显著的同学那里获得成功经验，从分数不理想的同学那里询问具体问题，看看是否是活动设计或操作的缺陷，如是同学个人问题，可建议进行个体咨询处理。

8.6.2　领导者评估

1）领导者自评

领导者填写《团体领导者个人评核量表》，总结和分析此次团体心理辅导过程中的优缺点。

2）观察员评估

观察员通过对领导者带领团体心理辅导的过程的观察，对领导者进行全方位的评估，主要目的是给领导者提供第三者视角的观察所得，供领导者思考与改进。

3）督导评估

领导者提供方案、操作视频、评估结果等与督导进行探讨，对团体心理辅导效果进行评估。

8.6.3 整体评价

（1）团体心理辅导主题以前期主题调查、问卷调查、访谈调查结果为依据，具有针对性。

（2）团体心理辅导总目标符合该班学生需求，围绕该班学生的问题现状、原因、对策进行设定。各阶段目标、活动目标也围绕总目标的达成而开展。

（3）团体心理辅导方案以相关理论启示为基础，借鉴以往相关文献，并以该班学生的问题为实际解决出发点，形成一套系统的环环相扣、层层递进的方案，对该班学生所呈现的问题进行针对性的处理。

（4）活动设计层层递进，针对前期调查出来的问题，从方便、经济、安全的角度，按照暖身、转换、工作、结束四个阶段进行，具有针对性和可行性，并设置课后作业进行练习和拓展。

（5）方案设计旨在解决该班学生实际问题，具有实践运用价值。

第 9 章

大学生生涯规划班级团体心理辅导

——以重庆某大学某班级的大三学生为例

大学生职业生涯规划是指大学生在客观认识自己的性格特征、能力、兴趣等的基础上，了解各种职业、行业需求信息，确定个人的职业奋斗目标。其目的不仅是帮助学生客观评估自我，更重要的是明确自己和职业发展目标之间存在的差异，并为实现发展目标制定有效的行动措施。但在现实生活中，一些大学生存在自我认识不足、对社会发展认识不清以及对职业认识不清导致毕业时找不到合适的工作，还有少数学生选择逃避就业、慢就业甚至不就业。并且近年来，我国就业形势愈加严峻，大学生就业成了社会关注的热点问题，那么进行职业生涯规划就显得愈发重要。通过对重庆某大学某专业班级的大三毕业生进行心理健康主题需求调查发现，该班学生对职业生涯规划主题最为需要。

9.1　学情调查与分析

9.1.1　调查目的

了解该班大学生在职业生涯规划方面的现状，为后续进行班级团体心理辅导方案设计与实施提供依据。

9.1.2 调查对象

重庆某大学某专业的大三学生,问卷共调查 38 人,有效被试为 32 人。其中男生 15 人,女生 17 人；农村户籍 23 人,城镇户籍 9 人；准备考研同学 15 人,不考研同学 17 人；独生子女 9 人,非独生子女 23 人。

9.1.3 调查方法

(1)问卷调查法。采用问卷调查法了解某班级大学生职业生涯规划现状。

(2)访谈法。根据问卷调查结果,选取低分数方向 27% 的学生中的 9 名同学进行访谈,为后续进行团体心理辅导方案设计提供更加具体详细的针对性信息。

9.1.4 调查工具

(1)《大学生职业决策自我效能量表》(彭永新,2001)。从以往的研究中可以发现大学生职业决策自我效能与职业生涯规划存在显著正相关。该量表共 39 个项目,包括 5 个因子,分别为自我评价、收集信息、选择目标、制定规划和问题解决,各分量表的内部一致性系数为 0.6774~0.8098,且有较高的辨别效度。大学生职业决策自我效能量表具有较高的信度和效度,可以作为大学生生涯规划的测量工具。

(2)《大学生职业生涯规划能力访谈提纲》(自编)。

9.1.5 调查结果

1)问卷调查结果与分析

(1)该班大学生职业决策自我效能的总体水平。该班大学生职业决策自我效能的描述性统计结果,如表 9.1 所示。由表 9.1 可知,本次调查的大学生职业决策自我效能的平均得分为 2.95±0.861,处于中等水平。在自我评价(3.05±0.914)、收集信息(3.11±0.853)、选择目标(3.10±0.926)、问题解决(3.17±0.798)四个维度上呈中等水平,但在制定规划(2.36±1.051)维度呈较低水平,适合进行团体心理辅导,团体心理辅导以制定规划为重点。

表 9.1　大学生职业决策自我效能的描述性统计（N=32）

自我评价	收集信息	选择目标	制定规划	问题解决	总均分
3.05 ± 0.914	3.11 ± 0.853	3.10 ± 0.926	2.36 ± 1.051	3.17 ± 0.798	2.95 ± 0.861

（2）该班大学生职业决策自我效能水平在性别上的差异。采用独立样本 t 检验分析该班大学生的职业决策自我效能水平在性别上的差异。由表 9.2 可知，制定规划维度在性别上存在显著差异，具体表现为男生制定规划的得分显著高于女生。其他维度在性别上均不存在显著差异，但男生的平均得分均高于女生。

表 9.2　大学生职业决策自我效能的性别差异检验（N=32）

	男生（n=15）		女生（n=17）		t	p
	M	SD	M	SD		
自我评价	3.30	1.185	2.91	0.596	1.155	0.257
收集信息	3.25	1.074	2.99	0.605	0.873	0.390
选择目标	3.30	1.185	2.91	0.596	1.148	0.264
制定规划	2.85	1.197	1.93	0.683	2.612**	0.016
问题解决	3.37	1.001	2.98	0.531	1.393	0.174
总均分	3.19	1.102	2.74	0.519	1.475	0.156

（3）该班大学生职业决策自我效能水平在生源地上的差异。采用独立样本 t 检验分析该班大学生职业决策自我效能水平在生源地上的差异。由表 9.3 可知，各维度在生源地上均不存在显著差异，但生源地为城镇的学生在各维度上的得分均高于生源地为农村的学生。

表 9.3　大学生职业决策自我效能在生源地上的差异检验（N=32）

	农村（n=23）		城镇（n=9）		t	p
	M	SD	M	SD		
自我评价	3.01	0.895	3.13	1.013	−0.316	0.754
收集信息	3.02	0.831	3.33	0.920	−0.919	0.365
选择目标	3.00	0.940	3.36	0.887	−0.997	0.327
制定规划	2.30	1.001	2.51	1.220	−0.501	0.620

续表

	农村（n=23）		城镇（n=9）		t	p
	M	SD	M	SD		
问题解决	3.10	0.793	3.35	0.830	−0.811	0.424
总均分	2.88	0.839	3.14	0.940	−0.781	0.441

（4）该班大学生职业决策自我效能水平在是否考研上的差异。采用独立样本 t 检验分析该班大学生职业决策自我效能水平在是否考研上的差异。由表 9.4 可知，量表总均分及各维度在是否考研上不存在显著差异，且不考研的同学在各维度上均分高于考研的同学。

表 9.4　大学生职业决策自我效能在是否考研上的差异检验（N=32）

	是（n=15）		否（n=17）		t	p
	M	SD	M	SD		
自我评价	2.94	0.835	3.14	0.995	−0.589	0.560
收集信息	3.05	0.774	3.16	0.938	−0.364	0.719
选择目标	3.07	0.852	3.12	1.011	−0.173	0.864
制定规划	2.30	1.032	2.42	1.096	−0.315	0.755
问题解决	3.05	0.848	3.27	0.762	−0.777	0.443
总均分	2.88	0.818	3.02	0.918	−0.452	0.655

（5）该班大学生职业决策自我效能水平在是否独生子女上的差异。采用独立样本 t 检验分析该班大学生职业决策自我效能水平在是否为独生子女上的差异。由表 9.5 可知，各维度在是否为独生子女上不存在显著差异，但独生子女的均分高于非独生子女。

表 9.5　大学生职业决策自我效能在是否为独生子女上的差异检验（N=32）

	是（n=9）		否（n=23）		t	p
	M	SD	M	SD		
自我评价	3.39	0.768	2.91	0.947	1.341	0.185
收集信息	3.43	0.798	2.99	0.858	1.393	0.183
选择目标	3.41	0.816	2.98	0.954	1.194	0.242

续表

	是（n=9）		否（n=23）		t	p
	M	SD	M	SD		
制定规划	2.60	1.277	2.27	0.954	0.783	0.440
问题解决	3.48	0.759	3.04	0.796	1.400	0.172
总均分	3.26	0.867	2.83	0.848	1.267	0.215

2）访谈调查问题与结果

根据问卷调查的结果，设计了大学生职业生涯规划的访谈提纲（见表 9.6 左边问题部分）。选取该班职业决策自我效能后 27% 的 9 名同学，与学生通过微信、QQ 聊天的方式进行半结构式访谈，以求能够从访谈结果中找到这个群体所具有的具体问题来帮助设计有针对性的团体辅导方案。访谈结果如表 9.6 所示。

表 9.6　调查班级大学生职业生涯规划访谈问题与结果（n=9）

问题	回答
（1）按照 1—10 的等级评量，你认为自己对未来职业生涯规划的了解程度在哪个等级？	M=4.44　　SD=1.33
（2）你喜欢自己现在所学的专业吗？	不喜欢；不讨厌也不喜欢；比较喜欢。
（3）你对没有因为自己的职业生涯规划不明确而感到迷茫或是压力，具体在哪些方面？	有压力，怕找不到工作；学历焦虑；专业不对口；就业恐惧；想提升学历，有考研压力。
（4）具体是什么时候或者什么事情引起的？你有什么感想？	专业本身不好找工作；考专业证的时候，需要提高知识面；成绩不好，对未来很困惑；看到别人找到工作，自己很焦虑；周围人都准备考研，自己也在想考研的事情。
（5）当你面对这些迷茫和压力时，你是通过哪些方式来缓解的？	了解求职面试技巧；多考专业证书；问学长学姐；听音乐；出去玩；向朋友倾诉；准备考研去逃避。
（6）你是什么时候开始规划自己的职业的，之后有按照规划的目标行动吗？	还没有规划；大二开始规划，准备考研；大二开始有一点规划，但执行力不强；大三上期开始，已经在备考研究生考试。
（7）如果没有行动，你认为是什么原因造成的？如果有一些行动，你认为哪些因素是保证你行动的动力？	就业面窄，方向迷茫；找不到工作的压力；不够自律，需要目标的可行性；性格原因；以后想要更好的生活；家庭、疫情原因。

问题	回答
（8）为了清楚自己的定位和更好地规划未来，你曾经做过哪些事情？可以举例说明。	看职业介绍；考专业证书；加入社团；问辅导员；在实践中多请教老师；看专业书籍、视频；准备转行当美食博主；进行职业生涯咨询。
（9）你觉得哪些原因导致自己对于职业生涯规划的了解不是很清楚？	学校引导不到位，自己也没有过多去了解过；自己对专业、行业都不了解；经验少；资料不全，专业认识不清晰；知道想做什么，但不知道能不能成功。
（10）在生活中谁是你职业生涯规划的榜样或是你希望自己怎样的表现才会满意呢？你想要得到哪些人的帮助？	已经参加工作的同学。找到一份满意的工作。老师推荐、辅导员、指导老师、同事、亲人、朋友、专业人士、创业成功的亲人、研究生学长学姐。
（11）如果有一天你能够完成自己的规划，并为之努力，你觉得自己的生活会发生什么变化？	压力会没有目前大；有成就感；生活充实有条理、有意义；做自己热爱的事情；活成理想的自己。
（12）如果现在可以通过团体心理辅导提高你对未来职业的规划能力，你会承诺做出哪些努力？	积极配合不断提升自己；自律；积极参与；听指挥、积极行动；认真做好每一件事，多一点坚持。

9.2　目标制订与分解

　　根据前面的问卷调查发现，该班学生在职业规划方面总体上是中等偏下水平，特别是制定规划的水平较差，女生相比男生更差。根据前面访谈调查的结果发现，该班学生生涯规划意识薄弱，对未来比较迷茫，对职业的了解也缺乏一定的认知，缺乏对自己清晰的认识，意图通过考研来暂缓就业、增强就业竞争力，但不够自律，执行力弱。

9.2.1　总体目标

　　（1）认知信念目标：引导学生进行自我认识与评估，充分了解自我，认识到进行职业生涯规划的重要性。

　　（2）情绪情感目标：引导学生初步了解自己的职业倾向，有意识地去关注和培养自己的兴趣，树立信心，对未来职业充满乐观、积极的态度。

（3）技能行为目标：通过活动让学生对职业生涯有一个形象、具体的理解，引导学生思考人生发展目标，选择适合自己的职业生涯角色，缓解职业生涯焦虑、压力，学会目标管理，实现自己的理想。

（4）思政辅导目标：培养学生积极的价值取向，树立正确的人生观和职业观，学会抓住机会，不轻言放弃。

（5）过程方法目标：通过相逢是缘、压力应对、自知者智、生涯理论、职业探索、我的规划、目标管理、畅想未来八个板块的团体心理辅导，在活动体验中增强对自己的了解，认识职业规划的重要性，进行目标管理，进而实现人生目标。

9.2.2　阶段目标

（1）初期阶段：相互认识，建立团队规范，澄清团体目标及成员参加动机。

（2）转换阶段：提升团队凝聚力，增进成员之间的相互信任。全面了解和认识自己，掌握未来职业趋向。引入职业生涯规划主题，帮助成员正确面对未来职业的各种压力，学会应对压力的方法。

（3）工作阶段：帮助成员自我审视，全面认识自己，通过了解不同的生涯规划理论、职业兴趣测试为未来职业的选择提供参考。综合考虑自己所学专业、职业及发展前景，确定自己未来的职业走向，并设计合理的职业生涯规划书。评估分析自身现有条件和理想职业之间的差距，有目标、规划，还要付诸行动，提高成员的目标行动力、执行力。

（4）结束阶段：回顾历程，总结经验，激励成员将所学运用到日常生活中，相互鼓励并祝愿、离别。处理离别情绪，结束团体。

9.3　理论指导与启示

（1）人职匹配理论。最早的人职匹配理论是帕森斯提出的因素论，其认为人们可以先通过心理测验了解到自己的能力倾向、兴趣爱好、气质个性等资料，再分析各职业对人们的要求，最后帮助人们选择最适合自己的职业（文峰，凌文辁，2005）。该理论重视人体特质是否与择业选择相匹配，这可以指导我们从自我认知和对职业本身角度出发来进行职业生涯规划。Holland（1985）根据人的个性将职业分为六种类型：

现实型、研究型、艺术型、社会型、企业型和传统型。Schein（1975）根据个体追求的职业需求以及工作环境提出了五种职业锚：技术 / 职业能力型、管理能力型、安全 / 稳定型、创造型和独立自主型。该理论对本次团体心理辅导方案设计的指导与启示是：根据人职匹配理论，成员们可以通过分析自我，选择适合自己的职业。

（2）生涯发展理论。在不同的发展阶段，人们有不同的发展需求，个人特质与职业的匹配也不可能一次就完成。据此，Super 的生涯发展论中的"生涯彩虹图"形象地展现了生涯发展的时空关系，更好地诠释了生涯的定义。在生涯彩虹图中，纵向层面代表的是纵观上下的生活空间，是由一组职位和角色所组成，分成子女、学生、休闲者、公民、工作者、持家者六个不同的角色，它们相互影响交织出个人独特的生涯类型。他认为在个人发展历程中，随年龄的增长而扮演不同的角色，图的外圈为主要发展阶段，内圈阴暗部分的范围、长短不一，表示在该年龄阶段各种角色的分量；在同一年龄阶段可能同时扮演数种角色，因此彼此会有所重叠，但其所占比例分量则有所不同。生涯彩虹图说明了不同的人生阶段人们会扮演不同的角色，同时也会有不同的需求。该理论对本次团体心理辅导方案设计的指导与启示是：大学生一般处于探索阶段，开始各种专业的学习，可以通过布置课外作业参与一些社会实践机会来接触各类工作，以探索自己的职业兴趣，为选择适合自己的职业做准备。

（3）职业自我效能感理论。通俗而言，职业自我效能感理论是指个体对自己能否胜任和职业有关的任务或活动所具有的信念。职业自我效能感对职业选择起着重要的作用，如果某个职业具有很大的诱惑力，但个人对自己从事此职业能力缺乏信心，认为自己不能胜任该职业，一般会选择放弃。Tavejra（1997）在对女性的职业自我效能感进行研究发现，当女性的职业自我效能感太低时，其进行职业选择、决策的动机和范围也随之缩小。此外，很多研究也表明个人对自己职业的效能感越强，其选择和规划职业生涯的探索性动机水平越高。因此，该理论对本次团体心理辅导方案设计的指导与启示是：想要提高个体的职业决策能力，可以改善成员的职业自我效能感，提升职业动机和信心。

综上所述，本方案的设计遵从团体发展的阶段特征、原则，发挥团体的优势，把群体动力学理论有机地与每一单元的设计结合在一起，从而更好地推动团体活动的顺利开展。通过人职匹配理论，成员能够更加全面地了解自己，知道自己的优势和不足，并对自己近期、中期、长期的职业目标做好规划。在活动中要激励成员发现自我、激发潜能、树立信心，意向百分百去实现自己设定的目标规划。

9.4 文献分析与借鉴

李斌和王欣（2006）在职业生涯团体心理辅导中认为活动主要包括五大因素：知己、知彼、抉择、目标、行动。围绕这五大因素，进行亲身经验、替代学习、言语说服和情绪唤醒，在活动中成员获得各种积极的或消极的直接经验，感受自己行为操作中的成败体验。领导者再通过表扬、鼓励和家庭作业等方式强化成员的行为表现和合理认知。在活动中设计角色扮演，成员可以观察到其他成员的行为，产生积极情感并模仿他人行为的愿望和行动。随着团队动力的深入，这种情感可以在成员中相互感染，形成共鸣和反思，成员也可以对从事的工作或活动的行为能力产生信心。因此在本次团体心理辅导中，也主要是围绕知己、知彼、抉择、目标、行动这五个因素来进行开展。

王玮等人（2006）在对大三学生进行团体心理辅导的干预研究中，效果显著，很多成员在考研和就业的选择上也做出了初步的决定，但也提到通过"知己、知彼"的训练，可能不能迅速找到适合自己的职业，它需要经过几年的尝试与探索。因此，在本次团体心理辅导中主要是让成员更好地了解自己和职业世界，促进对职业生涯更全面的思考，在探索中掌握职业生涯规划的技能，即"授之以鱼，不如授之以渔"。

王红彬（2010）利用团体心理辅导对大学生职业生涯规划进行干预实施，其效果明显，但在自我认知和就业信心方面前后没有显著性差异，可能是这两个因素是相对稳定的心理结构，在短时间内难以改变。因此，在做团体心理辅导干预的时候，需注意学生对自我的认识，帮助其树立积极乐观的职业信念和态度，并付诸行动。

综上所述，从以往的研究可以看出，用团体心理辅导的方式干预，效果显著。在团体心理辅导中，真诚、了解、尊重、接纳的气氛是十换有效作用的前提。通过知己、知彼，提高职业生涯规划能力，但没有行动的承诺，不过是一席空话，还需要提高大学生的目标管理和执行力，树立其实现目标的信心，意向百分百去实现目标。

9.5 方案设计与内容

9.5.1 团体心理辅导名称

向左转还是向右走——大学生生涯规划班级团体心理辅导。

9.5.2　团体心理辅导性质

结构性、封闭性、发展性。

9.5.3　团体心理辅导时间

共八次，每周一次，每次 90 分钟。

9.5.4　团体心理辅导地点

最好是标准的团体心理辅导室，或能基本满足团体心理辅导要求的普通教室。有电脑并连接音响设备、投影仪、无线话筒等，活动桌椅及足够的平地活动空间。

9.5.5　方案内容

辅导阶段	单元主题	针对问题	单元目标	单元方案：活动与作业	准备事项
初期阶段	相逢是缘	成员之间不熟悉，缺乏团队规范，凝聚力弱。	（1）团体形成，小组成员互相认识，建立互动关系。（2）建立信任、安全、轻松、愉悦的氛围，拉近团体成员的距离。（3）成员了解团体性质，澄清团体目标及成员参加动机，建立团体规范。	（1）领导者发言（10 min）；（2）欢迎歌＋自我介绍（20 min）；（3）大风吹（20 min）；（4）"滚雪球"式的自我介绍（20 min）；（5）你我的约定（15 min）；（6）课后作业：团队风采展示准备（5min）。	知情同意书、笔、多媒体设备
转换阶段	压力应对	对未来就业、生涯规划感到压力，且认识不足。	（1）增进团体成员的了解，增强团队凝聚力。（2）帮助成员正确认识未来职业的各种压力。（3）使成员学会应对压力的方法。	（1）杰克船长（10 min）；（2）小组风采展示（20 min）；（3）我的压力树（20 min）；（4）耶克斯－多德森定律（15 min）；（5）直面压力（25 min）；（6）课后作业：紧松训练。	A4 纸、笔、多媒体设备
	自知者智	对自己没有清晰的认识。	（1）帮助团体成员正确认识自我并对自己进行合理的评价。（2）使成员了解和认识自己以及自己的特质。（3）帮助成员了解自己未来的职业倾向。	（1）击掌活动（10 min）；（2）欣赏短片（20 min）；（3）镜中的你我（20 min）；（4）职业家族树（20 min）；（5）职业自画像（20 min）；（6）课后作业：霍兰德职业兴趣测试。	秒表、视频短片、乔哈里视窗表格

续表

辅导阶段	单元主题	针对问题	单元目标	单元方案：活动与作业	准备事项
工作阶段	生涯理论	不清楚自己适合什么职业。	（1）理解学习不同的生涯规划理论。 （2）通过人格测试为未来职业的选择提供参考。	（1）兔子舞（10 min）； （2）三种生涯规划理论的讲解（30 min）； （3）MBTI 人格测试（30 min）； （4）生涯十字路口（20 min）； （5）课后作业：搜集自己喜欢职业的相关信息。	多媒体设备
	职业探索	对各种职业缺乏了解。	（1）了解自己心里向往的产业、行业、职业及发展前景。 （2）帮助成员规划、体验自己未来的职业生活。	（1）职业猜谜乐（10 min）； （2）我的理想职业（15 min）； （3）SWOT 分析法（25 min）； （4）生涯情景剧表演（40 min）； （5）课后作业：生涯人物访谈。	多媒体设备
	我的规划	生涯规划意识薄弱，制定规划的水平较差。	（1）学习优秀生涯人物的品质，并运用于实际。 （2）分享大学生涯规划方案，审视可能遇到的阻力。 （3）协助成员在知己知彼的基础上进行科学合理的生涯规划设计与自我介绍。	（1）松鼠与大树（10 min）； （2）分享访谈（20 min）； （3）我的职业生涯规划书（25 min）； （4）分享与反馈（20 min）； （5）求职自我介绍（15 min）； （6）课后作业：完善职业生涯规划书、求职自我介绍。	A4 纸、笔、多媒体设备
	目标管理	自律性差，目标管理的能力较差，执行力弱。	（1）认识到时间的重要性，学会合理安排时间。 （2）协助成员有效率地规划目标。 （3）提高成员的行动力。	（1）时间分割（20 min）； （2）目标执行（25 min）； （3）无用循环圈（20 min）； （4）意向百分百（25 min）； （5）课后作业：写给未来职业的一封情书。	纸条、圆珠、A4 纸、卡片、彩笔若干
结束阶段	畅想未来	总结所学，规划未来，成员有离别情绪。	（1）总结课程。 （2）激励成员将规划付诸行动，相互鼓励并祝愿。 （3）订立后续聚会计划，相约未来。	（1）进化论（10 min）； （2）写给未来职业的一封情书（10 min）； （3）优点轰炸（20 min）； （4）真情告白（20 min）； （5）回首来时，展望未来（30 min）。	便利贴、笔

9.5.6 方案详解

1）单元一：相逢是缘

活动名称 1	领导者发言
活动目标 1	对成员做团体活动前的教育准备，使成员对整个团体活动有所了解，建立起对辅导的信任。
活动流程 1	领导者用热情的语调欢迎成员的加入，告知成员团体活动的目的、性质，并澄清成员的期待，明确活动的次数和时间等。
活动名称 2	欢迎歌＋自我介绍
活动目标 2	使领导者、成员之间相互认识，建立共融关系；营造一个温馨、融洽、安全的团体氛围，为后续活动奠定良好基础。
活动流程 2	①组织成员站成一个圈，然后坐下。 ②领导者讲解规则：同学们有节奏地拍手，当领导者说完"名字，名字，你叫什么名字"后，就开始从领导者的右手边开始介绍自己的名字，可多重复几次。 ③唱欢迎歌。先是领导者教唱一遍，然后领导者一句成员一句，最后再让成员齐唱一遍——"真正高兴能见到你，欢迎欢迎欢迎你，欢迎，XX"（唱歌时左右摇摆），在"欢迎"节点后做出相应动作（拍手、跺脚）；重复几遍后可看着周围的人唱欢迎歌，并将"欢迎"后的动作改为拍两边同学的肩。
活动名称 3	大风吹
活动目标 3	减少成员间的尴尬和羞涩感，激发团员的兴趣，使有相同特征的团员感受到亲切感，融入其中，提高注意力。
活动流程 3	①全体成员按照大圆圈围坐。 ②领导者在一旁说："大风吹"，众人各占一个位置并回答"吹什么"。领导者说"吹戴眼镜的人"。凡是有此特征的成员必须交换位置，最后一个没有换到位置或者没有抢到位置的人要展示自己，吹什么特征可不断变换。注意：尽量让全体同学都参与。
活动名称 4	"滚雪球"式的自我介绍
活动目标 4	进一步拉近团员之间的距离，减少尴尬与羞涩感，被记住的团员会拉近距离，没有记住别人的也会羞愧，私下去识记。
活动流程 4	①全班同学围成一个圈，按照1234、4321报数，报数相同的同学为一组，成员分成4组。 ②小组成员依次介绍自己的五个信息（家乡、兴趣爱好、优秀品质、理想职业、昵称）。每个成员要记住前面介绍的所有成员的所有信息，并且要一句话说完。
活动名称 5	你我的约定
活动目标 5	建立安全、友善、信任的团体气氛，制定团体规范，约束自我。

续表

活动流程 5	①领导者说明订立团体规范的原因，与团体成员共同讨论和制定团体规范，每个成员进行宣誓承诺。 ②在《团体辅导知情同意书》上签名，以示自己愿意遵守这些团体规范。
课后作业	每一个组员要复习本组所有成员的信息，并且以小组为单位，每一组要设计自己的组名、口号和风采展示。展示的形式不限，时间 3 分钟，全体上场，在下一次活动中进行表演。

2）单元二：压力应对

活动名称 1	杰克船长
活动目标 1	活跃气氛，使成员建立信任关系，学会介绍自己的有效方法及印象管理，培养倾听品质。
活动流程 1	①全体成员围成一圈后，一位同学开始介绍自己的名字（成员之间已熟悉时可介绍自己喜欢的绰号），随后按照某一方向全部成员依次介绍自己（领导者可根据具体情况决定是否提醒成员注意自己两边成员的名字）。 ②活动开始，一人说出自己名字两次，然后再叫另外一人的名字。 ③被叫到的人左右两边的成员必须马上说"嘿咻嘿咻"并做出划船的动作，接着再由被叫到的人叫别人的名字（不可以叫开始叫自己名字的人）。 ④有成员做错则停止活动，该成员进行自我展示。
活动名称 2	小组风采展示
活动目标 2	加深小组团体内的凝聚力，相互信任，使团体与团体之间相互熟悉，培养成员积极倾听和观看别人展示的品质。
活动流程 2	小组按照自定的顺序依次展示，结束后小组讨论并分享感受。
活动名称 3	我的压力树
活动目标 3	帮助成员分析自己在未来职业上所面对的压力源。
活动流程 3	①成员在纸上画树，然后在树枝的地方写上自己职业压力的来源（就业环境、家庭因素、个人因素……）。 ②成员分析哪些因素是无法逃避的，哪些因素是可以通过自己的行动改变的，小组成员分享。
活动名称 4	耶克斯 – 多德森定律
活动目标 4	帮助成员意识到压力适度有益，过而有损。
活动流程 4	领导者讲解耶克斯 – 多德森定律理论，领导者总结：适度的压力会让人进步，太大的压力则不会；虽然压力过犹不及，但保持适当的职业压力促使自己行动才有进步。
活动名称 5	直面压力

活动目标 5	使成员面对压力积极应对，学会应对压力的方法。
活动流程 5	①领导者讲述小白鼠实验的故事：实验将一只小白鼠放进水缸里，小白鼠拼命挣扎，企图逃脱，在 5 分钟后用棍子搭救出缸；过几天实验又将小白鼠放进水缸，小白鼠在水缸中游动，拼命挣扎，直到游到 20 分钟，实验人将一根小棍斜插进缸，小白鼠借助木棍成功逃离水缸。②讲完"小白鼠实验"的故事，开始分组讨论，每组派一个代表分享各组的感受。③领导者总结：小白鼠面对死亡的压力，积极面对不放弃，坚持游动，是在寻找机会，最后在寻求、借助外在资源＋自己的努力、坚持中，获得成功。
课后作业	领导者将腹式呼吸法、紧松练习教授给大家，作为家庭作业每天练习 10 分钟。

3）单元三：自知者智

活动名称 1	击掌活动
活动目标 1	增强团体凝聚力，建立互动关系，并引导成员挑战自身极限，认识自身的潜能，正确认识自己，有实现职业目标的可能性。
活动流程 1	①领导者询问成员"认为自己一分钟内能击掌多少次？" ②挑选次数较多的学员到前面来试验，其他同学也可以进行尝试，领导者计时（约 10 秒），询问前面试验的同学各自的击掌次数，然后询问其他成员的击掌次数。 ③再提问成员"认为自己一分钟内能击掌多少次？"引导学员挑战自身极限，认识自身潜能。 ④领导者引导成员练习击掌，提高击掌次数（掌面接触，不一定是全面接触）。 ⑤再次试验后领导者抽选成员分享感受。
活动名称 2	欣赏短片
活动目标 2	通过短片让成员明白每个人都是独一无二的，认识到职业也跟个人一样，都有其独特的价值和意义。
活动流程 2	①助手打开视频《平凡工作中的不平凡》，供大家观看。 ②小组分享讨论看完视频之后的感受，在一位成员分享后其他成员可以给予积极反馈，亦可说出分享者自己没有发现的特质。 ③各小组派出一名代表分享自己小组成员看完短片之后的总体感受。
活动名称 3	镜中的你我
活动目标 3	协助成员透过他人的反馈来更好地认识自我。
活动流程 3	①成员先分享自己是怎样的人，父母眼中的"自己"是怎样的人。 ②每位成员分享完自己的评价后，组内其他成员分享对自己的印象、评价，并讨论该成员的性格特征适合从事什么职业。 ③每位成员整理讨论交流的结果，总结自己的性格特征，填入乔哈里视窗表格内。

续表

活动名称4	职业家族树
活动目标4	通过绘制家族职业发展树，可以更加清楚地认识自己，找到自己的职业定位。
活动流程4	①画一棵大树，代表职业家族树。 ②在树干、树枝、树叶上写上家族成员称谓（不限于直系）以及他们的职业，总结家族成员所从事职业或其对团体成员职业期望的共同点，填在树的主干处。 ③成员讨论以下几个问题：父母希望我从事哪种职业？哪些职业是我绝不考虑的？哪些职业是我考虑或向往的？选择职业时我还重视哪些条件（经济、感情、感受方面……）？所学专业和职业的关系有联系吗？ ④小组成员之间交流分享。
活动名称5	职业自画像
活动目标5	使成员了解自己未来的职业倾向，唤起成员对未来职业的憧憬，为后面的职业规划做铺垫。
活动流程5	①助手分发A4纸和彩笔，A4纸每人一张，彩笔一组一盒。 ②领导者引起成员对自己未来理想职业的憧憬，然后画一张未来职业的自画像。 ③组内两两一组分享自己的职业自画像，倾听成员并给予积极反馈。 ④领导者选取成员在全班分享（自愿原则）。
课后作业	自己进行霍兰德职业兴趣测试，为下次活动做好准备。

4）单元四：生涯理论

活动名称1	兔子舞
活动目标1	使团员愉悦活动身体，达到热身的效果，脱离上课前的状态，迅速在思维、行动上进入团体心理辅导课程的状态。
活动流程1	领导者组织学生开始学习兔子舞，然后一起跳。
活动名称2	三种生涯规划理论的讲解
活动目标2	使成员认识生涯与生涯发展，了解生涯规划的意义和重要性。
活动流程2	领导者讲解霍兰德的职业类型理论、舒伯的生涯彩虹图理论、史旺的生涯规划金三角理论。
活动名称3	MBTI人格测试
活动目标3	初步得出MBTI人格类型，并了解自己性格和适合职业之间的匹配度。
活动流程3	①领导者呈现4组分别对照的图片，让成员做出选择并记录好自己选择的答案。 ②领导者两两维度讲解不同性格类型的职业倾向，成员做完之后找到自己的人格类型，并结合上次作业的霍兰德职业兴趣测试，了解适合自己的职业。

续表

活动名称4	生涯十字路口
活动目标4	使成员思考影响生涯发展的因素，更加清楚自己的生涯选择情况，启发对职业的探索。
活动流程4	①领导者给每位成员分发"生涯十字路口"卡片，画出生涯的基本走向。 ②成员分享并探讨自己在做生涯抉择时最重要的影响因素。
课后作业	了解、收集自己理想职业的相关信息（能力要求、薪资待遇等）。

5）单元五：职业探索

活动名称1	职业猜谜乐
活动目标1	调动成员的积极性和思考，帮助成员更进一步了解职业的内容及特点。
活动流程1	①领导者先用三个词来描述某一职业，再由成员猜测是哪一种职业。 ②小组之间抢答，由领导者给出正确答案，并请成员表达对该职业的了解。
活动名称2	我的理想职业
活动目标2	初步探寻自己理想的职业状态。
活动流程2	成员认真思考并回答以下问题：自己想要做的工作？在什么地方工作？一起工作的人群？工作时间的分配？工作内容的规划？预想的收入？想取得的社会地位？职业能给自己提供怎样的人生价值？小组内可分享交流。
活动名称3	SWOT 分析法
活动目标3	引导成员用 SWOT 分析法全面剖析自己理想的职业。
活动流程3	领导者讲授 SWOT 原理。Strength（优势）：自己的优势（知识、技能、兴趣、特长）；Weakness（弱势）：自己的短处（缺乏经验、知识、技能）；Opportunity（机会）：外部世界的有利因素（时代发展机遇、地区发展机遇、行业中的有利机会、社会上整体的有利环境）；Threat（威胁）：外部环境的不利因素（行业整体衰退可能性、竞争对手太强、职业发展前景受限等）。成员依据上次作业搜集到的职业信息，用 SWOT 法全面剖析，并在小组之间分享。
活动名称4	生涯情景剧表演
活动目标4	让团员深入体验未来职场中可能会遇到的场景，以及问题，并使团员更加清楚明白理想和现实之间的差距。
活动流程4	①小组讨论想要模拟的场景，并且进行人员分配，开始人物扮演。 ②小组依次展示自己组的生涯情景剧，其他组观看。 ③小组分享感受、收获。

续表

课后作业	生涯人物访谈，每个同学选取自己职业的理想／榜样人物，访谈他拥有这样一份职业需要怎样的技能，他／她是如何成为这样的人物的，指导自己做出自己的职业规划。每位组员需要准备好下次课中介绍生涯人物的生涯故事，激励大家为自己的未来而努力。

6）单元六：我的规划

活动名称 1	松鼠与大树
活动目标 1	帮助成员热身，使他们的注意力更好地集中到课堂上，并使成员认识到人一生的职业不可能是固定不变的。
活动流程 1	所有成员分成三人一组的小组（助手也加入活动），其中两人扮演大树，站立双手搭在一起成屋顶的形状，一人扮演松鼠蹲在中间，没找到搭档的人为临时人员。主持人喊暴风来了，则松鼠不动，扮演大树的人变换位置；主持人喊松鼠搬家，则大树不动，扮演松鼠的人变换位置；主持人说森林火灾，则所有人都要重新组合，没有成组的人需要表演节目。
活动名称 2	分享访谈
活动目标 2	帮助成员了解更多关于本职业的相关信息，学习优秀生涯人物的品质，并在分享中加深对这些职业信息与优秀品质的理解，能够更好地运用于实际。
活动流程 2	小组成员先在小组中分享生涯人物访谈进行 PK，小组胜出代表上台展示访谈的优秀生涯人物故事，分享所收集到的相关职业信息，并交流自己在采访过程中的心得体会。
活动名称 3	我的职业生涯规划书
活动目标 3	通过之前活动中成员学习到的经验，成员能够更好、更明确地规划自己未来的职业生涯，并制订计划书，落实行动。
活动流程 3	①领导者组织成员从"自我分析、职业分析、专业就业方向及前景分析、实际职业目标的具体行动计划"四个方面来制订属于自己的职业生涯规划，可以在小组内讨论进行。②制订好之后，在小组内分享，并选择一位同学的职业生涯规划书在团体中分享。
活动名称 4	分享与反馈
活动目标 4	成员能够在其他人的反馈与建议中，完善自己的生涯规划书，并在与他人的分享中，将大家的监督转化为内在的动力。
活动流程 4	在开始分享前，领导者强调在别人分享时尽量少评价，多说自己的感受与建议，然后在团体当中分享。
活动名称 5	求职自我介绍
活动目标 5	让成员根据自己的意向职业，在职业生涯规划的基础上做出有针对性的自我介绍。

续表

活动流程 5	①团体成员（应聘者）各自准备 3 分钟以内的自我介绍，自我介绍完毕后，由领导者（考官）随机提问，成员现场回答。 ②由其他成员进行交流讨论，确定是否录用，并提出录用或拒绝的理由。
课后作业	成员课后利用分享当中的所学修改自己的职业生涯规划书和自我介绍。

7）单元七：目标管理

活动名称 1	时间分割
活动目标 1	增加课堂趣味性，帮助成员集中注意力，懂得珍惜时间，学会合理安排时间。
活动流程 1	①领导者分发纸条，并告知成员如果纸条代表一天，自己花了多少时间在睡觉、吃饭、学习、玩乐上，在纸上折一折，并标注出来，看谁学习的时间最多。 ②领导者分发印有一个圆的白纸，告诉成员如果这个圆代表一周的时间，你该如何分配。 ③成员思考自己的一生有多少时间，可以做哪些事。
活动名称 2	目标执行
活动目标 2	帮助成员将职业规划中的目标落到实处，并学会如何更好地进行目标管理。
活动流程 2	①成员将目标分解为长远目标、中期目标、近期目标，并计划好每学年、每学期的大目标，每月的中目标以及每周、每天需要完成的目标。 ②成员回顾自己上周制订的目标，反思哪些目标没有完成及其原因，要如何克服；哪一些目标是按时完成的，是什么因素推动自己完成了这些目标。小组之间讨论并分享。
活动名称 3	走出舒适圈
活动目标 3	让成员意识到要做好目标管理，就需要不断挑战自己，实现生涯规划的目标。
活动流程 3	①成员十指交叉相扣保持 10 秒钟，再反方向交叉相扣保持 10 秒钟，感受两次的不同之处。 ②恢复垂手状态，成员以习惯的方式绕手 10 秒钟，再反方向绕手 10 秒钟，感受不同之处。 ③领导者提问：改变习惯有什么感觉，能够改变吗？成员分享交流。
活动名称 4	意向百分百
活动目标 4	促进成员的行动力，并使成员在行动中增强自信，增强他们对行动的动力与信心。
活动流程 4	小组内两两一组，先用石头剪刀布决出胜负，输的人先让赢的人为他做三件力所能及的事情，要求在 5 分钟内完成。之后输的人再为赢的人在 5 分钟内做三件事情。最后可以简单说一下自己在这个活动中的感受。
课后作业	写给未来职业的一封情书，下次课要用到。

8）单元八：畅想未来

活动名称1	进化论
活动目标1	帮助成员体会成长过程，激励成员进行自我探索，体会不同的成长方式及成长过程的艰难与反复。
活动流程1	①所有人按领导者的指示蹲下，扮演菜鸟，相互找同伴猜拳，获胜者进化为普通人，可以半蹲，并做小动作。 ②然后普通人与普通人猜拳，获胜进化为大牛，输者退化为菜鸟，菜鸟和菜鸟猜拳，获胜者才能再进化为普通人。 ③进化为大牛可以站立，同时做大动作，最后大牛与大牛猜拳，胜者最终进化成大神。 ④小组讨论分享成长的艰辛与坚持。
活动名称2	写给未来职业的一封情书
活动目标2	成员畅想未来，把梦想的美好转化为现实的动力，并提醒成员落实行动，为梦想努力。
活动流程2	让组员在组内朗诵自己写给未来职业的情书，小组讨论交流给大家的启发，然后选派代表进行大组交流分享。
活动名称3	优点轰炸
活动目标3	让成员强化对自己优点的认识，引发标签效应，并激发成员的信心、动力。
活动流程3	①先让小组组长站在中间，组员一一站起来，面对组长、看着组长的眼睛、握住组长的双手，坚定地表达并举例说明组员所观察到的组长的优点，组长表达自己的感谢之后，下一位组员接着表达，直到每一位组员都表达完。 ②接下来，换一位组员到中间，同样接受所有组员的优点轰炸。如果时间不够，可以组员之间两两同时进行优点轰炸，然后交换，直到所有人都向组员表达你的赞美。 ③教师总结，引导大家在生活中多表现自己和他人的优点并去表达出来。
活动名称4	真情告白
活动目标4	处理离别情绪，给予彼此祝福。
活动流程4	①每位成员在背后别上一张白纸，请小组内其他成员在上面写上真诚的建议与祝福。 ②写完以后拿下来仔细看，分享读后的感想，感谢成员真诚的建议与祝福。
活动名称5	回首来时，展望未来
活动目标5	帮助成员回顾团体心理辅导历程，深化成员在团体心理辅导中的收获，并鼓励团体中的每一个成员，激发他们迎接未来的动力，结束团体。
活动流程5	①所有人围坐成一个大圈，依次发言谈谈自己在团体中的收获与改变，畅想自己的未来。 ②最后领导者进行总结，感谢大家的参与，表达祝福。 ③进行团体评估并结束团体。

9.6　效果评估与评价

9.6.1　成员评估

1）问卷调查

再次对班级成员进行《大学生职业决策自我效能量表》调查，与前期结果进行对比。

2）个人评价

学员填写《团体满意度自我评量表》，见附录。

3）个案访谈

对问卷调查结果提升非常显著和分数不理想的同学再次访谈，从提升显著的同学那里获得成功经验，从分数不理想的同学那里询问具体问题，看是否是活动设计或操作的缺陷，如是同学个人问题，建议进行个体咨询处理。

9.6.2　领导者评估

1）领导者自评

领导者填写《团体领导者个人评核量表》，总结和分析此次团体心理辅导过程中的优缺点。

2）观察员评估

观察员通过对领导者带领团体心理辅导的过程的观察，对领导者进行全方位的评估，主要目的是给领导者提供第三者视角的观察所得，供领导者思考与改进。

3）督导评估

领导者提供方案、操作视频、评估结果等与督导进行探讨，对团体心理辅导效果进行评估。

9.6.3　整体评价

（1）本团体心理辅导方案设计根据问卷调查和访谈结果来设计，具有一定的针对性。在每个阶段目标的设定上，围绕认识自己、认识职业和目标执行力等总目标的达成而逐一开展。

（2）在整个团体心理辅导活动的设计方面，分为初期、转换、工作、结束等阶段，每一个阶段有其达成的目标，层层递进；在每个单元活动的设计方面，遵循了暖身、转换、工作、结束等步骤；在每一次结束后有相应的课后作业，也为下一单元的活动做好准备。

（3）在团体心理辅导设计的准备事项上，所用材料来源于我们的生活，方便可取，经济省力，软硬件基本满足活动所需。

（4）在整个研究及方案设计的创新性、价值性方面，解决了该班学生的实际问题，具有实践运用价值。

第 10 章

大学生战胜拖延与时间管理班级团体心理辅导

——以重庆某大学大二某班级为例

拖延是指尽管知道这种做法会给自己造成损失或带来负面影响，但仍自愿、不合理地延迟开始或完成预定行动方案的行为。关于拖延行为检出率的研究发现，青少年群体中存在拖延现象的比例约为 40%，在大学生中该比例为 70% ~ 80%，在普通成人群体中该比例为 15% ~ 20%。由此可见，当代大学生群体已经成为拖延行为的易感人群，进行战胜拖延和时间管理的心理辅导是十分重要且必要的。通过对重庆某大学大三某班级学生进行心理健康需求主题调查发现，该班大学生普遍对战胜拖延与时间管理主题最为需要。

10.1　学情调查与分析

10.1.1　调查目的

了解该班学生在拖延和时间管理方面的现状，为后续进行班级团体心理辅导方案设计与实施提供依据。

10.1.2　调查对象

重庆某大学大三年级某班 36 名学生，其中男生 8 人，女生 28 人；农村户籍 15 人，城镇户籍 21 人；独生子女 20 人，非独生子女 16 人。

10.1.3　调查方法

（1）问卷调查法。采用问卷调查法了解某班级大学生拖延与时间管理能力现状。

（2）访谈法。根据问卷调查结果，选取低分数方向 27% 的学生中的 10 位同学进行访谈，为后续进行战胜拖延与时间管理团体心理辅导方案设计提供更加具体详细的针对性信息。

10.1.4　调查工具

（1）简版一般拖延量表。本量表由张亚利、李森、俞国良对简版一般拖延量表（SGPS）进行翻译和修订而成。SGPS 由 9 个题目构成，属单维度测验，其中 3 个题目为反向计分。采用李克特五点计分法（非常不符合—非常符合），总分越高表明拖延倾向越明显。该量表的内部一致性系数为 0.87，总体信效度良好，各题目具有良好的区分度。

（2）《大学生战胜拖延和时间管理访谈提纲》（自编）。

10.1.5　调查结果

1）问卷调查结果与分析

（1）该班大学生拖延程度的总体水平。该班大学生在拖延量表各题目上的统计结果如表 10.1 所示。由表 10.1 可知，该班大学生的拖延总均分为 3.29，各题项的均值在 2.31—3.89，拖延水平偏高；从题目看，该班大学生在"我经常说'明天再做'"上得分最高。总体而言，该班大学生拖延水平偏高，比较适合进行战胜拖延与时间管理的团体心理辅导。

表 10.1　拖延量表各题目基本情况（N=36）

题目	M	SD	Min	Max
1. 在完成截止日期临近的任务时，我还经常浪费时间做其他事情	2.83	1.30	1.00	5.00
2. 我经常说"明天再做"	3.89	1.12	1.00	5.00
3.※ 我通常会提前完成任务	3.81	0.89	1.00	5.00
4. 对于必须做的事情，我也会拖几天再做	2.89	1.39	1.00	5.00

题目	M	SD	Min	Max
5.※ 我会完成当天打算做的所有事情	3.75	0.81	2.00	5.00
6.※ 我在晚上休息放松之前，通常会处理好当天需要做的一切事情	3.67	0.86	2.00	5.00
7. 即使是容易做的简单事情，我也很少会在几天内把它完成	3.28	1.21	1.00	5.00
8. 我经常在做几天前就该做的事情	3.17	1.30	1.00	5.00
9. 即使是必需品，我通常也会拖到最后一刻才买	2.31	0.95	1.00	4.00
拖延总均分	3.29	0.81	1.67	4.44

注：标有 ※ 的为反向计分题，在录入 spss 前已全部校正。

（2）该班大学生拖延情况在性别上的差异。采用独立样本 t 检验分析该班大学生的拖延情况在性别上的差异，结果如表 10.2 所示。由表 10.2 可知，大学生拖延情况的各题项均分及总均分在性别上无显著差异。

表 10.2　大学生拖延情况在性别上的差异（$N=36$）

	男生（$n=8$）	女生（$n=28$）	t	p
1. 在完成截止日期临近的任务时，我还经常浪费时间做其他事情	3.00 ± 1.31	2.79 ± 1.32	0.407	0.687
2. 我经常说"明天再做"	3.63 ± 1.51	3.96 ± 1.00	−0.754	0.456
3.※ 我通常会提前完成任务	3.75 ± 0.71	3.82 ± 0.95	−0.198	0.844
4. 对于必须做的事情，我也会拖几天再做	3.13 ± 1.25	2.82 ± 1.44	0.540	0.593
5.※ 我会完成当天打算做的所有事情	3.63 ± 0.74	3.79 ± 0.83	−0.492	0.626
6.※ 我在晚上休息放松之前，通常会处理好当天需要做的一切事情	3.50 ± 0.93	3.71 ± 0.85	−0.615	0.543
7. 即使是容易做的简单事情，我也很少会在几天内把它完成	3.38 ± 1.41	3.25 ± 1.18	0.254	0.801
8. 我经常在做几天前就该做的事情	3.00 ± 1.07	3.21 ± 1.37	−0.407	0.687
9. 即使是必需品，我通常也会拖到最后一刻才买	2.75 ± 0.89	2.18 ± 0.95	1.527	0.136
拖延总均分	3.31 ± 0.79	3.28 ± 0.83	0.072	0.943

（3）该班大学生拖延情况在生源地上的差异。采用独立样本 t 检验分析该班大学生的拖延情况在生源地上的差异，结果如表 10.3 所示。由表 10.3 可知，大学生拖延情

况的各题项均分及总均分在生源地上无显著差异。

表 10.3　大学生拖延情况在生源地上的差异

	农村（$n=15$）	城镇（$n=21$）	t	p
1. 在完成截止日期临近的任务时，我还经常浪费时间做其他事情	2.87 ± 1.30	2.81 ± 1.33	0.128	0.899
2. 我经常说"明天再做"	3.80 ± 1.21	3.95 ± 1.07	−0.399	0.692
3.※ 我通常会提前完成任务	3.60 ± 0.99	3.95 ± 0.81	−1.180	0.246
4. 对于必须做的事情，我也会拖几天再做	2.67 ± 1.29	3.05 ± 1.47	−0.807	0.425
5.※ 我会完成当天打算做的所有事情	3.80 ± 0.78	3.71 ± 0.85	0.310	0.758
6.※ 我在晚上休息放松之前，通常会处理好当天需要做的一切事情	3.47 ± 0.83	3.81 ± 0.87	−1.183	0.245
7. 即使是容易做的简单事情，我也很少会在几天内把它完成	3.13 ± 1.25	3.38 ± 1.20	−0.600	0.553
8. 我经常在做几天前就该做的事情	2.93 ± 0.96	3.33 ± 1.49	−0.909	0.370
9. 即使是必需品，我通常也会拖到最后一刻才买	2.33 ± 0.90	2.29 ± 1.00	−0.146	0.885
拖延总均分	3.18 ± 0.79	3.37 ± 0.83	−0.677	0.503

（4）该班大学生拖延情况在是否独生上的差异。采用独立样本 t 检验分析该班大学生的拖延情况在是否独生上的差异，结果如表 10.4。由表 10.4 可知，大学生拖延情况在是否独生上没有显著差异。

表 10.4　大学生拖延情况在是否独生上的差异（$N=36$）

	独生（$n=20$）	非独生（$n=16$）	t	p
1. 在完成截止日期临近的任务时，我还经常浪费时间做其他事情	2.90 ± 1.33	2.75 ± 1.29	0.340	0.736
2. 我经常说"明天再做"	3.95 ± 1.00	3.81 ± 1.28	0.363	0.719
3.※ 我通常会提前完成任务	3.75 ± 0.98	3.88 ± 0.81	−0.414	0.681
4. 对于必须做的事情，我也会拖几天再做	2.90 ± 1.52	2.88 ± 1.26	0.053	0.958
5.※ 我会完成当天打算做的所有事情	3.85 ± 0.88	3.63 ± 0.72	0.828	0.413
6.※ 我在晚上休息放松之前，通常会处理好当天需要做的一切事情	3.60 ± 0.82	3.75 ± 0.93	−0.513	0.611

续表

	独生（n=20）	非独生（n=16）	t	p
7. 即使是容易做的简单事情，我也很少会在几天内把它完成	3.20 ± 1.20	3.38 ± 1.26	−0.426	0.673
8. 我经常在做几天前就该做的事情	3.10 ± 1.29	3.25 ± 1.34	−0.340	0.736
9. 即使是必需品，我通常也会拖到最后一刻才买	2.20 ± 1.06	2.44 ± 0.81	−0.740	0.464
拖延总均分	3.27 ± 0.88	3.31 ± 0.76	−0.121	0.905

2）访谈调查问题与结果

根据问卷调查的结果，设计了大学生拖延现状访谈提纲（见表 10.5 左边问题部分）。与学生通过微信、QQ 聊天的方式，选取该班高分数方向前 27% 中的 10 名同学进行半结构式访谈，以求能够从访谈结果中找到这个群体所具有的具体问题来帮助设计有针对性的团体心理辅导方案。访谈结果如表 10.5 所示。

表 10.5　调查班级大学生拖延现状访谈结果（N=10）

问题	回答
Q1：按照 1—10 的等级评量，你认为自己的拖延程度在哪个等级？（注：越拖延，等级越高）	有 3 位同学给出 10 分，5 位同学给出 9 分，1 位同学给出 8 分，1 位同学给出 7 分。
Q2：你在哪些场合或者完成哪些任务的时候会出现拖延情况？	5 位同学表示会在学习方面拖延，尤其是写作业；5 位同学在日常生活中拖延，如起床、吃饭、出门等；1 位同学表示订了计划但从来没有完整执行过。
Q3：你最近一次出现拖延的时候发生了什么？	10 位同学都因为拖延造成了一些不太好的影响，带来很多负面体验，例如因拖延背单词导致单词欠账到 1000 个，写作业赶截止日期结果错过了交作业时间，因错过与朋友约定的吃饭时间而使朋友生气等。
Q4：拖延给你带来怎样的影响，有多严重呢？	5 位同学因为拖延和家人、朋友有过摩擦和矛盾，2 位同学因为拖延进过医院，3 位同学因为自己拖延已成习惯而感到很苦恼。
Q5：你觉得造成自己拖延的原因有哪些？	4 位同学认为自己行动力太差，3 位同学认为自己没有时间观念，2 位同学认为自己性格如此，不喜欢快节奏的生活，1 位同学表示知道拖延不好，但不知道自己为什么改不了，已成为恶性循环。

续表

问题	回答
Q6：你曾经为了摆脱拖延尝试过哪些方式？	1人表示没有尝试过。其余同学尝试过自我监督和他人监督，如用写计划、在朋友圈打卡等方式来试图摆脱拖延。
Q7：你希望得到哪些人的帮助？	8位同学想要去寻找权威人士、身边人、更自律和更有行动力的人帮助，1位同学觉得不好意思麻烦别人，1位同学认为自己已经无药可救，别人也帮不了自己。
Q8：你在什么情况下不会出现拖延情况？	3位同学表示拖延已经成为习惯，其余同学表示当遇到重要且紧急的事时、有外部力量强迫或者自己感兴趣的东西时、情绪冲动时就不会出现拖延情况。
Q9：如果摆脱了拖延困扰，或者某天你的拖延情况消失了，你的生活会怎样？	所有同学都设想了摆脱拖延后的美好生活状态，例如改善亲子关系、人际关系，时间观念更强，行动力更高等。
Q10：如果老师要为你们班做几次团体心理辅导，你自己要承诺做出哪些努力？	所有同学都表示愿意积极参与，配合老师，全身心投入，努力战胜拖延。

10.2　目标制订与分解

根据前面有关该班级拖延与时间管理能力的问卷调查和抽样访谈调查，发现该班大学生拖延水平偏高，具体表现在以下几个方面。

（1）拖延情况主要出现在与学习相关的事件、与时间管理相关的方面和重要不紧急的事情上。但当遇到重要且紧急、外部强迫、自己感兴趣的东西、受冲动情绪影响的时候会出现拖延例外。

（2）对拖延的认识消极片面。吃过拖延的苦头，认为拖延不利于人际关系、亲子关系、身体健康、自信建立、学习成绩，造成了金钱损失、机遇损失，而忽略了拖延的积极影响。

（3）拖延的原因主要分为内部和外部两个方面。内部原因包括时间观念性不强，缺乏时间规划；计划行动执行力弱、习惯性懒散；缺乏自律，性格沉稳，动机水平不高。外部原因包括缺乏监督、无法抵御外界诱惑（如手机）。

（4）在克服拖延上有过一些行动，但都以失败告终。例如，尝试过自我监督和他人监督、写计划等方式来试图摆脱拖延，可知该班大学生身边有一些资源可以调动，但方式方法上存在问题。

10.2.1　总体目标

（1）认知信念目标：使学生正确认识拖延，了解自身拖延的原因，反思与发现自身已有的资源和方法，认识到时间管理对人生的价值和意义。

（2）情绪情感目标：接纳自己、提升自信，用正确的态度面对拖延，逐步培养学会珍惜时间、高效率完成任务等良好的心理品质。

（3）技能行为目标：培养学生良好的时间管理能力，提高行动力和保持自律，从而解决拖延行为。

（4）思想政治目标：培养学生的人际交往能力与团队精神，训练学生珍惜时间、积极作为的心理品质。

（5）过程方法目标：通过认识你我他、初识拖延、拖延揭秘、拖延诊断、战胜拖延、拖延内外力、时间管理技能训练、珍重再见八个板块的团体心理辅导，在活动体验中使成员能够正确认识拖延；了解自身拖延的原因；反思与发现自身已有的资源与方法的得与失，并能够进一步在团体中利用外部的支持及自我审视与监督的方式摆脱拖延；能够掌握自我目标管理与时间管理的方法，提高行动力和保持自律，从而解决拖延行为。

10.2.2　阶段目标

（1）初期阶段：相互认识，建立团队规范，建立成员信任关系，提升团队凝聚力。

（2）转换阶段：进一步提升团队凝聚力，感受拖延，正确认识拖延，并探索拖延的原因，理解拖延对自身和他人的影响。

（3）工作阶段：解决问题。理解拖延的真正原因，发掘自身资源，反思方法不足。运用内外监督与时间管理的方法相结合方式，启发帮助成员克服拖延，提高行动力，提升战胜拖延的自信心。

（4）结束阶段：回顾团队经历，感恩相遇。总结战胜拖延的经验和感受，增强未来生活中及时行动的信心。

10.3 理论指导与启示

团体心理辅导本身有强大的理论支持，本次方案设计重点探讨拖延与时间管理相关理论的指导与启示，依据的代表性理论有：时间折扣效应、理性选择理论、时间管理四象限法则、自我效能感。

（1）时间折扣效应。在发展心理学研究领域中，这种现象叫作"延迟满足"，是一种个体认为延迟得到的价值会更小的现象。面对两项同等价值的事，必须选择其中之一，如果其中一项需要延迟才能得到效果，那么人们往往会放弃延迟才能得到效益的选项，选择非延迟的一项。该理论对本次团体心理辅导方案设计的指导与启示是：在团体心理辅导方案设计中可以让成员理解拖延的心理学逻辑，正确地看待拖延现象，进而寻找方法改变拖延现状。

（2）理性选择理论。该理论认为时间管理意味着人们总试图使效用最大化，如人们普遍忽略重要但不紧急的任务而选择紧急而不重要的任务。一个人要在两个选择中做出理性决策，有三个要考虑的关键问题：首先，从选择中可获得多大的价值；其次，需要投入多大成本；最后，采取行动的效用（所获价值扣除成本所得）。据此对各种选项进行比较，从而理性选择效用最高的一项。该理论对本方案设计的指导与启示是：时间管理与拖延有不可分割的关系，因此在工作阶段进行时间管理训练，加深团体成员对时间管理技能的理解与掌握，从而能够理性地采取行动，更好地战胜拖延。

（3）时间管理四象限法则。四象限法则是时间管理理论的一个重要方法，即有重点地把主要的精力和时间集中地放在处理那些重要但不紧急的工作上，这样可以做到未雨绸缪，防患于未然。该理论对本方案设计的指导与启示是：拖延的情况与我们日常时间管理与利用有重要联系，以此去探究拖延人群的时间利用情况，有针对性地帮助团体成员处理拖延恶性循环的问题。

（4）自我效能感。班杜拉提出的自我效能感理论指个体对自身完成学习、工作等各方面的能力的主观评估，评估效果如何将直接影响个体的行为动机，受准备律和结果律的影响。当学生认为自己可以完成某件事时，就会增强做这件事情的动机。该理论对团体心理辅导方案设计的指导与启示是：要注意提高学生的自我效能感，激发学生提高时间管理能力的动机。在工作阶段专门安排一个单元来增强其自信心，发现其优点，让团体成员在理解意向百分百的基础上，明白自己可以不拖延地做事，进而调动自身内部的动力。

综上，在本次团体心理辅导中，主要着眼于拖延的归因、时间管理的方法训练和战胜拖延自我效能感的提升三个方面，帮助团体成员在认识自身拖延原因的基础上，熟练运用时间管理的方法，逐步克服拖延，提升及时行动的能力和信心。

10.4 文献分析与借鉴

叶艳辉（2014）在《大学生自我效能感在时间管理倾向与拖延行为间的中介效应》一文中指出，能科学有效地使用和利用时间的大学生，对自己会更加自信，持有更积极的自我概念，其自我效能感更高，对行为的掌控也比较强，他们更倾向于相信"有志者事竟成"，他们会为自己设置更高的目标，即使遇到困难和挫折，也勇于坚持，较少发生拖延行为。

许蔓菁（2021）在《大学生拖延行为分析与缓解策略》一文中分析了大学生出现拖延行为的原因，包括对杂乱艰巨的和厌恶的事务逃避不作为、事事追求完美主义、过于专注于当下的感受和情绪和受外部环境影响等。基于这些原因提出分解任务、抓住核心任务、遵循要事优先原则、设定任务完成时间、降低自我期许、根据自身情况量力而行、改变认知、设置合理的奖励机制等缓解拖延行为的策略。

郑文等人（2014）对大学生进行了 4 周 8 次的团体心理辅导，重点提升个体的时间管理能力。结果发现，实验组的学业拖延得分显著低于对照组，实验组的自我报告与行为记录表明组员延迟完成学习任务的次数减少，对照组则无明显变化。这说明时间管理训练的团体辅导对大学生学业拖延具有较好的改善效果。

白文金（2020）对招募来的 10 名想要改变学习拖延的大学生进行团体心理辅导干预，实验组干预效果明显，被试的学习拖延程度显著下降。这说明这种具有针对性的团体干预手段能够有效降低学生的学习拖延情况。

杨钰立等人（2020）为探讨焦点解决取向团体心理辅导对大学生学业拖延的改善作用，采用对照实验法对 32 名有学业拖延困扰的大学生进行研究。结果显示，经过干预的实验组学业拖延程度明显降低，拖延改善意愿、学业自我效能感和时间管理能力均有提升，表明焦点解决取向团体辅导能有效缓解大学生的学业拖延问题，帮助其提高学习效率。

孙天鹏（2021）通过研究发现，高职院校大学生的成就动机、认知管理、行为管理、时间管理能显著负向预测拖延行为，在此基础上设计了降低高职院校大学生拖延的团体心理辅导方案，并对 30 名大学生进行团体心理辅导干预，发现团体心理辅导对高职院校大学生的拖延水平降低具有及时性和持续性的作用。

综上，团体心理辅导能有效改善大学生拖延水平，本研究将借鉴已有研究中的有效方法，帮助团体成员对拖延进行合理归因，改变过往的非理性认知，有针对性地对成员进行时间管理训练，提升其自我效能感，增强团体成员时间管理的能力。

10.5　方案设计与内容

10.5.1　团体心理辅导名称

"跟拖延说拜拜"大学生战胜拖延与时间管理团体心理辅导。

10.5.2　团体心理辅导性质

本团体是封闭式的、结构式的发展性团体。

10.5.3　团体心理辅导次数

8 次，每次 90 分钟。

10.5.4　团体心理辅导地点

一间基本能满足团体心理辅导要求的教室，保证有电脑并连接音响设备、投影仪、话筒、活动桌椅（带靠背）及足够的平地活动空间。

10.5.5　方案内容

辅导阶段	单元主题	针对问题	单元目标	单元方案：活动与作业	准备事项
初期阶段	认识你我他	团体成员之间不熟悉，不清楚团体规范，团队凝聚力弱。	（1）促使成员之间互相认识、互相信任。 （2）澄清本次团体心理辅导的性质、过程、目的，明确团体成员的期待。 （3）建立共同遵守的团体规范，签订团体契约。	（1）欢迎歌（10 min）； （2）大风吹（10 min）； （3）海内存知己（30 min）； （4）轻柔体操（15 min）； （5）我们的约定——团体契约制定（20 min）； （6）单元小结（5 min）； （7）课后作业：写下团体心理辅导感受。	纸、彩笔、团体心理辅导知情同意书、放松背景音乐
转换阶段	初识拖延	对拖延的认识消极片面。	（1）正确认识拖延，看到拖延的积极影响。 （2）感知拖延症的日常生活表现。	（1）课前回顾与欢迎（5 min）； （2）身体扫描（10 min）； （3）自由联想与绘画（30 min）； （4）拖延人的生活（40 min）； （5）单元小结（5 min）； （6）课后作业：思考拖延的原因。	放松音乐、A4纸、视频《你的拖延症还有救吗？》
	拖延揭秘	成员拖延的内部和外部的原因，成员对自己拖延及影响的认知不到位。	（1）反思自己的拖延情况。 （2）探索自己拖延的原因。 （3）深刻理解拖延对自己和他人的影响。	（1）课前回顾与欢迎（5 min）； （2）freeze dance（10 min）； （3）寻找我的另一半（15 min）； （4）拖延挫折体验（20 min）； （5）拖延知多少（25 min）； （6）制作拖延反思日记与总结（15 min）； （7）课后作业：写拖延反思日记。	扑克牌、原因量表、A4纸、音乐
工作阶段	拖延诊断	在克服拖延上有过一些行动，但方式方法欠佳，都以失败告终。	（1）加深理解真正的拖延行为原因，进一步正确认识拖延。 （2）回顾自己在战胜拖延上的经验，发掘自身的资源。 （3）反思自己方法的不足，并向旁人借鉴方法。	（1）课前回顾与欢迎（5 min）； （2）解开拖延千千结（25 min）； （3）拖延的底层逻辑（15 min）； （4）分享拖延反思日记（30 min）； （5）单元小结（15 min）； （6）作业：拖延小组开展21天打卡。	音乐、树熊时间的视频《拖延的底层逻辑》
	战胜拖延	对战胜拖延的信心不足，行动力不强，自我效能感低。	（1）树立解决拖延症的自信心。 （2）理解意向百分百并做到战胜拖延行动百分百。	（1）课前回顾与欢迎（5 min）； （2）雨点变奏曲（15 min）； （3）意向百分百（30 min）； （4）优点标签（35 min）； （5）单元小结（5 min）； （6）课后作业：继续21天打卡。	纸和笔、音乐、便利贴

续表

辅导阶段	单元主题	针对问题	单元目标	单元方案：活动与作业	准备事项
工作阶段	拖延内外力	对战胜拖延的资源不能有效识别、组织和利用。	（1）外界支持与内部监控结合，进一步调动自身的动力。 （2）收集解决的方法。	（1）课前回顾与欢迎（5 min）； （2）扑克王国（10 min）； （3）战胜拖延后蓝图（25 min）； （4）拖延情景来扮演（45 min）； （5）单元小结（5 min）； （6）课后作业：继续21天打卡。	扑克牌、每人一张A4纸、彩笔三盒
	时间管理技能训练	对时间管理的认识不够、能力不足。	（1）认识时间管理的重要性。 （2）掌握时间管理的方法。	（1）课前回顾与欢迎（5 min）； （2）扮时钟（10 min）； （3）我的一天（20 min）； （4）时间管理的秘诀（45 min）； （5）单元小结（10 min）； （6）课后作业：做时间管理表。	时钟指针道具、A4纸、音乐、四分格表
结束阶段	珍重再见	团体成员间有离别情绪。	（1）巩固战胜拖延的经验。 （2）结束团体，处理离别情绪。	（1）课前回顾与欢迎（5 min）； （2）兔子舞（15 min）； （3）回顾战胜拖延历程（40 min）； （4）互赠礼物卡（10 min）； （5）颁发战胜拖延勋章（20 min）。	音乐、纸笔、礼物卡、勋章

10.5.6 方案详解

1）单元一，认识你我他

活动名称1	欢迎歌
活动目标1	通过课前热身，成员能够感受到团体的接纳与欢迎。
活动流程1	①教师组织学生学唱欢迎歌的歌词"真正高兴能见到你，欢迎欢迎欢迎你。欢迎，哒哒哒，欢迎，哒哒哒，我们欢迎你"。 ②教师带领大家拍手把握歌曲的节奏，唱到哒哒哒的时候，每人拍手3次。 ③全体学生齐唱欢迎歌，并做出相应动作。
活动名称2	大风吹
活动目标2	通过热身活动，活跃团队气氛；让大家体会共同目标与相似感，感受到团队的支持与凝聚力。

续表

活动流程 2	所有人围坐一圈。主持人说"大风吹，吹到 ×× 的人"，然后有这类特征的成员就要起来互换位置，最后落座的成员到中间进行 1 分钟自我展示。第一次说吹到"曾经拖延过的人"，第二次说吹到"想要战胜拖延的人"，第三次是"愿意为战胜拖延付出行动的人"。
活动名称 3	海内存知己
活动目标 3	进一步促进团体成员的认识和了解，通过分组加强小组凝聚力与信任。
活动流程 3	6 人一组（按照生日顺序分组），以小组为单位，自行选出自己的组长，然后顺时针依次介绍自己（包括姓名、家乡、性格、爱好），每个人介绍前面发言的人及自己的介绍；最后由组长来总结发言并介绍自己小组所有成员的基本情况（看哪个小组组长介绍得生动有特色，能让大家都记住他们的组员）。
活动名称 4	轻柔体操
活动目标 4	增加团体成员之间的信任感。
活动流程 4	①组内排成一圈，后面的成员将手搭在前一个成员的肩上，伴随舒缓音乐，后面成员为前面成员轻轻揉肩、捶背。 ②成员向后转，重复上述环节。 ③活动结束后，相邻的成员间要打招呼，问好，相互表示感谢。 ④交流自己在活动中的信任感受。
活动名称 5	我们的约定——团体契约制定
活动目标 5	建立团体规范。
活动流程 5	①领导者讲解《团体知情同意书》及宣誓的规则中每条规则设立的意义。 ②带领每个团体成员举起右拳进行宣誓。
活动名称 6	单元小结
活动目标 6	及时获得反馈，及时调整方案，提高领导者的能力。
活动流程 6	①派代表 2 ~ 3 人，分享此次团体心理辅导印象最深刻的地方。 ②分享自己满意的地方。 ③分享自己遗憾的地方。
课后作业	写下团体给你的感受，组长收齐后发给团体心理辅导组织者，领导者在下一次团体心理辅导一开始进行反馈。

2）单元二：初识拖延

	正式活动开始前唱欢迎歌，并总结上次反馈（5 分钟）。
活动名称 1	身体扫描
活动目标 1	热身、集中注意力，活跃氛围。

续表

活动流程 1	①领导者播放音乐，团体成员以一种舒服放松的姿势坐在椅子上，闭上双眼。 ②领导者带领成员进行冥想与心理"扫描"，对身体的部位，从上到下、从内到外"扫描"。 ③让成员们关注当下情绪并放松心情。
活动名称 2	自由联想与绘画
活动目标 2	正确认识拖延与拖延带来的影响；说出拖延的表现；初步探索拖延症可能的原因。
活动流程 2	①现场播放放松的音乐，限时 5 分钟自由联想拖延症。写下拖延带来的感受，用相应的图形或形状表达出来，并为拖延情况打分（不要刻意控制自己的大脑，不管多么荒诞，大胆地把脑中的想法说出来）。 ②每人限时分享 1 分钟自己写的内容，小组内轮流说完。 ③6 个小组派代表总结学员的发言，领导者总结。
活动名称 3	拖延人的生活
活动目标 3	进一步加深对拖延的日常表现的认识，了解适度拖延带来的积极影响。
活动流程 3	①6 个小组每组派代表抽签决定自己表演的阶段。 ②表演阶段分为：拖延人的一小时、拖延人的一天、拖延人的一周、拖延人的一月、拖延人的一年、拖延人的一生（每个小组 3 ~ 4 分钟）。 ③表演结束后，领导者请同学们分享对本组的感受以及对所有表演总体的感受（派代表 2 ~ 3 人，10 分钟）。 ④观看视频《你的拖延症还有救吗？》（5 分钟）。
活动名称 4	单元小结
活动目标 4	及时获得反馈，及时调整方案，提高领导者的能力。
活动流程 4	领导者对上一次课程的内容补充，对拖延与拖延的表现进行解读。
课后作业	分析写下自己拖延的原因。

3）单元三：拖延揭秘

	正式活动开始前唱欢迎歌，并总结上次反馈（5 分钟）。
活动名称 1	Freeze dance
活动目标 1	热身活动，将参与成员的注意力集中到团体心理辅导活动中。
活动流程 1	①播放音乐，大家随意跳动，或者可以跟随屏幕动作跳动。 ②当主持人说 freeze 时，大家静止不动。 ③动了的人就坐下来等下一局。（备注：放纯音乐的过程中，老师可以说一些动作引导词：拍手、边拍手边走起来、弯腰、转圈、做海草状等等。）

续表

活动名称2	寻找我的另一半
活动目标2	找到自己的搭档，回顾自身身上的拖延表现。（承接单元二）
活动流程2	①由成员自由抽取扑克牌，在5分钟内自由寻找与自己匹配的另一半，红桃和方块为一对，梅花和黑桃为一对。 ②在找到另一半后，与另一半分享自己曾经的拖延经历。 ③分享自己在这过程中的感受。
活动名称3	拖延挫折体验
活动目标3	让成员明白拖延给别人以及自己带来的各种影响，通过反转能够收获团体的支持与力量。
活动流程3	①组内成员围成圈，每人依次走到圆圈中间，其余成员依次"指责"中间成员，说出拖延的影响，比如"你太拖延了，和你组队做作业你都不动"，"你太拖延了，每次出门我都要等你好久"，"你太拖延了，你父母都说你很懒"。 ②最后反转，每人依次到圆圈中间，其他人依次安慰并鼓舞，如"拖延没什么大不了，我们可以和你一起改"，"拖延并不可怕，我们一起努力"。 ③各组成员派代表进行感受分享。
活动名称4	拖延知多少
活动目标4	及时获得反馈，及时调整方案，提高领导者的能力。
活动流程4	①做拖延原因量表。 ②对照量表每个项目的原因解释。 ③分享自己的原因，对照之前的家庭作业，总结自己觉得认同或者不认同的部分。
活动名称5	制作拖延反思日记与总结
活动目标5	进一步回顾自身拖延的原因，通过反思回顾自己的对策及以往经验与教训。
活动流程5	①用一张纸多次对折，请大家先写下自己的一个想要摆脱的拖延情况，思考回顾自己战胜拖延的一些方法；按照视频，指导团体成员制作拖延反思的成长日记。 ②领导者针对大家的拖延原因进行总结。
课后作业	写拖延反思日记（原因及对策）。

4）单元四：拖延诊断

正式活动开始前唱欢迎歌，并总结上次反馈（5分钟）。	
活动名称1	解开拖延千千结
活动目标1	活跃气氛与热身，加深大家对自身拖延成因的认知。

续表

活动流程1	①放四个关于拖延成因的方块，请所有成员手拉手，面向内组成一个圆环。 ②熟悉两旁的成员，记下左手牵着谁的右手，右手牵着谁的左手。 ③大家松开手，各自去寻找自己最明显的两个拖延成因的方块，一只脚踩一个。组长喊"停"，大家停在原地，找到步骤②时和自己拉手的成员重新拉手，左右手不可混淆。让成员将交错的手臂恢复到步骤②的圆环的情况，恢复过程不可松手。若不能完成，可以商量是否需要组长剪掉其中某个"结"。如果需要，组长可以示意剪开，继续恢复到步骤①状态。 ④直到所有"结"打开，活动结束，小组内分享之后小组代表做大组分享。
活动名称2	拖延的底层逻辑
活动目标2	加深大家对自身拖延成因的认知，了解适度拖延的积极影响。
活动流程2	①播放树熊时间制作的视频《拖延的底层逻辑》。 ②每组派代表分享感受，领导者进行总结。
活动名称3	分享拖延反思日记
活动目标3	提升战胜拖延的自信心，探索战胜拖延的方法，大家互相借鉴战胜拖延的经验与方法。
活动流程3	①分享自己在反思中最想分享的一项拖延事件，包括成因及你当时的做法等。（每人3分钟，共20分钟） ②探索战胜拖延的方法，在所有人分享完之后，征得同意后，其他成员用笔在其拖延日记上写下一条祝福或者给自己的几条建议。（10分钟） ③汲取同伴战胜拖延的经验。
活动名称4	单元小结
活动目标4	及时获得反馈，及时调整方案，提高领导者的能力。
活动流程4	分享此次从其他伙伴那里得到的启发与感想（3～4人），领导者总结。
课后作业	小组成员一起建立拖延监督小组，找到一个自己最想摆脱的拖延情况，开展21天打卡，相互监督（用外部监督的力量）去探索方法，并在合作中找到彼此在一起战胜拖延的5个优点。

5）单元五：战胜拖延

	正式活动开始前唱欢迎歌，并总结上次反馈（5分钟）。
活动名称1	雨点变奏曲
活动目标1	集中成员注意力，调动团体气氛。
活动流程1	小组成员围坐一圈，小雨轻拍肚子，中雨拍大腿，大雨拍掌，狂风暴雨拍掌、踩脚、身体左摇右晃。

活动名称 2	意向百分百
活动目标 2	传达意向百分百的信念,在为扑克牌伙伴做事的过程中,提升自己的行动力与自信心。
活动流程 2	①领导者讲述什么是意向百分百,并举例说明。 ②找到自己的扑克牌伙伴,两人进行石头剪刀布游戏。 ③赢的人向对方提出 3 个可以在 3 分钟内完成的要求,输的人必须立刻行动,意向百分百地完成。 ④两人交换,输的人向对方提出三个可以在 3 分钟内完成的要求,但是对方可以选择只完成两个。 ⑤领导者总结意向百分百的信念对行动力提升的影响力,并鼓励所有成员将刚刚的行动力运用到日常生活中。
活动名称 3	优点标签
活动目标 3	增加团体成员的自信与自我效能感。
活动流程 3	①小组成员轮流坐到中央,其他成员从他身上找特别的地方,通过走走停停的方式,每个人背后贴一个名牌,小组内成员彼此在其背后写下自己认为的他的优点。音乐结束后,大家撕下名牌,看看别人评价并派代表分享。(25 分钟) ②团体分享:当别人赞美你时,你的感觉如何?你赞美别人时,通常赞美哪些地方?你能给所有的人不同的赞美吗?你在赞美别人时,感到自然吗?为什么会这样?是否有一些优点是自己以前没有意识到的?是否加强了对自身优点、长处的认识?(选择 3 人左右在团体分享 10 分钟)
活动名称 4	单元小结
活动目标 4	及时获得反馈,及时调整方案,提高领导者的能力。
活动流程 4	总结每个人都有闪光点,我们都是很优秀的,增强积极暗示。总结要有自信,调动资源,摆脱拖延需要意向百分百,才会有行动力。
课后作业	继续开展 21 天打卡。

6)单元六:拖延内外力

正式活动开始前唱欢迎歌,并总结上次反馈(5 分钟)。	
活动名称 1	扑克王国
活动目标 1	集中成员注意力,调动团体气氛。
活动流程 1	将全部组员分成 2 组。将扑克牌从 A 到 K 随机摆放。组员需要从 A 到 K 依次翻出,最终用时最短的组获胜。分享活动过程中的感受。
活动名称 2	战胜拖延后蓝图

续表

活动目标 2	通过畅想激发动力，寻找努力方向，调动"内力"。
活动流程 2	我们每个人对自己的未来充满了想象，那么当你不再是一个经常拖延的人，半年后的你应该是一个什么样子？你会不会收获到你期待已久的事物呢？想好后就用彩色笔在发放的 A4 纸上绘画，并配上相关文字，给大家 5 分钟的时间完成你的蓝图，然后用 15 分钟的时间进行小组分享，看看半年后我们的样子。最后小组派代表进行这一环节的感悟分享。
活动名称 3	拖延情景来扮演
活动目标 3	在前期分享汇总一些经验后，通过演绎，加深对解决拖延的有效经验与直观印象，提高行动力，调动团体的"外力"找到办法。
活动流程 3	①以小组为单位，3 个小组表演拖延情景，3 个小组表演解决办法。（一对小组 10 分钟展示，共 30 分钟） ②小组派出代表，谈谈感想，并结合 21 天打卡日记小组情况分享在这段时间，改善学业拖延有效的经验。（每组一个代表 2 分钟）
活动名称 4	单元小结
活动目标 4	及时获得反馈，及时调整方案，提高领导者的能力。
活动流程 4	大家分享此次团体心理辅导印象最深刻的地方并总结"内外力"，鼓励大家坚持 21 天小组打卡。
课后作业	继续开展 21 天打卡。

7）单元七：时间管理技能训练

活动名称 1	正式活动开始前唱欢迎歌，并总结上次反馈（6 分钟） 扮时钟
活动目标 1	调节现场气氛，通过扮演时钟，承接时间管理单元主题。
活动流程 1	①在白板或墙壁上画一个大的时钟模型，分别将时钟的刻度标识出来。 ②找三个人分别扮演时钟的秒针、分针和时针，手上拿着三种长度不一的棍子或其他道具（代表时钟的指针）在时钟前面站成一纵列（注意是背向白板或墙壁，扮演者看不到时钟模型）。 ③主持人任意说出一个时刻，比如现在是 3 小时 45 分 15 秒，要三个分别扮演的人迅速地将代表指针的道具指向正确的位置。
活动名称 2	我的一天
活动目标 2	认识到时间的价值，用长远的眼光看待时间；把握时间管理与摆脱拖延之间的关系，明白把握时间才能更好拒绝拖延。

活动流程 2	①用一张纸对折两次，把一天的时间分成四份（按照重要程度与紧急程度），每一块写下自己一天的事情。（5 分钟） ②让大家谈一谈一天的时间安排。（小组内讨论 5 分钟，小组分享 10 分钟）
活动名称 3	时间管理的秘诀
活动目标 3	掌握时间管理的技能。
活动流程 3	①领导者对四分表格进行讲解。 ②回顾过去三天自己的具体生活事件，思考自己的时间安排是否合理。 ③讲解二八原则。它是指把人做的事情按量分为 80% 和 20%，其中 80% 不起关键作用，起关键作用的是 20%。 ④思考如何去专注于自己当下的事情，利用好时间，不被外界情况影响而拖延。（以上部分 15 分钟） ⑤小组共同探讨时间管理的方法有哪些，并绘制小组的时间管理秘诀画报。（15 分钟） ⑥小组展示。（15 分钟）
活动名称 4	单元小结
活动目标 4	及时获得反馈，及时调整方案，提高领导者的能力。
活动流程 4	①教师总结时间管理方法，推荐番茄 TODO、forest 等 App 让学生专注利用时间。 ②了解 21 天计划的情况，让大家课下反思自己 21 天前与后的一些改变。
课后作业	应用时间管理技能，可以继续在小组内进行监督并完成打卡任务；为扑克牌伙伴及小组成员准备礼物卡；课下反思自己 21 天前与后的一些改变。

8）单元八：珍重再见

	正式活动开始前唱欢迎歌，并总结上次反馈（5 分钟）。
活动名称 1	兔子舞
活动目标 1	活跃气氛与热身，增强团体凝聚力。
活动流程 1	讲解示范兔子舞的跳法，大家肩搭肩，伴随音乐，一起跳兔子舞。
活动名称 2	回顾战胜拖延历程
活动目标 2	巩固战胜拖延的经验，树立未来战胜拖延的信心。
活动流程 2	①每个人小组内分享一下在 21 天打卡计划中的一些改变。 ②为当下自己拖延情况打分并对比访谈时的分数。 ③派代表分享自己的感受与所得。 ④巩固战胜拖延的经验，带领者带领大家反思团体中的不足（也许有同学还未探索出适合自己最佳的方法）。 ⑤填写团体心理辅导评估反馈表。

续表

活动名称3	互赠礼物卡
活动目标3	处理离别情绪，表达感恩，结束团体。
活动流程3	领导者引导成员为小组内每一位伙伴及扑克牌伙伴提供帮助，赠送礼物卡，表达感谢，自发给其他成员赠送寄语。
活动名称4	颁发战胜拖延勋章
活动目标4	铭记摆脱拖延的体验并以实物做纪念。
活动流程4	①团队领导者为每一位坚持全程参与的同学颁发勋章；也对大家坚持21天战胜拖延表示鼓励。 ②一起大声宣誓：我是一个自律自信的人，我将意向百分百地去战胜拖延。 ③结束语总结，道别表达感恩，合影留念。

10.6　效果评估与评价

10.6.1　成员评估

1）团体心理辅导前评价

（1）需求评估：让参加的团体成员在团体心理辅导之前确定希望通过团体心理辅导所带来的改变与战胜拖延与时间管理的目标。

（2）拖延情况评估：让成员在团体心理辅导之前做《一般拖延量表》，了解拖延情况。

2）过程性评价

（1）利用家庭作业评估：由领导者评估参与者的反思拖延日记与21天打卡计划，并进行反馈。

（2）观察员记录：在每单元结束后，由观察员对参与成员及领导者的带领进行评估，填写团体辅导记录表。

3）结果性评价

（1）量表评估：团体成员填写《成员自我评估表》，评估对团体的看法和感受。

（2）后测评估：通过后测对自我拖延情况打分进行评估。

（3）主观感受：最后的感受与心得分享。

4）追踪性评价

一个月后针对团体成员进行简短回访及效果评估；填写回访记录表，评估效果。

10.6.2　领导者方面

（1）利用助手过程记录评估：进行团体心理辅导活动的反思整理与过程记录。

（2）督导评估：与督导进行探讨，对自我带领的团体心理辅导效果进行评估。

（3）团体领导者自评：填写《团体领导者个人评核量表》，总结和分析自己带领团队的优缺点。

10.6.3　整体评价

（1）本方案的团体心理辅导主题基于对该班学生的需求主题调查、问卷调查、访谈调查，符合该班大部分学生的心理需求。

（2）本方案的团体心理辅导目标旨在有针对性地解决该班学生的切实需求，在课前通过问卷调查、访谈调查总结归纳得出学生的拖延问题现状与原因，进而制定总目标、阶段目标和单元活动目标。

（3）本方案应用团体心理辅导、时间管理以及心理学相关理论的指导与启示，针对该班拖延问题进行团体心理辅导方案设计。

（4）本方案对拖延与时间管理的相关文献进行整理总结，借鉴了前人的研究成果进行团体心理辅导方案设计。

（5）本方案活动设计每个单元按照暖身、过渡、工作、结束进行设计，并针对前期调查出来的问题进行解决，活动设计切实可行，操作性强。

第11章

大学生意志品质班级团体心理辅导

——以重庆某大学大二某班级为例

随着我国社会经济迅速发展，人民生活水平显著提高，在物质极大丰富背景下长大的大学生，其意志力水平到底怎么样？能否通过"劳其筋骨、饿其体肤"的磨砺，加强大学生意志品质培育，使大学生具备顽强的意志品质，促使他们勇于面对困境，敢于战胜困难，具有明确生活目标，实现自我人生价值，并自觉承担民族复兴的伟大使命，已成为新时代高校人才培养重大而紧迫的问题。通过对重庆某大学大二某班级学生进行心理健康需求主题调查发现，该班对恒心毅力与意志品质主题较为需要。

11.1 学情调查与分析

11.1.1 调查目的

了解该班大学生在意志水平方面的现状，为后续进行班级团体心理辅导方案设计与实施提供依据。

11.1.2 调查对象

对重庆某大学 2019 级电子商务专业某班 41 名学生进行问卷调查，删除无效问卷，共收回有效问卷 37 份，调查对象的人口学变量的构成情况：男生 25 人，女生 12 人；农村户籍 20 人，城镇户籍 17 人；独生子女 17 人，非独生子女 20 人。

11.1.3　调查方法

（1）问卷调查法。采用问卷调查法了解某班级大学生意志力水平的现状。

（2）访谈法。根据问卷调查结果，选取低分数方向 27% 中的 6 位学生进行访谈，为后续进行意志力提升班级团体心理辅导方案设计提供更加具体详细的针对性信息。

11.1.4　调查工具

（1）《大学生意志力量表》（武丽丽，顾昭明，2016），包括目的性、自制性、自觉性、调节性、果断性和坚韧性 6 个维度，采用李克特五点计分法，其各个维度的内部一致性系数均在 0.7 以上，总体上具有较好的信度和结构效度。

（2）《大学生意志力水平状况访谈提纲》（自编）。

11.1.5　调查结果

1）问卷调查结果与分析

（1）该班大学生意志力的总体水平。该班大学生意志力水平的描述性统计结果，如表 11.1 所示。从表 11.1 可知，本次调查的大学生意志力水平的平均得分为 3.35±1.36，处于中间水平。各维度得分从高到低依次是调节性（3.56±0.71）、自制性（3.41±0.35）、自觉性（3.06±0.41）、目的性（3.32±0.35）、果断性（3.15±0.71）、坚韧性（2.37±0.31）。从平均数的高低可以看出，该班大学生意志力得分最低的是坚韧性，其次是果断性和自觉性。

表 11.1　调查班级大学生意志力水平的描述性统计结果（N=37）

目的性	自制性	自觉性	调节性	坚韧性	果断性	总均分
3.32±0.35	3.41±0.35	3.06±0.41	3.56±0.71	2.37±0.31	3.15±0.71	3.35±1.36

（2）该班大学生意志力的总体水平在性别上的差异。采用独立样本 t 检验分析该

班大学生的意志力水平在性别上的差异，结果如表 11.2 所示。从表 11.2 可知，该班学生的意志力水平及各维度在性别上不存在显著差异。

表 11.2　调查班级大学生意志力总分在性别上的差异（N=37）

维度	男生（n=25）	女生（n=12）	t	p
意志力总分	3.28 ± 0.64	3.50 ± 0.36	−0.11	0.28
目的性	3.27 ± 1.32	3.42 ± 0.84	−0.36	0.72
自制性	3.35 ± 1.03	3.54 ± 0.50	−0.61	0.55
自觉性	3.14 ± 1.10	2.88 ± 0.92	0.57	0.47
调节性	3.35 ± 1.34	4.00 ± 0.59	−0.59	0.12
坚韧性	3.47 ± 1.14	3.58 ± 0.68	−0.49	0.63
果断性	3.09 ± 0.61	2.13 ± 0.84	0.75	0.62

（3）该班大学生意志力水平在生源地上的差异。采用独立样本 t 检验分析该班大学生的意志力水平在生源地上的差异，结果如表 11.3 所示。从表 11.3 可知，该班学生的意志力水平及其六个维度在不同的生源地上不存在显著差异。

表 11.3　调查班级大学生意志力水平在生源地上的差异（N=37）

维度	城镇（n=17）	农村（n=20）	t	p
意志力	3.26 ± 0.67	3.44 ± 0.47	−0.28	0.36
目的性	3.27 ± 1.34	3.35 ± 1.05	−0.35	0.51
自制性	3.31 ± 0.99	3.40 ± 0.81	−0.31	0.65
自觉性	3.19 ± 0.10	2.95 ± 1.08	1.05	0.52
调节性	3.31 ± 1.44	3.78 ± 0.90	−0.98	0.85
坚韧性	3.59 ± 0.97	3.34 ± 1.06	0.33	0.48
果断性	3.04 ± 1.08	3.25 ± 1.01	−0.27	0.54

（4）该班大学生意志力水平在是否独生子女上的差异。采用独立样本 t 检验分析该班大学生的意志力水平在是否独生子女上的差异，结果如表 11.4 所示。由表 11.4 可知，该班学生的意志力水平在是否独生子女上不存在显著差异。

表 11.4　调查班级大学生意志力水平在是否独生子女上的差异（*N*=37）

维度	是（*n*=17）	否（*n*=20）	*t*	*p*
意志力	3.30 ± 0.58	3.40 ± 0.38	−0.25	0.62
目的性	3.25 ± 1.19	3.37 ± 1.15	−0.15	0.79
自制性	3.27 ± 1.05	3.54 ± 0.73	−0.92	0.36
自觉性	3.31 ± 1.00	2.84 ± 1.04	1.40	0.17
调节性	3.40 ± 1.33	3.70 ± 1.06	−0.75	0.45
坚韧性	3.47 ± 1.18	3.46 ± 0.93	0.23	0.98
果断性	2.98 ± 1.02	3.30 ± 1.05	−0.93	0.38

（5）该班大学生意志力水平在专业上的差异。采用独立样本 *t* 检验分析该班大学生的意志力水平在不同专业上的差异，结果如表 11.5 所示。由表 11.5 可知，该班学生的意志力水平在不同专业上不存在显著差异。

表 11.5　调查班级大学生意志力水平在专业上的差异（*N*=37）

维度	文科（*n*=12）	理科（*n*=25）	*t*	*p*
意志力	3.19 ± 0.71	3.43 ± 0.49	−0.43	0.23
目的性	3.06 ± 1.30	3.44 ± 1.12	−1.85	0.35
自制性	3.13 ± 1.00	3.55 ± 0.81	−0.55	0.18
自觉性	3.25 ± 1.01	2.96 ± 1.05	0.32	0.43
调节性	3.25 ± 1.51	3.71 ± 0.10	−1.11	0.27
坚韧性	3.52 ± 1.04	3.44 ± 1.01	0.09	0.82
果断性	2.78 ± 1.17	3.33 ± 0.94	−0.55	0.13

2）访谈调查问题与结果

根据问卷调查的结果，设计了大学生意志力水平访谈提纲（见表 11.6 左边问题部分），选取该班意志力水平低分数方向 27% 中的 6 位同学，与学生通过微信、QQ 聊天的方式进行半结构式访谈，以求能够从访谈结果中找到这个群体所具有的具体问题来帮助设计有针对性的团体辅导方案。访谈提纲与结果如表 11.6 所示。

表 11.6　大学生意志力水平访谈提纲与结果（$n=6$）

问题	回答
Q1：如果给自己的意志力打分，你会打几分？	$M=4$。 这部分大学生普遍认为自己的意志力水平处于中等偏下水平，给自己的打分较低。
Q2：通常在什么时候或者在哪些情境下你觉得自己的意志力很弱？	A1：嗜睡。A2：学习的时候感觉不能集中精力。A3：因为没有达到目标崩溃的时候。A4：一件事情做得太久，战线拉得比较长的时候会意志力比较薄弱。A5：学习以及遇到一些超出我能力范围的事情需要我去解决时。A6：平时因为打游戏、看电视而不想写作业。
Q3：请举例说明你缺乏意志力的表现形式是怎么样的。	A1：三分钟热度，学什么东西都学一半，永远只懂皮毛。A2：预定了图书馆的位置第二天没去成，回到寝室就想玩电脑。A3：假设我患了癌症，我就会意志力很弱。A4：浮躁不安，想放弃但是又会有负罪感。A5：注意力分散，无意识地开始做一些旁的事情（看书时，有时候会拿起手机开始玩）。A6：走神、发呆、拿起手机办事情结果不知不觉就开始刷微博了。
Q4：你第一次意识到自己意志力较弱的时候发生了什么？	A1：英语六级考了 5 次都没过，每次都说要好好复习，然后每次都会安慰自己说还没准备好。以前英语成绩还不错的，现在就是啃老本，越来越差。A2：跟同学约好一起出去跑步，结果跑了两天就放弃了。A3：上次去养老院当志愿者的时候，照顾了一个老人家整个暑假，他的身体越来越好。直到我春节回去才知道他过世了，我当时就意识到自己的志愿活动没有意义，然后就没有坚持下去了。A4：经常想做正事的时候被手机诱惑，反应过来之后已经过了很久，就意识到自己意志力不太够。A5：期末考复习需要集中注意力时，往往坚持一会儿就去做其他事情了。A6：想定的事情没有一项是完成的，上课认识到这种情况。
Q5：意志力较弱这个问题给你带来了什么样的影响，影响程度如何？	A1：周围同学间攀比带来的影响比较多，容易让我有攀比情绪。A2：考证考级失败之类的，程度的话就是我有时候晚上睡不着，就有点焦虑再这样以后找不到工作。A3：影响了我对自己制定的任务无法按时完成，出现拖延症，使自己的学习生活无法正常进行，影响相对严重。A4：意志力太弱，导致我经常事倍功半，忙碌很久也没有什么收获，做事的进度被延后。A5：面对学习中需要记忆的内容有些力不从心，觉得自己可以做得更好，长此以往有些焦虑。A6：成绩一般，很多方面会受局限，怕是找不到工作了。没啥影响程度，郁郁寡欢吧。
Q6：你觉得导致你意志力较弱，不能够坚持到底的原因有哪些？	A1：手机、电脑等干扰物，还有就是周围的同学，有些人真的好烦，在你想学习的时候就想着来打扰。A2：自我暗示，其他干扰物。A3：首先应该是自己懒惰的性格，然后是对事情的重视度不够，最后便是畏惧困难与失败。A4：外界娱乐诱惑太大，控制不住。A5：身边环境的干扰刺激过多，面对的问题有一定难度，本身不够自律。A6：到了用脑的时候就烦，不想思考。

问题	回答
Q7：你曾经为解决意志力弱这个困扰做过哪些尝试？	A1：向意志力较强的同学学习增强意志力的方法，刷一些知乎经验帖。A2：坚持背单词，给自己设置一些惩罚或奖励来激励自己。A3：制订各种计划表，找其他人介入，监督自己完成。A4：把手机藏起来，制订打卡计划逼迫自己完成任务。A5：学习时将手机等物品放置得尽量远一些，心理暗示激励自己，一个小目标达成后给予自己一些奖励。A6：刷点励志抖音或 B 站视频。
Q8：为了培养自己的意志力，你希望得到哪些人以及怎样的帮助？	A1：刘 X，每天早起学习，第一个到图书馆。A2：找个一起努力的好友。A3：我希望能够得到室友的帮助，宿舍的学习文化对一个人日常的学习生活影响很大，如果能互相监督，对意志力的提升有很大的帮助。A4：得到室友的监督，最重要的是我自己的意志力提升。A5：身边的朋友能够多监督我。A6：自己帮自己。
Q9：你在什么情况下不会觉得自己的意志力弱？	A1：有时候我的成绩如果落后很多的话，我会伤心一段时间，然后在那段时间我就会好好听课，这个时候就觉得自己意志力不那么弱了。A2：计算机考级过了，努力后很多事情都能成功，文艺双全。A3：面对自己感兴趣的事和对自己有较大利益的事。A4：学习了很久没有碰手机，没有走神。A5：做自己感兴趣的事的时候，以及莫名地很有动力和毅力做一件事情的时候。A6：没有好的时候。
Q10：在生活中你觉得谁是你在意志力方面的榜样？为什么？	A1：班长，事情多成绩还好，他真厉害。A2：××，因为他学习特别好，各方面都很好。A3：我的爷爷，他是一个说一不二的人，只要决定好的事，无论碰到什么事都会将它完成。A4：一个比较厉害的室友，因为她做事情比较专心，在宿舍也经常早睡早起，生活也有规律。A5：班级里的学霸以及一些很自律的朋友，他们总能合理地规划时间，设计目标，并一步一步地达成目标。A6：明星，自律，保持身材。
Q11：如果你是一个意志力很强的人，你觉得你的生活会是怎样的？	A1：成绩名列前茅，计算机、英语六级通通都考过了，甚至老师们都很欣赏我。A2：考研不担心。A3：生活的节奏会更加快并且充实，能够高效地完成学习和工作任务。A4：如果我有较强的意志力，我会少一些焦虑，多一些安心，也会对自己更加自信。A5：应该会更加地如愿，我应该会是我理想中的我，我的生活应该也会少一些忧虑，更轻松自在一点。A6：被人羡慕。
Q12：如果老师要为你们班做几次培养意志力的团体心理辅导，你自己要承诺做出哪些努力？	A1：好好听话。A2：坚持到底，不半途而废。A3：我承诺我将不惧困难，做到说一不二，不优柔寡断，不拖泥带水，认真完成任务。A4：我会承诺：减少玩手机时间，坚持早睡早起，坚持阅读，保证每天完成学习规划。A5：在应该做某个特定事情时能够集中注意力，不被外界干扰，给自己设立目标，踏实地向目标进发，即使遇到一些困难也能克服。A6：认真完成任务，做出改变。

11.2　目标制订与分解

根据前面有关该班级大学生意志力水平的问卷调查和抽样访谈调查，可以发现该班大学生的意志力水平处于中等水平。具体表现主要有以下几个方面。

（1）从问卷调查可知：①该班大学生意志力水平总体及其各维度都处于中等水平，在目的性、调节性能力两个维度上农村学生显著高于城市学生，非独生子女大学生的意志力水平高于独生子女大学生。因此，在后期团体心理辅导活动之前进行分组时要尽量把城镇和农村学生进行混合分组，独生子女和非独生子女进行混合分组。②该班大学生意志力总体水平及各维度在性别、生源地上都不存在显著差异，因此，在团体心理辅导分组及干预时不需要对这两个维度做特别的处理，尽量平衡即可。

（2）从访谈调查可知：①该班大学生的意志力需求主要有学业、人际关系、自我提升等方面，他们对意志力薄弱存在消极看法，面对意志力薄弱时已经产生习得性无助，并通常采取消极应对方式，缺乏相关的应对知识与技能。②学习是同学们主要关注和希望提升的方面。在学业上，如未能掌握学习技巧，导致一时间无法取得学业成就，则会影响学业情绪，且学习是一个长期的过程，在时间的冲击下对学习的坚持性也逐渐减弱。此外，干扰事物过多及本身自律性不强，也导致学习成果不显著。③在自我提升方面，同学们主要是想在身体锻炼和课外兴趣上坚持，但由于意志力不够，注意力不够，无法完成任务，长此以往，就产生习得性无助。

11.2.1　总体目标

（1）认知信念目标：成员能够清晰意志的内涵和特征；改变错误认知，进行合理归因、去除负面标签，意向百分百地做出行动。

（2）情绪情感目标：正确看待挫败感带来的负面情绪，能够通过本次团体心理辅导更好地探索自我，能在活动中真正有所提升，增强做出改变的信心。

（3）技能行为目标：学会将提升意志力的方法运用到生活中，达成"意向百分百"的坚持；学会制定和调整目标，划分小目标，小步子完成；学会抵制诱惑；寻找社会支持系统，寻求他人监督及做到自我督促。

（4）思政辅导目标：培养新时代大学生坚强的意志品质，促进个体成长成才，把自己的坚强意志品质运用到学习与事业中，为单位、社会的发展做贡献。

（5）过程方法目标：通过相聚是一种缘、自我意志大揭秘、有志者事竟成、自我新定义、意志力闯关（上）、意志力闯关（下）、社会支持、勇敢前行八个板块的团体心理辅导，在活动体验中改变对自己和意志力的负性认知，提升自己的意志力。

11.2.2　阶段目标

（1）初期阶段：互相认识、互相信任，增加凝聚力和归属感；说明本次团体心理辅导的性质、过程、目的，明了团体成员的期待；建立共同遵守的团体规范，签订团体契约。

（2）转换阶段：强化团体凝聚力，逐步转移到让成员能够明白一些有关意志力的理论，了解与意志力相关的因素及它的重要意义；通过活动体验初步认识意志力、自己意志力的表现及原因。

（3）工作阶段：认识挫败感会削弱意志力；认识到换个角度看挫败的重要性；增强自信，提升意志力；掌握提升意志力的方法；成员之间相互督促，鼓励共同成长；内化巩固，最终达成自我督促。

（4）结束阶段：巩固提升意志力的经验；共同展望未来，充满自信；处理离别情绪，结束团体。

11.3　理论指导与启示

（1）标签效应。即认为个体倾向于使自己的行为与所贴的标签的内容相一致，给个体贴标签的结果往往是使其向标签所标定的方向行动（Guadagno，Burger，2007）。前期调查访谈发现，很多同学因为自信心不足，或者执着于自己身上的各种缺点而给自己许多负面评价，他们会产生一种"我不行"的自我暗示，甚至有些人因此直接破罐子破摔。该理论对本次团体心理辅导方案设计的指导和启示是：在团体心理辅导中，要着重帮助大学生去除负面标签，让他们获得一定的成就感，而不是总被挫败感笼盖。同时，可以设计一些活动让他们看到自己意志力较强的一面，以增强他们的自信心。

（2）社会学习理论。班杜拉认为观察学习是最重要、最有效的学习方式。"很多人类行为都是观察学习的结果。通过观察榜样，人们有了自己的行为标准，并在之后的某些时候，这些符号会为行为提供指导信息。"也就是说，行为生成的第一步是观察榜样以获得认知，然后将信息储存，最后在适当的环境刺激或是内部催化的作用下将行为表现出来。该理论对本次团体心理辅导方案设计的指导与启示是：学生们的榜样多数集中在朋辈群体中，可以利用朋辈群体、老师、家长等社会支持系统，对学生进行积极关注和监督。

（3）意志力的特征。①首先是社会性，学生所处的学校、家庭、社区、社会环境可以在一定程度上影响和改变学生的意志力水平，但在团体心理辅导活动中，对社会环境的影响是有限的。对此可以通过活动改变学生认知，让学生对自己的周围环境有更全面、深层次的认识，可以引导学生发现环境中正向引导目标意志品质的地方，着重进行影响。②其次是时代性，不同时代对人们意志品质的要求不同，这也就影响了意志品质的生成，对此在设置活动目标时要随时代而改变。③第三是发展可塑性，主要针对人在青年时期思维比较活跃，其意志品质会处于相对较快的形成和发展中，对此在设计活动时要结合学生现阶段的意志品质的成长规律开展教育引导。④最后是实践性，即人的意志品质通过实践行动来体现，实践行动是检验、提升、优化意志品质的途径，对此在活动中制定有关实践活动要实际动手操作，反复矫正和修改来确保对意志的培育。该理论对本次团体心理辅导方案设计的指导与启示是：因材施教在活动中结合学生的意志品质规律进行引导，因地制宜结合实际情况来提升学生不同方面的意志品质。

综上，在本次意志力团体心理辅导中，将在以上理论指导下设计一个通过团体的形式让学生们置身于团体之中，促进大学生互相学习，自己和别人有同样的体验和困惑，会对自己产生认同。通过观察他人等，能够帮助个体更全面地观察和了解自己。通过人与人的监督和激励，帮助对方达到自己的期望，并通过在团队中的自我成长，改变自己平时错误的认知，在实践活动中锻炼自己的意志力，培养自己的意志力品质。

11.4　文献分析与借鉴

马玉洁（2016）从量化角度对当代大学生意志力的现状以及意志力发展与大学生就业之间的关系进行了探索，总结出由于意志力会影响学生的学业成就，还会影响学生毕业后的职业发展，因此要提高对学生意志力的培养，以意志力发展带动学生的自我成长，但未从提升途径方面对大学生意志力进行分析和建议。

杨君玉（2018）认为可通过高校军训工作增强大学生的意志力，在军训期间，加强组织领导，保证工作机制的完善；提高领导者的素质，成员以其为榜样，更加有目标化；在意志力军训过程中要循序渐进，逐渐帮助学生适应的同时也提升学生的心理承受力等。

王薇（2020）认为在当代大学生意志品质的培养措施上，需针对大学生有意避开的问题进行解决，也可以通过丰富课外活动，增强意志品质。高校应该创建良好的学习氛围，构建和谐的教育体系，从而使当代大学生的意志品质得到普遍增强，以树立正确的人生观和价值观。

总而言之，可以发现目前学者们在对大学生意志力的重要性方面进行了高度的重视，但提升方法却少之又少。因此，提升意志力的途径暂时无法实践，这些空白也就为我们提供了新思路，在前面学者们的铺垫下将其成果总结运用在之后的意志力团体心理辅导活动中，针对大学生开展各式各样的活动，如赏识教育、树立榜样的借鉴作用、通过设置障碍以提升学生的意志力等，在之后的团体心理辅导方案设计中也要灵活运用以上策略。

11.5　方案设计与内容

11.5.1　团体心理辅导名称

"增强意志力"班级团体心理辅导。

11.5.2　团体心理辅导性质

结构式、发展式团体。

11.5.3　团体心理辅导次数

8 次，每次 90 分钟。

11.5.4　团体心理辅导地点

团体心理辅导教室。

11.5.5 方案内容

辅导阶段	单元主题	针对问题	单元目标	单元方案：活动与作业	准备事项
初期阶段	相聚是一种缘	成员初步相识，信任度和安全感不足、目的与规范不清。	（1）说明本次团体心理辅导的性质、过程、目的，明了团体成员的期待。（2）建立团队，互相认识、互相信任，增强凝聚力和归属感。（3）建立共同遵守的团体规范，签订团体契约。	（1）欢迎歌（5 min）；（2）教育准备（20 min）；（3）共守团体契约（20 min）；（4）意志水平分组（10 min）；（5）"滚雪球"式的自我介绍＋扑克牌伙伴（30 min）；（6）单元小结与课后作业：小组风采展示（5 min）。	多媒体、扑克牌
转换阶段	自我意志大揭秘	凝聚力不足，需要继续提升，逐步过渡到对自己意志力的成因探索。	（1）成员能够明白一些有关于意志力的理论，了解与意志力相关的因素及它的重要意义。（2）通过活动体验初步认识意志力、自己意志力的表现及原因。（3）释放压力，树立克服意志力薄弱的信心。	（1）暖身，轻柔体操（15 min）；（2）理论教育与引导（10 min）；（3）冥想（15 min）；（4）评估与刨根问底（20 min）；（5）意志力气球（20 min）；（5）单元小结与课后作业：给自己定初步目标，让扑克牌伙伴监督（5 min）。	A4纸、笔、气球若干、水彩笔
	有志者事竟成	意志力对生活的影响认识不足	（1）进一步感受意志力给自己生活带来的影响以及意志的积极作用。（2）鼓励成员克服困难。	（1）新木头人（暖身）（15 min）；（2）人生A剧（30 min）；（3）人生B剧——小明变形记（30 min）；（4）名人故事（10 min）；（5）单元小结与课后作业：和小伙伴交流此目标的完成情况（5 min）。	无
工作阶段	自我新定义	成员未能掌握提升意志力的方法。	（1）成员能明白负面标签有削弱意志力的作用。（2）帮助成员撕掉负面标签。（3）帮助成员进行积极的自我暗示。	（1）大雨小雨（10 min）；（2）理论教育（10 min）；（3）自我暗示的魔力（15 min）；（4）撕掉负面标签（25 min）；（5）我是谁（15 min）；（6）单元小结与课后作业：积极暗示，每天早上对自己进行积极暗示（5 min）。	纸、笔、胶带、卡片、笔
	意志力闯关（上）	对挫折的认识不足，自信不够。	（1）认识挫败感会削弱意志力。（2）认识到换个角度看挫败的重要性。（3）增强自信，提升意志力。	（1）无能为力（暖身）（15 min）；（2）重审挫折（30 min）；（3）过自信关（30 min）；（4）分享与结束、任务反馈（15min）。	无

续表

辅导阶段	单元主题	针对问题	单元目标	单元方案：活动与作业	准备事项
工作阶段	意志力闯关（下）	掌握提升意志力水平的训练方法。	（1）锻炼意志力。 （2）掌握提升意志力的方法。 （3）发挥潜能，意向百分百。	（1）心有千千结（暖身）（10 min）； （2）大目标小目标（15 min）； （3）坐在意志力的驾驶座上（20 min）； （4）人椅（20 min）； （5）解读意向百分百（15 min）； （6）单元小结、感悟分享（10 min）。	纸条若干
	社会支持	意志力训练不够的原因之一是缺少监督与支持。	（1）相互督促，鼓励共同成长。 （2）内化巩固，最终达成自我督促。	（1）电波传递（15 min）； （2）明星见面会（30 min）； （3）谁来监督我（内化）（30 min）； （4）单元小结（15 min）。	音乐、纸、笔
结束阶段	勇敢前行	回顾与统整所学，处理离别情绪。	（1）巩固提升意志力的经验。 （2）共同展望未来，充满自信。 （3）结束团体，处理离别情绪。	（1）历程回顾（20 min）； （2）笑迎未来（30 min）； （3）国王般的结束（20 min）。	纸、彩笔

11.5.6 方案详解

1）单元一：相聚是一种缘

活动名称 1	欢迎歌
活动目标 1	成员能够营造一个温馨、融洽、安全的团体氛围，为后续活动奠定良好基础。
活动流程 1	①组织成员站成一个圈；唱欢迎歌，先是老师教唱一遍，带领人一句成员一句，然后再让成员齐唱一遍"真正高兴能见到你，欢迎欢迎欢迎你，欢迎，××"，在"欢迎"节点后做出相应动作（拍手、伸手）。 ②重复几遍后再在"欢迎"节点后与周围的某个同学进行握手，左右各一次。 ③组织成员手拉手唱欢迎歌，更换动作为踩脚、拍周围的人，重复几遍。
活动名称 2	教育准备
活动目标 2	了解成员的期待，使成员对整个团体活动有所了解，建立对活动的信任。

续表

活动流程2	①用热情的语调欢迎成员的加入，介绍自己，介绍团队以及本次团体心理辅导的主题。 ②澄清成员的期待、需求和愿望，给予反馈，明确活动的次数和时间等。
活动名称3	共守团体契约
活动目标3	成员能够明了团体的规则并自觉遵守，建立团体规范。
活动流程3	①领导者引导成员能做到以下规则的人起立→右手放到胸口→带领人说前面四个字，学员说后面的承诺，说"最高品质"时，就回应："积极倾听，嘘"（具有约束力）。 ②具体规则为：A.注意集中（我承诺将注意力集中在课堂上！）；B.暂停评价（我承诺对别人的观点暂停评价！）；C.坦诚开放（我承诺对所有的成员坦诚开放！）；D.保密守时（我承诺做到保守秘密，严格守时！）；E.积极倾听（我承诺表现最高品质，积极倾听！）；F.全程参与（我承诺维护课程守则全程参与！）。
活动名称4	意志力水平分组
活动目标4	将成员根据一定的规则进行分组，为后面的活动做铺垫；学会与不同的人沟通、合作，鼓励他们脱离舒适圈。
活动流程4	根据学生的意志力水平进行前后排序，从意志力水平最低的那个成员开始，进行S形分组，按6人一组的规则进行分组，保证组间的意志力水平基本同质。
活动名称5	"滚雪球"式的自我介绍＋扑克牌伙伴
活动目标5	让成员更全面地了解大家，深入了解别人的过程，就是接纳别人的过程；成员能记住他人的信息，增进相互了解；成员能找到自己的扑克牌伙伴，共同成长。
活动流程5	①播放音乐，成员在教室里自由走动，边走边与同学用自己最独特的方式和他们问好打招呼，在音乐没停之前不断地和不同的同学打招呼问好。 ②当音乐停下时，与当时离你最近的人坐下来，面对面，就可以进行自我介绍。 ③然后，就近4人一组，将你的第一个朋友介绍给其他的两个同学，介绍次序自由商定，每人2分钟，让他们交流一下大学时代最快乐的事情，通过回忆的方式，使学生意识到自己现在的角色已改变。 ④8人一个组进行自我介绍；然后16人一组，分内、外圈地介绍自己；也可以根据情况依次扩大人数进行。 ⑤介绍完后，给每位同学发一张扑克牌，在发完之前不许偷看。发完后让同学们根据手中的一半扑克牌寻找与之匹配的另一半，然后坐下来分别介绍自己的五个信息。
活动名称6	单元小结
活动目标6	对本次团体心理辅导活动进行总结，让成员们及时反馈，为后续活动做铺垫。
活动流程6	首先，领导者引导成员谈谈在此次团体心理辅导活动中的收获或其他想法。 其次，领导者对成员们的反馈做出回应，再对本次活动进行总结。 最后，布置课后作业：①找到扑克牌伙伴意志力表现令你欣赏的三个点，并给对方准备一份20元以内的礼物（在团体心理辅导结束阶段进行分享、交换）；②写一写这次课的感想或建议；③写日记（第一，今天我的进步与快乐；第二，我的反思与感恩；第三，我的目标与计划）。

续表

课后作业	领导者给每个小组布置任务，下次上课时要小组全体上场 3 分钟之内来展示小组的组名、口号、队歌及风采。提醒：提前准备好，不能选组长，第一名有奖励，最后一名有惩罚。

2）单元二：自我意志大揭秘

活动名称 1	暖身，轻柔体操
活动目标 1	理论讲解后的放松，帮助成员舒展身体。
活动流程 1	组织学生站起来，步骤："看银河——脖子舒展；够星星——手向上身体舒展；直升飞机——手作为桨叶；彩虹桥——身体后弓；独腿飞翔——手拉着脚想要更高——踮起脚尖；惊叹——张嘴。"
活动名称 2	理论教育与引导
活动目标 2	组织学生集中注意；成员能够明白一些关于意志力的理论（具体见理论依据），了解与意志力相关的因素及它的重要意义。
活动流程 2	①介绍意志力的概念与品质特征。 ②了解与意志力有关的一些例子、相关因素及理论。
活动名称 3	冥想
活动目标 3	通过冥想让成员回忆自己过去的意志力表现及其对自己的影响，为后面的活动做铺垫。
活动流程 3	通过领导者引导，让成员放松下来，慢慢回想自己的过去，回想经历过的各种事件，回忆自己哪些时候意志力很薄弱，表现在哪些事情上，对自己产生了哪些影响以及影响程度如何。
活动名称 4	评估与刨根问底
活动目标 4	经过刚刚的冥想，成员能对自己的意志力水平有一定的认识并对其进行自我评估；成员能初步探索自己意志力薄弱可能的原因及解决的办法。
活动流程 4	①引导学生给自己的自觉性、果断性、自制性、坚韧性分别打分，如在做事情的时候你认为你的自觉性有多少分（满分 10 分）。 ②评估完后，在 6 人小组内进行分享：自己给的评分是……原因是…… ③然后让成员们写出没给自己打高分的所有可能的原因，并对这些原因进行一个影响程度排序，对自己影响程度最大的排第一位。 ④"我来出主意"：小组内讨论，针对组员的问题，共同寻找解决的方法。
活动名称 5	意志力气球

续表

活动目标5	通过以上两个活动的铺垫，成员可以将自己意志力薄弱的具体表现以及它给自己生活所带来的一些影响用写的方式外化出来；通过"传、打"和踩爆气球的方式，成员能释放压力，树立克服意志力薄弱的信心。
活动流程5	①引导成员将自己因为意志力较弱而导致的不满意事件及原因写在气球上。 ②在6人小组中进行分享，并一起讨论有什么办法可以增强自己的意志力。 ③每个小组派一个代表进行发言：我们小组认为增强意志力的方法有…… ④引导每个成员将自己的气球打到空中，可以互相"传、打"。 ⑤组织学生把气球踩爆，象征着这些压力得到释放，心情获得放松。 ⑥成员自愿分享感受，领导者进行反馈和辅导。
活动名称6	单元小结
活动目标6	对本次团体心理辅导活动进行总结，让成员们及时反馈，为后续活动做铺垫。
活动流程6	①领导者引导成员谈谈在此次团体心理辅导活动中的收获或其他想法。 ②领导者对成员们的反馈做出回应，再对本次活动进行总结。 ③反馈上一次课后作业。
课后作业	给自己定初步目标，然后利用自己的意志力尽可能地去付出努力，并对自己的完成情况进行记录，邀请自己的扑克牌伙伴监督。

3）单元三：有志者事竟成

活动名称1	新市头人（暖身）
活动目标1	达到暖身的效果，为后面的活动做铺垫；通过活动体验，成员能够初步体验意志力及其作用；通过惩罚环节，成员能初步分享出自己意志力的表现情况。
活动流程1	①分组，将全班36个人共分为两组，每组18个人。每两个人按就近原则猜拳分组，一局定胜负。最终猜拳输了的同学一组，赢了的同学一组。 ②两个组的同学相对而坐，刚刚猜拳赢了的18位同学有选择对手的权利，选定想要PK的那个人，和他（她）面对面而坐。 ③PK的同学需要站到中间的空地，准备好后，领导者喊"开始"。开始活动之后，两位同学互相向对方做各种表情，也可以加上肢体语言，但是都不可以开口讲话，也不可以触碰对方身体的各个部位，谁先诱使对方发笑，则他（她）所在的队伍加1分。最终得分最高的一组获胜。 ④按照座位顺序依次开始两两PK，直到18对同学都完成活动。 ⑤输的小组同学要分享自己意志力薄弱表现的具体事例。 ⑥领导者对整个暖身活动进行反馈总结，并引出后面的活动。
活动名称2	人生A剧
活动目标2	通过角色扮演，成员能意识到意志力给人生带来的影响。

活动流程 2	①以小组的形式，让他们通过角色扮演分别扮演意志力低的小明在学校（2组）、生活（2组）、工作上（2组）的表现，自己设计一个简单的场景。 ②感受分享：请小明及其他扮演者按照顺序每人用一个词来形容自己在扮演时的感受。
活动名称 3	人生 B 剧——小明变形记
活动目标 3	通过与人生 A 剧的对比，意识到增强意志力的重要性，使成员对提升意志力充满展望。
活动流程 3	①在"人生 A 剧"中故事的基础上续演场景：如果小明意志力提高了，他在学校（2组）、生活（2组）、工作（2组）上会有哪些改变？ ②感受分享：如果你是小明，你更喜欢人生的哪一个时期？为什么？ ③领导者对成员的反馈做出回应，对人生 A、B 剧进行总结。
活动名称 4	名人故事
活动目标 4	利用榜样效应让成员在心中树立一种楷模意识，以楷模来规范自己。
活动流程 4	①观看有关意志力、坚持的影片。 ②结合自身，分享自己能从中获得什么，这些人的身上有哪些特质是我们可以学习的。
活动名称 5	单元小结
活动目标 5	进行总结，让成员对本次团体心理辅导活动的收获进行共享，领导者进行反馈。
活动流程 5	课后作业——给自己定一个初步目标，然后利用自己的意志力，尽可能地去付出努力，并对自己完成的情况进行记录。邀请自己的扑克牌伙伴作为自己该计划的保证人和监督者。
课后作业	向扑克牌伙伴回顾任务的完成情况，并做好下周目标规划。

4）单元四：自我新定义

活动名称 1	大雨小雨
活动目标 1	活跃团队气氛，使团队成员集中注意力。
活动流程 1	①领导者将小雨、中雨、雨夹雪、大雨、狂风暴雨相应的五个动作教给大家。小雨是用双手轻拍自己的肚子，中雨是用双手拍自己的双大腿，雨夹雪是拍两边人的膝盖，大雨是鼓掌，狂风暴雨是嘴吹风、手鼓掌、跺脚三个动作结合。 ②领导者开始慢慢报出雨的种类，学员做出相应的动作，做错的人要起立对小组成员说一句"我错了，对不起"。领导者可以逐渐加快口令，在学员基本不出错的情况下结束活动。 ③教师引导大家快速集中注意力，并对自己的错误具有担当精神。
活动名称 2	理论教育

续表

活动目标2	理解标签效应的内涵和影响，意识到消极自我暗示的不良影响。
活动流程2	①领导者通过具体实例引出标签效应与消极暗示的含义与作用。 ②列举说明培养意志力过程中可能会出现的标签效应，如"我本来意志力就不行，干脆不坚持了"等。
活动名称3	自我暗示的魔力
活动目标3	同学们初步体验消极自我暗示和积极自我暗示带来的不同心理感受。
活动流程3	①每个同学拿出画有心形图案的 A4 纸，并在图案里面写上三个字：我无法。要求每个人至少写出三句"我无法做到的……我无法实现的……我无法完成的……" ②再反复大声地读给自己、读给周围的同学听（伴有苍凉的音乐）。 ③要求每位同学把自己原来所有的"我无法"三个字画掉，全改成"我不要"，继续读。 ④要求每位同学把各自的所有"我不要"三个字画掉，全改成"我一定要"，继续读（响起激荡人心的歌曲）。 ⑤请同学自愿谈感受和体会，并把自己的暗示语大声地念出来，感受消极的心理暗示和积极的心理暗示带来的不同心理感受。
活动名称4	撕掉负面标签
活动目标4	让成员加深对标签效应的理解，意识到自己身上存在的负面标签；将负面标签外化，利用活动摆脱自己身上的负面标签；成员自我探索去除负面标签的可行措施和方法。
活动流程4	①思考自己身上存在的一些负面标签并归纳到一张卡片上。 ②利用胶带将卡片粘贴到身上。 ③所有成员尽力去撕下别人的标签，并尽可能让自己的负面标签不易被撕下。 ④等所有成员的标签被撕下后，感受分享并一起讨论去除身上这些负面标签的具体措施和方法有哪些。
活动名称5	找是吧
活动目标5	打破消极暗示，塑造积极暗示。
活动流程5	①对自己的名字进行深层次积极正向解读，并向他人重新介绍自己的名字。 ②在纸上写"我是一个……的人"（用消极词汇，不超过三个）。 ③周围人说出自己所写的缺点，然后对方给予"咦……你居然是这样的人"的回应。 ④交换纸，向其他人介绍对方是一个什么样的人。 ⑤自己所写的消极词汇改为积极词汇。 ⑥向周围人重新介绍自己，对方给予积极回应。
活动名称6	单元小结
活动目标6	进行总结，让成员对本次团体心理辅导活动的收获进行共享，领导者进行反馈。
活动流程6	扑克牌伙伴之间彼此分享自己目标的完成情况，并送给对方一句鼓励的话。
课后作业	成员每天对自己进行积极暗示，我是一个……的人（积极词汇）。

5）单元五：意志力闯关（上）

活动名称1	无能为力（暖身）
活动目标1	暖身效果，体验挫败感。
活动流程1	①把绳子拉直后放在地上。 ②让队员们在距绳子30厘米处站立。 ③让他们下蹲，双手分别紧握脚后跟。 ④他们的任务是跳跃通过绳子，而手脚不能松开。如果有人完成这个动作，将赢得一张新版10元纸币。他们只能向前跳跃，不能滚动或者倒下，同时双手紧握双脚，不能放松。 ⑤所有人都放弃后，告诉大家在团体活动中，有时可能根本不能"赢"。成功和失败不是最重要的——关键是通过参与学到东西。对于看起来似乎"不可能完成"的事情，有些的确无法办到，但有些却也未必。总之，大家重在参与，乐在其中。 ⑥讨论问题：这个动作有可能完成吗？活动的目的是什么？
活动名称2	重审挫折
活动目标2	成员能够积极看待挫折，减轻挫败感对意志力的削弱；从挫折中总结经验，获得成长。
活动流程2	①请大家想想，在上一星期或者近一年来，自己有没有遇到挫折，遇到了哪些挫折，过后心情是怎样的，用一张白纸写下来。 ②小组内交换纸条，用积极的眼光看待挫折，并分享每个人从自己或他人挫折事件中学习和收获了什么。 ③小组派一个代表在全班进行分享，然后领导者进行反馈总结。
活动名称3	过自信关
活动目标3	相信自己一定能完成某件事，增强自信感，提升意志力
活动流程3	①两个守门神，守门把关。 ②过关人的外在要求：昂首挺胸向前走，眼神正视前方，说话声音响亮有力，办事态度坚决，不是蛮横，而是坚定与从容、自信满满。 ③过关人的内在要求：你凭什么本事来过关，请现场表演。 ④过关人三米的距离开始走过去，站在守门神前面说："报告守门神，我是×××，我是一个……的人，我凭××来过关，现在请求过关。" ⑤合格的过关，并去领奖品（一支笔），不合格的打回去，并告诉他为什么不合格，让他重来，在《相信自己》的歌曲声中，活动开始。
活动名称4	分享与结束、任务反馈
活动目标4	进行总结，让成员对本次团体心理辅导活动的收获进行共享，领导者进行反馈
活动流程4	扑克牌伙伴彼此分享自己目标的完成情况，并送给对方一句鼓励的话。

6）单元六：意志力闯关（下）

活动名称1	心有千千结（暖身）
活动目标1	暖身，学会一步一步解决问题，将大目标化成小目标。
活动流程1	①所有成员手拉手围成一个圆圈，记住自己左右手分别握的是谁的右手和谁的左手。 ②在背景音乐中，大家放开手，随意走动，音乐一停，脚步即停。 ③找到原来左右手相握的人，分别握住形成一错综复杂的"结"。 ④在节奏舒缓的背景音乐中，要求大家在手不松开的情况下，用各种方法，如跨、钻、等（但手不能放开），将交错的结还原成最初大家站立时的大圆圈。
活动名称2	大目标小目标
活动目标2	帮助成员学会将总目标划分为许多小目标，小步子实现并坚持；明白及时调整目标的重要性；学会及时奖励。
活动流程2	①让成员在本子上写下自己想实现的目标，写上名字。 ②然后引导成员将这些目标划分为许多小目标。 ③组内随机交换，互相将大目标切割成每周、每天的小目标。 ④理论教育。
活动名称3	坐在意志力的驾驶座上
活动目标3	成员敢于和诱惑说"不"；重建对意志力的掌控感，学会自控。
活动流程3	①每个小组选择一个抵御诱惑的故事，分角色扮演。 ②各小组依次上台表演。 ③小组成员分享感受，总结抵御诱惑的方法，学会自控。 ④领导者进行理论教育。
活动名称4	人椅
活动目标4	同学们学会发掘自己的潜能，让他们比自己想象的更有毅力。同时也让大家明白，当自己无法坚持时，要学会借助他人及团队的力量
活动流程4	①请班上最为强壮的同学上台坐在一个凳子上，然后将凳子抽走，让他保持姿势不动，大家猜测他能坚持多久。（不超过1分钟） ②请所有同学围成一个圈，前一个同学坐在后一个同学的腿上，看看大家能够坚持多久。（一般情况下都会坚持比较久） ③教师总结：一个人无法坚持的时候，可以运用团队的力量做到坚持不懈。
活动名称5	解读意向百分百
活动目标5	传达意向百分百的意念。

活动流程 5	①领导者讲述什么是意向百分百，并举例说明。 ②扑克牌伙伴石头剪刀布分出胜负。 ③赢的人要为输的人意向百分百地做三件事情（提出的三件事要有挑战性、创意性、趣味性、针对性）。 ④评选具有挑战性、创意性、趣味性、针对性的要求，引导大家分享感悟。 ⑤交换角色，输的人为赢的人意向百分百地做三件事，但这次输的人有权利拒绝一件事。 ⑥成员自愿分享感受，领导者对活动进行总结，巩固意向百分百的含义。
活动名称 6	单元小结、感悟分享
活动目标 6	巩固这节课的感悟，对前面的任务进行反馈。
活动流程 6	成员进行分享，领导者进行总结和回顾，布置课后作业与下次课前准备工作。

7）单元七：社会支持

活动名称 1	电波传递
活动目标 1	暖身，增加成员归属感，鼓励共同成长。
活动流程 1	①让所有队员手拉手站成一圈，随意在圈中选出一个人，让他用自己的左手在相邻同伴的右手上做一个动作，问第二个人是否感受到了队友传递过来的捏手信号，这里我们把它称为"电波"，告诉大家收到"电波"后要迅速按照前面伙伴发出电波的方式把电波传递给下一个队友。这样一直继续下去，直到"电波"返回起点。你将用秒表记录"电波"跑所需要的时间。然后大喊"活动开始！"并开始计时"电波"传递一圈所用的时间。 ②鼓励一下大家，然后让大家重新再做一次电波传递，希望这次传递能更快一些。 ③让队员们重复做几次电波传递，记录下每次传递所用的时间。 ④等大家都熟练起来之后，变更"电波"的传递方向，使电波由原来的沿顺时针方向传递变为沿逆时针方向传递。 ⑤"电波"沿着新方向被传递几次之后，再一次让队员们逆转"电波"的方向，同时让队员们闭上眼睛或是背向圆心站立。 ⑥在活动快要结束的时候，为了使活动更加有趣，悄悄告诉第一个人同时向两个方向传递"电波"，而且不要声张。看看这样会带来什么有趣的效果。
活动名称 2	明星见面会
活动目标 2	树立榜样，相互学习

续表

活动流程2	①小组讨论，说说谁是在意志力方面做得最好的"明星"，自己要学习他的什么。 ②小组讨论完毕，请班上被提名最多的"明星"同学上台，其他同学充当记者向他提问，了解他为什么能够做到意志坚定，坚持不懈。 ③让每个人的榜样给他们安排一个可实现的目标，后期活动检验这个目标的完成效果。
活动名称3	谁来监督我（内化）
活动目标3	利用周围人来监督自己，并最终达到自我督促。
活动流程3	首先，将自己的计划列在一张纸上，复印三份。 再次，邀请能够监督自己的人，将自己的计划交给他，请他帮忙监督自己，如：请家中能够监督自己的爸爸或者妈妈签字履行监督职责；请同桌签字监督自己。
活动名称4	单元小结
活动目标4	巩固经验，分享这一节团体心理辅导收获最大的是什么，并给予反馈
活动流程4	领导者进行总结和回顾，成员自愿进行分享和布置课后作业。

8）单元八：勇敢前行

活动名称1	历程回顾
活动目标1	通过对意志力的再评，检验自我意志力是否得到提升；让大家回顾几天以来的团体心理辅导历程，感悟意志力的提升原因。
活动流程1	①成员根据意志力的四个内容，对自觉性、果断性、自制性、坚韧性再次打分。 ②对比第一次意志力评估结果，总结自己的提升和厘清目前没有达到期望的欠缺部分。 ③根据结果制订进一步的修正计划。 ④小组内讨论，分别选择代表上台发言，讲一讲自己在团体心理辅导中的收获与感悟。 ⑤成员轮流发言，说说团体心理辅导中自己印象最深的情节。 ⑥通过视频和照片对几天以来的团体心理辅导进行回顾。
活动名称2	笑迎未来
活动目标2	巩固团体心理辅导收获，勇敢面对未来。
活动流程2	①团体围圈而坐，由一位成员当主角，大家讨论他现在与刚参加团体时有何不同，参加团体后在哪些方面改变了。 ②请他自己说说感受，接着再换另一位成员，以此类推，对每位成员反馈。 ③结束时每人发一张纸，请成员在纸顶端写上"对某某的祝福"，然后向右传给每位成员，每人都写下自己给他人的祝福和建议，或用绘画形式表达。转完一圈后，每位成员细细阅读他人的祝福，并和每位成员都拥抱。

活动名称 3	国王般的结束
活动目标 3	通过互赠礼物和身体的接触带来温暖和力量，使成员在结束前更实在地感受团体的力量；体验在一起的感觉，获得支持与信心。
活动流程 3	①与组员两两相向，表达：我要向你学习的是……我要感谢你的是……我要对你说抱歉的是……我要给你的建议是……我要祝福你的是…… ②互赠礼物，彼此祝福。 ③在练习结束时，请大家站立，围成圆圈，给每人发一份歌词，将两手搭在两侧成员的肩上聚拢静默 30 秒，然后大声合唱《找朋友》。

11.6 效果评估与评价

11.6.1 成员评估

1）问卷调查

再次对班级成员进行《大学生意志力量表》调查，与前期结果进行对比。

2）个人评价

学员填写《成员自我评估表》。

3）个案访谈

对问卷调查结果提升非常显著和分数不理想的同学再次访谈，从提升显著的同学那里获得成功经验，从分数不理想的同学那里询问具体问题，看看是否是活动设计或操作的缺陷，如是同学个人问题，可建议进行个体咨询处理

11.6.2 领导者评估

1）领导者自评

领导者填写《团体领导者个人评核量表》，总结和分析此次团体心理辅导过程中

的优缺点。

2）观察员评估

观察员通过对领导者带领团体心理辅导的过程的观察，对领导者进行全方位的评估，主要目的是给领导者提供第三者视角的观察所得，供领导者思考与改进。

3）督导评估

领导者提供方案、操作视频、评估结果等与督导进行探讨，对团体心理辅导效果进行评估。

11.6.3　整体评价

对本团体心理辅导方案的评价，主要从以下五个方面进行考虑：

（1）团体心理辅导主题是为学生所需。意志力主题是该班学生团体心理辅导需求中的第一位，可以看出同学们对意志力提升的需求很高。此外，在访谈对话中，可以总结看出同学们对自己意志力水平的打分较低，且愿意为了意志力的提升做出改变和努力。因此，该班学生对意志力主题的团体心理辅导需求最高。

（2）团体心理辅导目标是为学生所急。在问卷调查中，学生们意志力的平均得分处于中等偏上水平，其中坚韧性得分最低，其次是果断性和目的性。因此，在之后的方案中主要围绕提升学生的坚韧性、果断性和目的性提升。

（3）在意志力相关的理论上得到了相应的理论指导与启示。由于意志的各项特征不可忽视，那么在方案中选择多以互动为主，促进成员之间的学习借鉴，以促进成员意志力的实践性、社会性和可塑性等。此外，在活动中通过设置意向百分百、谁来监督我等活动，让学生记录并体会自己身体各方面的变化，从而体会意志力水平提高带来的好处。

（4）本方案研究逻辑思路清晰流畅，根据前期调查之后制定的阶段目标，层层递进，方案目标从一开始的相互熟悉，再逐渐互相监督，通过榜样学习、重审自身挫折等环节逐步提升彼此的意志力。

活动从整体上看是从初期、转换、工作、结束逐步推进的四个阶段，从各个阶段中细看，每个阶段都是从一开始的热身、工作和总结三个步骤进行，前后衔接恰当，且每节课活动开始都有领导者进行回顾和开启。

第 12 章

大学生手机依赖班级团体心理辅导

——以重庆某大学大二某班级为例

随着移动互联网的发展，手机的便捷性和不受时空限制的特点使其成为大学生进行互联网操作的首选方式和重要载体。有关专家预测，手机依赖将会是 21 世纪最重要的非药物依赖类型之一。近年来的研究表明，手机依赖已经严重影响大学生的思想观念、行为方式，对其身心健康、学业发展和人际交往造成了不利的影响，因此对大学生进行手机依赖干预和相关教育，促进学生健康的全面发展，对社会来说具有重要的意义。通过对重庆某大学大二某班级学生进行心理健康需求主题调查发现，该班大学生普遍对手机依赖主题最为需要。

12.1 学情调查与分析

12.1.1 调查目的

了解该班学生在手机依赖方面的现状，为后续进行班级团体心理辅导方案设计与实施提供依据。

12.1.2 调查对象

重庆某大学大二年级某班 57 名学生，其中男生 34 人，女生 23 人；独生子女 29 人，非独生子女 28 人；成绩水平中等偏下 10 人，中等 20 人，中等偏上 27 人。

12.1.3　调查方法

（1）问卷调查法。采用问卷调查法了解某班级大学生手机依赖水平现状。

（2）访谈法。根据问卷调查结果，选取手机依赖高分数方向 27% 中的 6 名学生进行访谈，为后续进行手机依赖班级团体心理辅导方案设计提供更加具体详细的针对性信息。

12.1.4　调查工具

（1）《大学生手机成瘾倾向量表》（熊婕，周宗奎，2015），包括戒断症状、突显行为、社交抚慰、心境改变 4 个维度，采用李克特五点计分法，问卷一致性系数为 0.83，总体上具有较好的信度和结构效度。

（2）《大学生手机依赖访谈提纲》（自编）。

12.1.5　调查结果

1）问卷调查结果与分析

（1）该班大学生手机依赖的总体水平。该班大学生手机依赖的描述性统计结果，如表 12.1 所示。从表 12.1 可知，本次调查的大学生手机依赖的平均得分为 3.69 ± 0.70，处于中上水平。各维度得分从高到低依次是戒断症状（3.73 ± 0.57）、社交抚慰（3.69 ± 0.76）、心境改变（3.68 ± 0.84）、突显行为（3.64 ± 0.74）。从平均数的高低可以看出，该班级大学生手机依赖倾向程度较高，各维度得分情况也均处于评分情况中的中等偏上水平。

表 12.1　调查班级大学生手机依赖的描述性统计结果（N=57）

戒断症状	突显行为	社交抚慰	心境改变	总均分
3.73 ± 0.57	3.64 ± 0.74	3.69 ± 0.76	3.68 ± 0.84	3.69 ± 0.70

（2）该班大学生手机依赖的性别差异。采用独立样本 t 检验分析该班大学生的手

机依赖水平在性别上的差异，结果如表 12.2 所示。从表 12.2 可知，女生与男生在手机依赖总均分及各维度得分均无显著性差异。

表 12.2　调查班级大学生手机依赖水平在性别上的差异（N=57）

因子	男（n=34）		女（n=23）		t	p
	M	SD	M	SD		
戒断症状	3.72	0.52	4.07	0.97	−1.627	0.109
突显行为	3.69	0.51	3.75	0.55	−.407	0.686
社交抚慰	3.59	0.53	3.79	0.51	−1.401	0.167
心境改变	3.67	0.53	3.78	0.57	−0.714	0.478
总均分	3.68	0.48	3.88	0.58	−1.413	0.163

（3）该班大学生手机依赖在是否独生子女上的差异。采用独立样本 t 检验分析该班大学生的手机依赖在是否独生子女上的差异，结果如表 12.3 所示。从表 12.3 可知，是否独生子女在手机依赖总均分及各维度得分上不存在显著性差异。

表 12.3　调查班级大学生手机依赖水平在是否独生子女上的差异（N=57）

因子	独生子女（n=29）		非独生子女（n=28）		t	p
	M	SD	M	SD		
戒断症状	3.74	0.48	3.98	0.92	−1.138	0.260
突显行为	3.76	0.57	3.66	0.49	0.754	0.454
社交抚慰	3.71	0.53	3.64	0.53	0.493	0.624
心境改变	3.77	0.53	3.66	0.56	0.709	0.418
总均分	3.75	0.48	3.78	0.58	−0.219	0.828

（4）该班大学生手机依赖在成绩水平上的差异。采用单因素方差分析检验该班大学生手机依赖在成绩水平上的差异，结果如表 12.4 所示。从表 12.4 可知，成绩水平在戒断症状和总均分上存在显著性差异。事后检验发现，成绩中等偏下的学生手机依赖水平最高，各维度也最高，其次为成绩中等的学生，表明成绩越差，手机依赖水平有越高的趋势。

表 12.4　调查班级大学生手机依赖水平在成绩水平上的差异（N=57）

因子	中等偏下（n=10）		中等（n=20）		中等偏上（n=27）		F	p
	M	SD	M	SD	M	SD		
戒断症状	4.45	0.97	3.74	0.45	3.70	0.53	4.24	0.019
突显行为	3.87	0.48	3.73	0.44	3.63	0.60	0.742	0.481
社交抚慰	3.86	0.52	3.71	0.43	3.58	0.58	1.147	0.324
心境改变	4.06	0.53	3.73	0.49	3.58	0.55	3.096	0.060
总均分	4.14	0.61	3.73	0.40	3.64	0.54	3.471	0.038

2）访谈调查问题与结果

根据问卷调查的结果，设计了大学生手机依赖情况访谈提纲（见表 12.5 左边问题部分）。与学生通过微信、QQ 聊天、电话的方式，选取该班手机依赖高分数方向前 27% 中的 6 名同学进行半结构式访谈，以求能够从访谈结果中找到这个群体所具有的具体问题，来帮助设计有针对性的团体心理辅导方案。访谈结果如表 12.5 所示。

表 12.5　手机依赖的半结构式访谈结果（n=6）

问题	回答
1. 请问你平时使用手机的时间一般是多少个小时？一般最常用的 App 是哪个方面的？（娱乐、信息与阅读、社交、教育学习等）	A1/A2：手机使用时长在 7～8 小时。①我 1 周平均使用时间大概有 8 小时。使用最多一般在 QQ、微信、微博、B 站上面吧。②我今天使用手机时长有 7 小时 22 分钟。使用最多的 App 是社交方面的。 A4：手机使用时长在 9 小时左右。玩得最多的 App 有抖音，还有一些追剧的 App。 A3/A5/A6：手机使用时长在 10～11 小时。①我平时玩手机时间比较多，没课的时候基本上都在玩手机，还会熬夜。玩得最多的 App 应该是活动方面的。②最多的就是王者和 B 站吧。
2. 你认为使用手机到什么程度算是一种不良行为？	A1/A4：玩的时间很长，超过自己睡觉的时间吧。还会熬夜，玩到眼睛痛。 A2：玩手机已经影响到了日常的生活和人际交往。 A3：明明有该做的事，比如该学习、写作业、完成任务时，还是忍不住要玩手机。 A5：天天都拿着手机，如果不玩手机，就会感到很不适应的程度吧。 A6：自己都不想玩手机了，但是还是一直玩。

问题	回答
3. 如果你平日里除开支付、回复紧急消息这些必要情况，闲暇时候不使用手机的话，会是怎样的心情与感受？	A1：会很无聊，其实玩手机也挺无聊的，但是不看手机总感觉没啥安全感。 A2：会觉得有点不知道该做什么，基本上没事干的时候，会习惯性地打开手机。可能会觉得有点焦躁吧。 A3：我还没有怎么尝试过，也不太记得了。 A4：那也太无聊了吧！我都不知道干什么了。 A5：应该没啥感觉吧，不用手机也没啥。 A6：心情会比较烦躁吧，会很好奇有没有人发消息什么的。
4. 当你长时间使用手机过后，带给你的影响是什么？可以从身体、心情、行为等多个方面展开回答。	A1：会觉得有点愧疚，感觉把很多时间都浪费了。 A2/A4：①对眼睛很不好，尤其是我近视度数比较高，所以我在意使用手机过多对眼睛的影响。②我一般玩手机就经常熬夜，不愿意放下手机，熬夜就会导致白天没精神，也对皮肤不好。 A3：当我一直这样长时间玩手机，有时候感觉离了手机就不行了，没有手机就会很无聊，也会没有安全感。 A5：首先是心情上，会觉得很内疚。身体上，会觉得很疲惫。平时还会导致我拖延作业什么的，就会让我很焦虑。 A6：焦虑、有点累，如果是因为玩手机延误一些事情的话，还会觉得很后悔。
5. 除开必须使用手机的情况，你一般使用手机的原因是什么？列举 3～5 条。	A1/A3/A5：主要是娱乐/社交方面的原因，就是玩啊，因为手机上有很多好玩的东西，如看剧、看小说、玩游戏、聊天、听歌什么的。 A2/A4：①一般就是为了玩，但也有特殊情况，就是心情不好或者焦虑的时候，就会玩手机转移注意力。②太无聊了，还有就是遇到什么不想做的事或者很难的东西，心情就会很焦躁，会去看一些搞笑的东西。 A6：可能是有消息需要回复吧，有人找之类的。
6. 你是否觉得自己长时间使用手机是不好的行为？如果有，你有采取过哪些方式来改变吗？	A1/A2/A3/A5：有过。①就是逼着自己不玩。②找些兴趣爱好，出去运动。③给手机 App 限制使用时间。④把喜欢玩的那些 App 全都删了。 A4/A6：不太有。但还是卸载过一些软件。
7. 假如能够改善你使用手机的情况，你希望能达到怎样的效果？	A1/A3：①我希望以后玩完手机不会感到很愧疚。②我希望能够正确使用手机，就算是看 B 站，也能够更好地利用上面的一些学习资源，而不是看着看着就看其他东西了。 A2：我希望能够说放下手机就放下，不会为了看手机拖延或者熬夜等。 A5：我希望能在手机上多用一些积极向上、学习知识的 App，其实那些娱乐的东西也很好，但我需要学会如何适度使用。 A6：减少手机使用中娱乐的时间吧。

12.2 目标制订与分解

根据前面有关该班级手机依赖的问卷调查和抽样访谈调查，发现该班大学生手机依赖总体上处于中等偏高水平，其中得分最高为戒断症状，其次是社交抚慰和心境改变上。因此在后续的方案设计中，应设置消除不合理信念、体验积极情绪、行为强化的活动，从而达到解决手机成瘾的问题。

另外，根据访谈结果发现：①手机依赖的内容多在于娱乐方面。在此处可指向是由外在诱惑引起的使用行为，手机中的娱乐内容吸引力过大，导致学生频繁使用手机；②手机依赖的原因在于外在诱惑、消极情绪、无聊倾向等；③手机依赖的情绪多为愧疚、焦虑的情绪；④手机依赖的影响体现在身体上为疲惫，在行为上为忍不住、反复使用、拖延。

因此，在团体心理辅导中，我们需要针对解决的有两个方面，一是抑制控制手机使用在娱乐方面的时间，二是矫正娱乐性使用手机可以正确缓解焦虑情绪，解决难题的认知想法。

12.2.1 总体目标

（1）认知信念目标：训练学生用全面、发展、积极的眼光看待自己，正确认识手机依赖产生的根本原因，理智分析手机依赖对自我产生的负面影响。

（2）情绪情感目标：用正确的态度面对手机依赖，逐步带养学生敢于面对、担当付出、顽强拼搏等良好的心理品质。

（3）技能行为目标：培养学生良好的人际交往能力、问题解决能力和自我控制能力，正确面对手机使用，拒绝手机依赖。

（4）思政辅导目标：培养学生的人际交往能力、团队精神以及百折不挠的长征精神，训练学生接纳自己、提升自信、自我控制的心理品质。

（5）过程方法目标：通过加入团队、建设团队、看到"失去"、跨越陷阱、改变思维、时间管理、自我管理、共同约定八个板块的团体心理辅导，在活动体验中重塑对手机的正确认知，悦纳自己，学会自我控制，改变手机依赖行为。

12.2.2　阶段目标

（1）初期阶段：通过加入团队，相互认识，建立团队规范，澄清成员期待。

（2）转换阶段：促进团体成员相互信任，增进自我了解，了解手机成瘾原因，引导成员初步进行问题解决。

（3）工作阶段：引导成员找到克服依赖的办法，积极挖掘成员心理潜能，促进他们自我管理，提高成员的积极性与主动性，从而达到克服成瘾的目的。

（4）结束阶段：再次感受团队凝聚力，处理离别情绪，增强未来生活的信心，讨论团体给成员带来的变化，把团体所学运用到今后的学习与生活中。

12.3　理论指导与启示

团体心理辅导本身有强大的理论支持，本次方案设计重点探讨手机成瘾相关理论的指导与启示，依据的代表性理论有补偿性使用理论、网络成瘾理论、行为主义理论等。

（1）补偿性使用理论。该理论认为手机依赖是个体动机导致，当人们面临负性事件，体验到压抑情绪时，通常会通过不断地使用手机来减轻负性情绪的不适感。因此当没有达到他们想要的——减轻抑郁或减轻他们的负性状态时，他们会陷入一个问题使用的循环中（Kim，2015）。该理论对本次团体心理辅导方案设计的指导与启示是：在团体心理辅导中可以从情绪调控入手，以此来降低手机依赖水平，在初始和过渡期注意团队建设和团体气氛的营造，将管理情绪贯穿团体心理辅导中。

（2）网络成瘾理论。该理论认为手机依赖的形成因素包括两个方面：近端因素和远端因素（Davis，2015）。认知歪曲是网络成瘾形成的近端因素（陈侠 等，2003）。个体不良倾向（易感性）和生活事件的影响，称为远端因素。其中，具有抑郁、焦虑等特质的个体在使用网络的过程中更容易成瘾（潘琼，肖水源，2002）。该理论对本次团体心理辅导方案设计的指导与启示是：在团体心理辅导方案设计中可以让成员理解手机依赖是因为不合理信念、生活事件等影响，找到真正的来源，指向歪曲的信念的改变。

（3）行为主义理论。该理论认为成瘾是一种情绪的增强过程，在初始阶段，强大的联想或条件反射学习，会使个人越来越适应提示信号，从强迫行为中获得快感。最终，当行为变得更加强制性的时候，个体在不参与行为（即退出）时开始体验到消极情绪。而解除这种行为的唯一办法就是继续从事这种行为。此外，也有人认为这两种类型的强化都涉及对积极情绪的渴望，用以减轻负面情绪（Elhai et al.，2016）。在此，这种行为强化理论主要是支持行为的反复出现是为了减轻负面情绪，认为手机依赖这种行为还是与情绪有关。该理论对本次团体心理辅导方案设计的指导与启示是：在团体心理辅导方案设计中可以让成员理解负性情绪导致手机成瘾，斩断负性链接，调整负性情绪。

综上，在本次团体心理辅导中，主要从不合理认知信念及被外在诱惑的行为对手机成瘾进行干预，从认知矫正和行为抑制控制两个方面选择对该班级学生的手机依赖状况进行认知行为疗法的团体心理辅导干预，让团体成员掌握应对手机成瘾的方法，获得自我管理的能力。

12.4 文献分析与借鉴

张晓旭和朱海雪（2014）采用正念认知疗法对手机依赖大学生进行团体心理辅导干预，结果表明正念认知疗法对个体的手机依赖干预效果明显。

邓征星（2016）对手机依赖大学生群体分为实验组和控制组，对实验组使用了认知行为团体疗法，发现实验组在干预后以及追踪测查中，其失控性、戒断性、低效性及手机依赖总分显著均低于干预前水平；控制组与实验组的失控性、戒断性、低效性及手机依赖总分在后测中差异显著。

王品品（2017）运用意义疗法团体心理辅导显著改善了大学生手机依赖状况。

狄娇（2019）以36名大学生为研究对象，干预组采用焦点解决取向团体心理辅导进行为期2个月8周次的团体心理干预，对照组采用一般心理健康教育。结果表明，焦点解决取向团体心理辅导对改善大学生手机成瘾问题有一定的积极效用。

赵玉霞等人（2019）采用分层随机整群抽样方法选取信阳职业技术学院1678名大一和大二学生，将其中148名智能手机成瘾者随机分为3组（运动组49名、团体心理辅导组50名、运动＋团体辅导组49名）。研究结果表明，运动、团体心理辅导、运动＋团体辅导均可不同程度地抑制智能手机成瘾者心理渴求和成瘾及共患抑郁、焦虑程度，运动＋团体心理辅导组抑制效果最好，团体心理辅导组次之，运动组较差。

综上所述，研究者采取了正念认知疗法、认知行为团体疗法、意义疗法团体辅导、焦点解决团体心理辅导、运动＋团体心理辅导等干预大学生的手机成瘾，都取得了不错的疗效。在本次手机成瘾团体心理辅导方案设计中，可以综合借鉴前人的研究，建立信任接纳的环境，增强团体凝聚力，发展人际交往，通过消除不合理的信念，降低消极情绪，降低手机依赖的行为来进行手机依赖干预。

12.5　方案设计与内容

12.5.1　团体心理辅导名称

"手机伴我健康生活"班级团体心理辅导。

12.5.2　团体心理辅导性质

封闭性、结构性团体。

12.5.3　团体心理辅导次数

8 次，每次 90 分钟。

12.5.4　团体心理辅导地点

团体心理辅导教室。

12.5.5　方案内容

辅导阶段	辅导单元	针对问题	单元目标	单元方案：活动与作业	准备事项
初期阶段	加入团队	团队成员凝聚力弱，对团体心理辅导认识不清晰，规则不明晰。	（1）了解团体目标，激发学生参加活动的兴趣。 （2）加深成员的了解，提升团体安全感。 （3）拟定团体规范，签订团体活动契约。	（1）教育准备（20 min）； （2）手机依赖水平分组（5 min）； （3）"滚雪球"式的自我介绍（25 min）； （4）轻柔体操（10 min）； （5）团体心理辅导规则与承诺（25 min）； （6）课后作业：小组展示准备（5 min）。	纸、笔、多媒体设备

续表

辅导阶段	辅导单元	针对问题	单元目标	单元方案：活动与作业	准备事项
转换阶段	建设团队	对手机依赖成因的片面认识。	（1）促进成员相互信任和自我了解。 （2）营造小组氛围，提升团体凝聚力与参与度。 （3）通过活动让成员初步体会到团体心理辅导主题“手机依赖”。	（1）梅花开（20 min）； （2）团队风采展示（20 min）； （3）同舟共济（35 min）； （4）选组长、副组长（10 min）； （5）课后作业：我的手机依赖故事，分享自己手机依赖带来的问题与糗事（5 min）。	纸、笔、多媒体设备、报纸
	看到“失去”	手机依赖导致负面情绪与不良身体状态，进而影响日常生活与学习。	（1）梳理成员手机成瘾的历程及感受。 （2）引导成员对时间价值进行思考。 （3）引导成员培养积极爱好，获得正向鼓励。	（1）抓时间（15 min）； （2）我的“手机情缘”（20 min）； （3）心理 AB 剧（40 min）； （4）探索之旅（10 min）； （5）课后作业：自我审视和发现，写下克服手机依赖的困难及针对该困难自己思考的办法（5 min）。	纸、笔、多媒体设备
工作阶段	跨越陷阱	手机使用过程中的不合理信念、消极情绪。	（1）引导成员直面困难，找回克服困难的信心。 （2）找到克服依赖的办法，让成员看到什么是真正的有价值。	（1）突围（15 min）； （2）跨越困难（20 min）； （3）价值拍卖（40 min）； （4）自我盾牌（10 min）； （5）课后作业：将小组抓阄分为利弊两方，收集关于手机的利与弊的相关资料，为下次活动中的辩论做准备（5 min）。	纸、笔、拍卖锤、拍卖“纸币”和“自我盾牌”卡纸、多媒体
	改变思维	缺乏自信进行自我管理，对手机使用存在不合理认知。	（1）从他人眼中找回自信面对困难。 （2）正确认识自己手机依赖的原因，正确认识手机的利与弊。	（1）成长三部曲（15 min）； （2）照镜子（10 min）； （3）手机成瘾的背后（15 min）； （4）手机的利与弊（45 min）； （5）课后作业：写出自己一周的时间计划（5 min）。	纸、笔、彩笔、辩论赛名牌卡、多媒体设备
	时间管理	缺少正确进行手机使用的方式方法与实际行动。	（1）提高时间管理能力。 （2）合理分配生活重心。	（1）热身：“打蚊子”（20 min）； （2）时间便利贴（15 min）； （3）时间管理四象限（30 min）； （4）两分钟原则（20 min）； （5）课后作业：写出本次活动后自己的改变与未来要制定的目标（5 min）。	纸、笔、便利贴、剪刀、尺子、双面胶、多媒体设备

续表

辅导阶段	辅导单元	针对问题	单元目标	单元方案：活动与作业	准备事项
工作阶段	自我管理	自我认识不足，缺少积极性与主动性克服手机成瘾。	（1）积极挖掘成员心理潜能，促进他们自我管理。 （2）提高成员的积极性与主动性。	（1）信任之旅（15 min）； （2）最有力的力量是依靠自己（20 min）； （3）SMART 目标树（25 min）； （4）星光大道（25 min）； （5）课后作业：离别准备（5 min）。	纸、笔、多媒体设备
结束阶段	共同约定	团队成员间的离别情绪，强化所学以及对未来的展望。	（1）感受团队力量。 （2）回顾与统整团体心理辅导历程。 （3）处理成员的离别情绪。 （4）增添未来生活的力量。	（1）力量传递（15 min）； （2）回顾自我管理和时间管理历程（15 min）； （3）国王般告别（20 min）； （4）颁发自我管理＋时间管理大师勋章（40 min）。	纸、笔、小卡片、勋章、多媒体设备

12.5.6　方案详解

1）单元一：加入团队

活动名称 1	教育准备
活动目标 1	了解成员的期待，使成员对整个团体活动有所了解，建立对活动的信任。
活动流程 1	①教师用热情的语调欢迎成员的加入，介绍自己，介绍团队以及本次团体心理辅导的主题。 ②澄清成员的期待、需求和愿望，给予反馈，明确活动的次数和时间等。
活动名称 2	手机依赖水平分组
活动目标 2	保证组间同质，各组的手机依赖水平没有显著性差异。
活动流程 2	①在之前所做的手机依赖问卷调查中，将得分进行排名，在分组时注意将成绩水平差异考虑其中，以排名顺序进行 S 形分组，总共分成 7 组，每组 8 人。 ②剩下 1 人说自己的优势，邀请别的小组进行接纳。
活动名称 3	"滚雪球"式的自我介绍
活动目标 3	深入了解彼此，快速融入团队，提升团队凝聚力和学员自信心。

续表

活动流程3	①由第一位同学（可以由领导者指定或组内推选）开始进行自我介绍，注意使用一句话完成，包含家乡、喜好、品质、毕业打算、昵称，而且顺序不能变。比如：我是来自重庆江津的、喜欢跑步的、热情的、毕业想考研的小鱼儿。 ②第二位同学要先重复前面同学的信息再介绍自己，第三位要重复前面两位，依此规则，第八位要重复前面七位同学的信息再介绍自己。 ③最后要考察的是小组任何一个人对别人信息的记忆，小组之间比赛的是看哪一个组最先全部组员举手说已经完成，最后完成的组受一点小惩罚，比如给第一名的小组按摩等，也可以让后完成的四个组给前面四个组做按摩。
活动名称4	轻柔体操
活动目标4	明确团体心理辅导目标，消除陌生与拘谨，快速融入团队。
活动流程4	①全体同学围成一个圈，跟随音乐节拍做热身活动，用手从头往下依次拍拍。 ②同学们顺时针坐下来，把后背留给后面的同学，跟随音乐的节奏依次按摩。 ③一遍音乐结束后，再逆时针反过来坐下，给后面的同学按摩。 ④活动结束后，相邻的成员间要打招呼，问好，相互表达感谢。
活动名称5	团体心理辅导规则与承诺
活动目标5	让成员理解规则及其用意，激发大家遵守并维护，以使大家收获更多。
活动流程5	领导者说明本次班级团体心理辅导的主题与内容，同学设立好目标，然后讨论哪些行为会影响团体的进行，应该建立怎样的团体规范。可以在辅导者的引导下，各小组讨论，最后综合各组意见，在一致通过的基础上订立合约。
课后作业	领导者给每个小组布置任务，下次上课时要小组全体上场3分钟之内展示小组的组名、口号、队歌及风采。 提醒：提前准备好，不能在这个过程中选组长，考察各组成员自己的自觉性，第一名有奖励，最后一名有惩罚。

2）单元二：建设团队

活动名称1	梅花开
活动目标1	暖身，营造热烈的团队气氛，体验归属感，增强团队凝聚力。
活动流程1	①大家站成一个同心圆，并绕着这个大圈开始走动。主持人说"梅花梅花开几朵"，成员就齐声说"你说梅花开几朵？"主持人："我说开5朵"，大家要迅速组成5人的小组。主持人说开几朵，就是由几人组成一个组。注意：速度越快越好。 ②如果全部都成功进入小组，就祝贺大家，如果有人落单，就趁机采访落单者的感受，引导大家要接纳那些游离于团队之外的同学。
活动名称2	团队风采展示

活动目标2	从团队准备过程与展示结果看到自己和团队成员的行动与结果之间的关系，反思自己在生活、学习中付出了什么，得到了什么，提高学员的反思力，增进团队凝聚力。
活动流程2	①每个小组轮流上台展示上节课布置的小组风采展示作业，其他小组要给予积极反馈，拍照录像等。一个组表演后，其他组每个人打分，总分10分，最后算出各个小组的总分，给第一名的小组颁奖，比如一张奖状或一些糖果等，最后一名给小惩罚，比如下蹲。 ②无论展示结果怎样，都可以请小组同学思考讨论回答以下几个问题：第一，别的小组值得我们学习和借鉴的是什么？第二，从我们小组准备的过程与展示的结果来看，我在里面扮演了什么角色？起了什么作用？第三，如果我以意向百分百的态度与行动对待这次展示或学习等，我的人生将会怎样？最后派小组代表做全班分享，教师总结引导。
活动名称3	同舟共济
活动目标3	感受团队凝聚力，激发成员为团队付出。
活动流程3	①根据上次课按照手机依赖水平进行的分组围成7个圈，圈内放上一张报纸，站着的地面就像是一片汪洋大海，报纸则代表汪洋大海中的一条小船，需要每组所有成员同时站在船上，小组成员们想方设法使全体成员同时登上船。要求：身体的所有部位要在这条船上，尤其是成员的任何一只脚都不可以留在船外的地面，否则脚就会被水弄湿，甚至会掉进水中。 ②成功之后把报纸对折，再次登船成功后再对折报纸，看哪组最先以最小的报纸面积完成，最先完成的小组分享方法和成功后的感受，教师引导大家为团队付出。
活动名称4	选组长、副组长
活动目标4	激发组员从那些组织与付出的榜样身上学习，为自己和团队的发展做贡献。
活动流程4	经过这段时间的相处与了解，以及前面两个活动的过程与结果中组员扮演的角色与付出，小组成员匿名投票选出小组内的组长和副组长，当选人员要对成员们表示感谢以及表达未来会努力带好团队的决心。组员要对组长表示祝贺，并感谢他们为团队的付出，向他们学习，并承诺今后为团队付出行动。
课后作业	准备自己的手机依赖故事，分享自己手机依赖带来的问题与糗事。通过分享，达到引起共鸣的目的，从而为后续集中智慧解决问题进行准备。

3）单元三：看到"失去"

活动名称1	抓时间
活动目标1	暖身，活跃气氛，让成员把会动的手指想象成时间，体验掌控时间的感觉。

续表

活动流程1	①所有成员围成一圈，间隔30厘米左右，每个成员伸出左手，手掌朝下，竖起右手食指朝上正对右边成员的左手掌。 ②领导者有节奏地喊口令，口令可以是一二一，重复若干次后，在中途某个点喊一二三，这时，所有成员必须快速地抓住左边成员的食指，且同时快速地把自己的右手食指缩回，以免被右边的成员抓住。 ③被抓住的成员不能继续活动，其他成员继续进行，直到剩最后一个人。（所有出局的成员可集体表演一个节目，如唱歌、摆造型等。）
活动名称2	我的"手机情缘"
活动目标2	帮助成员看到手机带来的问题，引发成员思考和下决心克服成瘾。
活动流程2	①成员分享自己上次活动结束后回忆的手机依赖带来的问题与糗事，其他成员要给予反馈。（按小组进行） ②请小组同学思考讨论，回答以下几个问题：第一，手机依赖给我们带来的共同问题是什么？第二，我们在手机依赖中失去了什么？第三，如果我解决了这些问题，那么我的未来生活有哪些不同？最后派小组代表做全班分享，教师总结引导。
活动名称3	心理 AB 剧
活动目标3	让学员直观体验不同信念导致的不同情绪行为，引导学员积极正向地使用手机。
活动流程3	①小组内选择小组某成员写过和讲过的手机依赖的故事的两个版本，或者综合大家的典型版本，将两个版本表演出来。 ②小组开始表演，其他小组积极倾听，给予最大的尊重和鼓励。 ③各小组表演完毕后进行讨论，找到克服手机成瘾的办法，并在团体中学习借鉴，教师进行总结。
活动名称4	探索之旅
活动目标4	引导成员对自己进行深入思考，深入认识自己，学会正视自己的问题。
活动流程4	①让每个成员思考自己是一个×××、×××、×××的人（负面），再从反面叙述我是一个×××、×××、×××的人。例如：我是一个做事敷衍、拖延、贪玩的人。反面：我是一个认真负责、及时行动、积极上进的人。让每个成员面对自己的小组进行大声展示，展示时右手抬起。 ②小组讨论交流（如何打破心理防御，不再逃避），克服自己的负面问题。 ③结束后约定小组内进行互相检查。
课后作业	自我审视和发现，写下克服手机依赖的困难及针对该困难自己思考的办法。

4）单元四：跨越陷阱

活动名称1	突围
活动目标1	暖身，活跃团体气氛，让成员体会突破重围的感觉，树立战胜困难的信心。

活动流程 1	①组员选出一个成员 A 为突围者，其他成员手牵手围成一个圈，设置成关卡，A 要设法进入圈内，而其他成员则要想方设法不让他进入圈内。 ②组员再选出一个成员 B，相反地，组员 B 要设法从圈内逃出。若成员突围成功，则该成员突围处的左右两名成员做下一轮突围者。 ③分享：请成功突围的成员谈谈感受，如你是怎么做到的呢？你认为未成功突围的原因是什么呢？通过这个活动，你有什么启发？你想到了生活中什么类似的事情呢？你在现实生活中有过同样的感受吗？是什么事呢？
活动名称 2	跨越困难
活动目标 2	激发成员头脑风暴，找到手机依赖解决办法，提高自信。
活动流程 2	①自我审视和发现，成员分享克服手机依赖的困难及针对该困难自己思考的办法。 ②每一组讨论后提出克服手机依赖最大的阻碍，其他组给予办法。 ③小组总结办法，不断完善办法直到可以实施。 ④最后派小组代表做全班分享，教师总结引导。
活动名称 3	价值拍卖
活动目标 3	让成员看到生命的价值，引导成员反思成长。
活动流程 3	①事先准备足够的道具钱和拍卖槌，将拍卖的东西事先写在硬板纸上（最好是不同颜色），以增加拍卖的趣味性及方便拍卖进行。②宣布活动规则：每组有 5000 元（道具钱），他们可以随意叫卖下表中的东西。每样东西都有底价，每次出价以 500 元为单位，价高者得到东西，有出价 5000 元的，立即成交。 ②主持人主持拍卖，卖完所有东西为止。请学生考虑买回来的东西。 ③学生讨论拍卖过程，是否后悔买回来的东西，过程中心情如何。 ④教师总结引导，让学生知道"什么是真正的价值"。
活动名称 4	自我盾牌
活动目标 4	让成员进行自我探索，找到更多的爱好，获得正向鼓励。
活动流程 4	①每个成员拿到一个自我探索的练习——自我盾牌。对自己的兴趣、能力、价值、性格等做一个梳理。 ②进行组内分享：我的座右铭是什么？我什么时候开始？什么样的事件或者原因选择了这样的座右铭？每句话、每个词背后都有故事（分享时将自己的练习表正面朝向组里的同学，确保每位同学都能看到内容）。 ③每人一句谈感受，帮助个体进一步梳理自己，以及本次活动的收获。
课后作业	将小组抓阄分为利弊两方，收集关于手机的利与弊的相关资料，为下次活动中的辩论做准备。

1. 爱情	500 元	2. 友情	500 元	3. 健康	1000 元
4. 美貌	500 元	5. 礼貌	1000 元	6. 威望	500 元
7. 自由	500 元	8. 爱心	500 元	9. 财富	1000 元

续表

10. 欢乐	500 元	11. 长命百岁	500 元	12. 诚实	500 元
13. 享受美餐	500 元	14. 分辨是非的能力	1000 元	15. 大学毕业证书	1000 元

5）单元五：改变思维

活动名称 1	成长三部曲
活动目标 1	暖身，营造热烈的团队气氛，引导成员反思。
活动流程 1	①以"蹲着"代表"鸡蛋"，"半蹲着"代表"小鸡"，"站着"代表"大鸡"，然后与相同的成长阶段的人猜拳，获胜的就向上一个成长阶段进化。 ②开始状态大家都是鸡蛋，然后两人猜拳，赢的人可以进化一步变成小鸡，输的仍然是鸡蛋（先是小组内进行，再由小组之间进行比赛）。 ③小鸡和小鸡之间继续猜拳，赢的又可以进化一步变成大鸡，输的要退回变成鸡蛋，鸡蛋和鸡蛋之间也要继续猜拳，赢的就变成小鸡，输的继续保持鸡蛋状态，再继续找同类状态的人猜拳。 ④变成大鸡以后也要继续猜拳，赢的可以做凤凰，而且可以坐着（代表胜利），输的要退回一步，变成小鸡，和其他小鸡继续猜拳，如此重复，直到时间结束。 ⑤活动结束后向成员分享：第一，在自己一步一步成长的过程中，感受如何？第二，每一次的成长有让自己对未来增添一份自信吗？第三，当别人都向上一阶段成长，自己还是在原地时，会自卑，会焦急吗？
活动名称 2	照镜子
活动目标 2	让成员更了解自己，通过他人看到自己的优点，提升直面问题的自信。
活动流程 2	①邀请两位成员上台表演小品，按要求闭上眼睛，老师用染红的手指点一位学生的鼻子，问："这是什么？"成员回答："鼻子。"接着再点另一位成员的额头，问："这是什么？"成员回答："额头。"成员回答的同时，颜色已染到他们的鼻子或额头上了，他们却全然不知。然后让他们面向全体成员，成员们哄堂大笑，他们感到莫名其妙，最后老师把小镜子递到他们手里，他们这才发现真相。 ②让所有成员思考并回答刚才的小品的启发：让同学当一当这把小镜子，找出对方的优点，并从其他角度去描述缺点。 ③活动结束后，成员写出：通过别人的发现，我增添了哪些优点和力量去面对困难，因为……要求：必须实事求是，每个人至少写出五个。
活动名称 3	手机成瘾的背后
活动目标 3	让成员意识到手机成瘾背后有逃避的原因，鼓励大家放下手机，把注意力转向现实。

续表

活动流程 3	①给成员每人一张纸，成员写出自己使用手机情况，使用手机的时间、场合，并分析自己手机依赖的原因。 ②分享：领导者总结手机依赖的主要原因：孤独、从众心理、人际交往不善、自卑、寻求心灵安慰、释放压力、自控能力不足、缺乏时间管理能力等。 ③领导者引导小组成员总结不可以使用手机的场合：课堂上、上课预备铃期间、过马路时、就餐过程中、写作业时、睡前、与人交谈时、考场中、集体性活动时等。 ④讨论：你的手机依赖缘由是什么？可以用什么方式代替？ ⑤小组分享，教师总结。
活动名称 4	手机的利与弊
活动目标 4	让成员认识到手机的利与弊，从而激发成员合理使用手机的意识。
活动流程 4	①把成员分成两组开展辩论赛。 ②正方辩题：手机带给我的利大于弊；反方辩题：手机带给我的弊大于利。 ③按小组每次一人进行轮流辩论。 ④分享：第一，辩论完之后，你的感受是怎样的？第二，你现在对手机的看法和原来对手机的看法有什么不同吗？
课后作业	写出自己一周的时间计划。

6）单元六：时间管理

活动名称 1	热身："打蚊子"
活动目标 1	暖身，营造快乐气氛，打开自己，释放积极情绪。
活动流程 1	单人活动：先扇动小翅膀，听见蚊子声音时拍左边，拍右边，拍前面。 双人活动：先扇动翅膀，然后同伴拍手，双手转圈，再帮同伴拍蚊子。内圈的同学向左边移一个位置，和新的小伙伴重复做前面的动作。然后和小伙伴挽手转圈，再帮小伙伴打蚊子。 集体：选择三个喜欢的动作（拍头，拍肩，握手），当音乐响起时扇动翅膀出去和伙伴互动，帮伙伴拍蚊子。
活动名称 2	时间便利贴
活动目标 2	让成员学会利用点滴时间。
活动流程 2	①领导者介绍时间便利贴。 ②成员依领导者的介绍思考并写下时间便利贴。 ③成员在小组中讨论时间便利贴的使用。 ④分享：在学时间便利贴之前，点滴时间通常去哪里了？这个活动给你的感受是什么？
活动名称 3	时间管理四象限

续表

活动目标3	增加时间管理经验，降低手机依赖。
活动流程3	①领导者介绍时间管理四象限图的画法。 ②成员依领导者的提示画出一个时间管理四象限图，内容包括重要紧急、重要不紧急、不重要紧急、不重要不紧急四个象限。 ③成员把自己对这四象限的理解和自己计划安排的事情写进各象限里，并在小组里分享，分享后进行修正。 ④领导者向成员介绍时间管理四象限图相关知识，然后给每个成员发一张白纸，重新画一张时间管理矩阵图，成员把上个星期计划放到四个象限中，并在团体中分享。 ⑤分享：说说你这样分配的理由。在学时间管理四象限图之前，你是怎样分配的？通过这个活动，你的感受是什么？
活动名称4	两分钟原则
活动目标4	加深对解决时间管理实践中问题的有效经验。
活动流程4	①领导者介绍两分钟原则的意义。 ②成员根据两分钟原则分配自己的事情，找到实施（2分钟内可以完成的事情），指派给他人（自己并不是最佳执行者），交给你的管理系统（作为日后处理的一种选择）。 ③小组分享，如何运用已学会的时间管理办法更改上周计划。
课后作业	写出本次活动后自己的改变与未来要制订的目标与计划。

7）单元七：自我管理

活动名称1	信任之旅
活动目标1	暖身，促进成员连接，帮助成员学会直接面对面表达和请求帮助。
活动流程1	①两人一组，其中一个成员扮演"盲人"，双手抱肩，双脚并立。 ②所有的"盲人"站在中间，"明眼人"紧挨着围绕着"盲人"，围着的人依次推动中间的人，"盲人"完全信任随着他人的推动而转动。 ③"盲人"和"明眼人"交换角色。 ④请大家先讲扮演"盲人"时的感受，再讲作为"明眼人"的感受，进行情感交流。
活动名称2	最有力的力量是依靠自己
活动目标2	建立成员摆脱手机依赖的信心。
活动流程2	让成员再次大声喊出我是一个怎样的人，建立信心，说出自己的闪光点，提高自己的信心，坚定自己的力量。
活动名称3	SMART 目标树
活动目标3	让成员学会制订适合自己的目标。

续表

活动流程 3	①讲解 SMART 原则：具体、可量化、可达成、真实可行、合理的时间安排。 ②对比上周做的目标，进行修改，让成员根据 SAMRT 原则画出自己的目标树，在主干上写上总目标，把总目标分成几个主要的目标，写在主枝上，把主要的目标再细分成各种可现实执行的小目标写在细枝上，在叶子上写上执行目标的具体时间。 ③画完后成员在小组内分享，再派代表在团体内分享。 ④分享：分享你的目标树，并谈谈完成目标树后的感受。
活动名称 4	星光大道
活动目标 4	帮助成员看到自己的改变。
活动流程 4	①让成员分别思考过去的自己、现在的自己、未来的自己。用过去我是×××、×××的人，现在我是×××、×××的人，未来我是×××、×××的人的形式表达出来。 ②其他成员依次站在星光大道两边组成星光大道，依次进行展示。 ③成员总结在几次团体心理辅导活动后自己的变化并分享和承诺。
课后作业	准备小组人数相等的离别赠言卡和为小组成员准备的小礼物，写上你对他的感谢与祝福。

8）单元八：共同约定

活动名称 1	力量传递
活动目标 1	体验成员的支持，提升内在力量。
活动流程 1	①冥想，想象成员手中都带着支持和力量，能够帮助自己更有信心。 ②将所有人分成 2 个组，围成两个大圈，闭上眼，手牵手，主持人分别指定一个人为起点，指定人把力量通过捏一下左边或右边同学的手来传递，然后第二个传给第三个，依次进行，传回第一个人时结束。可以进行单向传递，也可以双向传递。
活动名称 2	回顾自我管理和时间管理历程
活动目标 2	巩固时间管理的经验，树立未来管理好时间的信心。
活动流程 2	①巩固时间管理的经验，反思团体中的不足（也许有同学还未探索出适合自己最佳的方法，可以去个体咨询，或者在小组内伙伴那里继续监督，更好地管理时间）。 ②每个人在小组内分享展示自己自我管理和时间管理的效果，并与前几周的自己作对比。 ③为当下的自己打分并写下本次团体心理辅导自己的成长，小组内讨论，团体内分享，领导者总结。
活动名称 3	国王般告别
活动目标 3	对小组成员的离别表达，处理离别情绪。

续表

活动流程3	①两两之间作国王般的告别与赠送留言卡，包括：我从你身上学到的是……我要感谢你的是……我要对你说抱歉的是……我要给你的建议是……我要祝福你的是…… ②成员小组派代表说感受，教师总结。
活动名称4	颁发自我管理大师勋章
活动目标4	铭记摆脱失败的自我管理、时间管理的体验并以实物做纪念。
活动流程4	团队领导者为每一位坚持全程参与的同学颁发勋章，一起大声宣誓：我是一个自律自信的人，我愿意向百分百去管理自我。结束语，道别表达感恩。

12.6 效果评估与评价

12.6.1 成员评估

1）问卷调查

再次对班级成员进行《大学生手机依赖倾向问卷》调查，与前期结果进行对比。

2）个人评价

学员填写《团体满意度自我评量表》。

3）个案访谈

对问卷调查结果提升非常显著和分数不理想的同学再次访谈，从提升显著的同学那里获得成功经验，从分数不理想的同学那里询问具体问题，看看是否是活动设计或操作的缺陷，如是同学个人问题，可建议进行个体咨询处理。

12.6.2 领导者评估

1）领导者自评

领导者填写《团体领导者个人评核量表》，总结和分析此次团体心理辅导过程中的优缺点。

2）观察员评估

观察员通过对领导者带领团体心理辅导的过程的观察，对领导者进行全方位的评估，主要目的是给领导者提供第三者视角的观察所得，供领导者思考与改进。

3）督导评估

领导者提供方案、操作视频、评估结果等与督导进行探讨，对团体心理辅导效果进行评估。

12.6.3　整体评价

（1）本方案团体心理辅导主题以前期主题调查、问卷调查、访谈调查结果为依据，切实针对该班学生需求。

（2）本方案团体心理辅导目标符合该班学生的切实紧迫需求，在学情调查中针对学生的问卷调查、访谈调查总结归纳出来学生的问题现状、原因、对策，并根据前期调查进行后续各个阶段目标、每次活动目标的制订，活动符合总目标的达成。

（3）本方案应用相应理论和文献进行指导与启示，针对该班问题设计出系统的环环相扣、层层递进的方案，该方案对辅导主题方面所呈现的问题进行了针对性的处理。

（4）本方案活动设计每个单元按照暖身、过渡、工作、结束进行设计，针对性地进行设计，并设计了课后作业进行练习和巩固学习效果，活动设计可操作性强，对实践具有指导意义。

第 13 章

大学生职业决策与面试求职班级团体心理辅导

——以重庆某大学大二某班级为例

大学生就业难问题日益凸显，大学生普遍存在不同程度的求职心理困惑，更加成为成功就业、提高就业质量的严重阻碍。自 1999 年以来，随着各个高校不断扩招，大学生人数增长速度正在不断提升，高校毕业生就业形势也日渐严峻。根据数据统计，2020 年共有大学毕业生 874 万，就业率为 65.8%；2021 年共有大学毕业生 909 万，就业率为 56.9%。随着就业市场竞争加剧及对人才要求提高，大学生群体就业越来越困难。因此，有针对性地开展团体心理辅导，提高求职成功率和就业质量势在必行。通过对重庆某大学大二某班级学生进行心理健康需求主题调查发现，该班大学生普遍对职业决策与面试求职的主题最为需要。

13.1 学情调查与分析

13.1.1 调查目的

了解该班学生在职业决策与面试求职方面的现状，为后续进行班级团体心理辅导方案设计与实施提供依据。

13.1.2　调查对象

重庆某大学大二年级某班 36 名学生，其中男生 12 人，女生 24 人；农村户籍 26 人，城镇户籍 10 人；独生子女 8 人，非独生子女 28 人。

13.1.3　调查方法

（1）问卷调查法。采用问卷调查法了解某班级大学生职业决策与面试求职现状。

（2）访谈法。根据问卷调查结果，选取低分数方向 27% 学生中的 10 位成员进行访谈，为后续进行职业决策与面试求职团体心理辅导方案设计提供更加具体详细的针对性信息。

13.1.4　调查工具

（1）《大学生职业决策自我效能感问卷》（彭永新），包括自我评价、收集信息、选择目标、制定规划、问题解决 5 个维度，量表采用李克特五点计分法，一致性系数为 0.94，总体上具有良好的信度和结构效度。

（2）《大学生职业决策与面试求职访谈提纲》（自编）。

13.1.5　调查结果

1）问卷调查结果与分析

（1）该班大学生职业决策自我效能感的总体情况。该班大学生职业价值观描述性统计结果，如表 13.1 所示。由表 13.1 可知，本次调查大学生职业决策自我效能感平均得分为 2.77±0.63，处于中等偏下水平，各维度得分从高到低依次是自我评价（2.87±0.74）、收集信息（2.82±0.71）、选择目标（2.81±0.74）、制定规划（2.72±0.71）、问题解决（2.64±0.59）。

表 13.1　调查班级大学生职业决策自我效能感描述性统计结果（N=36）

自我评价	收集信息	选择目标	制定规划	问题解决	总均分
2.87±0.74	2.82±0.71	2.81±0.74	2.72±0.71	2.64±0.59	2.77±0.63

（2）该班大学生职业决策自我效能感在性别上的差异。采用独立样本 t 检验分析该班大学生职业决策自我效能感在性别上的差异，结果如表 13.2 所示。根据问卷调查发现，自我评价、收集信息、选择目标、制定规划、问题解决这 5 个维度在男女性别上不存在显著性差异。

表 13.2　调查班级大学生职业决策自我效能感的性别差异（N=36）

因子	男（n=12）		女（n=24）		t	p
	M	SD	M	SD		
自我评价	2.86	0.78	2.87	0.74	−0.03	0.979
收集信息	2.79	0.49	2.83	0.81	−0.182	0.857
选择目标	2.81	0.79	2.81	0.73	0.04	0.972
制定规划	2.72	0.48	2.71	0.81	0.04	0.968
问题解决	2.77	0.43	2.58	0.65	0.94	0.352
总问卷	108.83	16.44	107.75	28.10	0.12	0.903

（3）该班大学生职业决策自我效能感在生源地上的差异。采用独立样本 t 检验分析该班大学职业决策自我效能感在生源地上的差异，结果如表 13.3 所示。由表 13.3 可知，自我评价、收集信息、选择目标、制定规划、问题解决这 5 个维度在生源地上不存在显著性差异。

表 13.3　调查班级大学生职业决策自我效能感的生源地差异（N=36）

因子	农村（n=26）		城市（n=10）		t	p
	M	SD	M	SD		
自我评价	2.86	0.65	2.88	0.98	−0.09	0.931
收集信息	2.83	0.63	2.78	0.94	0.21	0.837
选择目标	2.72	0.58	3.03	1.05	−0.88	0.396
制定规划	2.76	0.52	2.61	1.10	0.42	0.683
问题解决	2.65	0.52	2.63	0.78	0.89	0.930
总问卷	107.81	19.24	108.90	36.33	−0.90	0.930

（4）该班大学生职业决策自我效能感在是否独生子女上的差异。采用独立样本 t 检验进行差异分析，结果如表 13.3 所示。由表 13.3 可知，自我评价、收集信息、选择

目标、制定规划、问题解决这 5 个维度在独生子女上不存在显著性差异。

表 13.4　调查班级大学生职业决策自我效能感的独生子女差异（ N=36 ）

因子	独生子（ n=8 ）		非独生子（ n=28 ）		t	p
	M	SD	M	SD		
自我评价	2.73	0.62	2.90	0.78	−0.59	0.585
收集信息	2.64	0.73	2.87	0.71	−0.80	0.428
选择目标	2.81	0.83	2.81	0.73	−0.01	0.990
制定规划	2.40	0.60	2.82	0.72	−1.52	0.137
问题解决	2.43	0.56	2.70	0.59	−1.18	0.248
总问卷	101.50	23.97	110.00	24.85	−0.86	0.396

2）访谈调查问题与结果

根据问卷调查结果，设计大学生职业决策与面试求职访谈提纲（见表 13.5 左边问题部分）。根据问卷调查结果选取该班职业决策自我效能感得分后 27% 的 10 名成员进行半结构式访谈，以找到这个群体所具有的具体问题来设计有针对性的团体心理辅导方案。访谈结果如表 13.5 所示。

表 13.5　调查班级大学生职业心理与面试求职访谈提纲与结果（ n=13 ）

问题	回答
Q1：你曾经有过面试求职经历吗？	小部分人表示没有面试求职经历，主要是学习任务太重，没有精力参与面试求职；大部分人表示参与过学校和社会的求职面试。
Q2：你会制作简历吗？	大部分同学表示会制作简历，但简历制作不太精美；小部分同学表示不会制作简历。
Q3：你能轻松应对面试官的问题吗？	大部分人表示不能，在回答面试官问题的时候，比较紧张，而且不知道怎么和面试官交流沟通；极少数同学表示能回答面试官的问题，但是结果没被录用。
Q4：面试求职失败对你会产生什么影响？	大部分人表示自己很消极、被动，觉得自己没有价值，同时不敢再次尝试求职面试，觉得自己会再一次失败；还有人表示，因为看到同学面试求职失败，自己不敢参与求职面试。
Q5：你有没有了解就业形势？你有想从事的工作吗？	大家对就业形势了解比较少，且对就业没有信心；部分同学表示自己很难找到一份心仪的工作，所以目前主要热衷于考研提升自己。

续表

问题	回答
Q6：你认为自己的团队奉献精神怎么样？从1—10分给自己打个分？	$M=5.62$ $SD=0.37$，大家表示奉献精神比较弱，团队合作能力较弱，奉献精神较少。
Q7：你自己的职业价值观清晰吗？你认为职业价值观是什么？包含哪些方面？	少部分同学表示职业价值观比较模糊；职业价值观是一个人有能力从事好一项工作，有信心和毅力将工作负责到底；其中包含专业素养道德水平、心理素质、专业能力、过往经验、自控能力、心理成熟度、心理资本。
Q8：你在面试当中还存在哪些问题？	面试紧张和焦虑；不知如何回答面试官的提问；不知道自我介绍的重点有哪些；害怕面试失败；害怕与陌生人沟通交流。
Q9：你有制作职业生涯规划吗？	大部分同学表示不会制作职业生涯规划，觉得没有意义；还有同学表示先完成学习，目前不考虑职业生涯规划；少数同学表示职业规划和现实相差太远，无法实现职业生涯目标，畏难情绪较大。
Q10：在面对职业问题的时候，你最希望得到谁的帮助？	希望得到老师、学长、校领导、上级、学长学姐的帮助；希望自己解决。
Q11：如果有人愿意帮助你解决一些职业决策与面试求职上的困扰，你能够承诺做出哪些努力呢？	会尽全力改正自己与实际情况不相符合的就业观；愿意付出时间、金钱、精力、人力、物力找到一份好的工作。

13.2　目标制订与分解

根据前面有关职业决策自我效能感问卷调查和抽样访谈调查，可以发现该班大学生职业决策自我效能感处于中等偏下水平，面试求职能力比较低。具体表现主要有以下几个方面：

（1）该班职业决策自我效能感总体及各维度能力水平都不太突出，特别是问题解决能力比较低。

（2）对就业形式和自我了解比较少，且对就业没有信心，考研的想法比较多。

（3）求职能力不足。大家制作简历水平比较低；缺乏面试沟通交流技巧；不重视职业生涯规划，缺乏对自己职业生涯的思考。

（4）缺乏团队奉献精神，对职业价值观了解比较少，且需要积极引导，树立正确的职业价值观。

（5）畏难情绪比较严重。在面对求职失败时，比较悲观和消极，不敢再次尝试面试求职。

13.2.1　总体目标

（1）认知信念目标：深入地认识自己，学会运用正确的归因方式，以乐观的心态看待面试求职，树立正确的职业观，克服畏难情绪，积极迎接就业挑战。

（2）情绪情感目标：促使学生对未来的职业规划形成正确的价值观念，明确自己的职业选择和规划，并能够为之不断奋斗。

（3）技能行为目标：提高沟通能力和表达能力，熟悉面试的流程与技巧，学会制作优秀简历，完成自己的职业规划。

（4）思政辅导目标：提高学生的集体荣誉感，增强艰苦奋斗、勇于创新、精益求精的精神，形成正确的职业观。

（5）过程方法目标：通过欢迎新同伴、了解自己、寻找职业方向、探寻就业趋势、简历大公开、我的求职面试、职业价值观、未来共展望八个板块，使成员确定自己的职业方向，树立正确的职业观，学会制作简历，清晰职业规划。

13.2.2　阶段目标

（1）初始阶段：引导团队成员相互认识，相互交流，营造互信、和谐、共赢的团队氛围，提高团队凝聚力与个人归属感，引导成员共同制定团队公约。

（2）转换阶段：深入认识自己，探寻自己的职业期望，定位自己的职业方向。

（3）工作阶段：了解自己的就业形势，学习制作简历技巧，提高面试求职沟通能力和表达能力，树立正确的职业价值观，完成职业生涯规划。

（4）结束阶段：回顾团体历程，总结、整理并分享在团体中的收获，利用正确的归因方式克服畏难情绪，赠送和接受祝福，让整个活动在温馨的气氛中结束。

13.3 理论指导与启示

团体心理辅导及职业心理都有强大的理论支持，包括职业心理咨询理论、性格—工作匹配理论、职业生涯规划理论，这些理论在进行团体心理辅导时具有重要的指导作用。

（1）职业心理咨询理论。职业心理咨询是一种以语言为主要沟通方式，协助当事人在职业生涯发展中进行自我了解、澄清问题、寻找问题解决的方法和技巧，并最终达到问题解决，增强心理适应，促进心理健康的职业指导方式。职业心理咨询的内容大体分为：职业准备、职业选择、职业适应、职业发展。该理论对本次团体心理辅导方案设计的指导与启示是：大学生团体心理辅导要聚焦在职业准备、职业选择方面。

（2）性格—工作匹配理论。该理论认为每个人性格多样，每个人的兴趣、性格类型和自身的求职方向大都有相似的地方。职业兴趣能够增强一个人的求职积极性，因为兴趣爱好对一个人会产生巨大的推动力。该理论对本次团体心理辅导方案设计的指导与启示是：一个人的职业兴趣与他的性格特质二者之间有非常强的关联性，只有一个人的工作属性与他的个人性格属性一致时，他在自身的工作中才会积极主动，因此必须了解自我性格特质与职业的匹配性。

（3）职业生涯规划理论。该理论指出，职业生涯规划能力是个体在职业生涯发展过程中顺利进行的一种心理特征，具体包含五方面：①生涯准备能力，是指个体对职业生涯规划的基本认识，对自身未来职业发展的信心或期待，该一能力是职业生涯规划能力的基础能力；②自我认识能力，指个人对自我进行觉察、评价、分析的能力，对自我有更清晰全面的认识，才能够结合职业环境做出更清晰准确的职业生涯规划；③获取信息的能力，指个人获取职业信息，并进一步对其进行分析和处理的能力；④生涯决策能力，指个人树立职业发展目标后制订行动计划并实施行动的能力，这一能力是将职业生涯规划落实于行动的关键能力；⑤生涯管理能力，指个人根据实际情况对职业生涯过程进行实时管理、适当调控的过程，是决定职业生涯规划是否能顺利完成的管控系统。该理论对本次团体心理辅导方案设计的指导与启示是：团体心理辅导是一个连贯的过程，在辅导前要增强成员对职业生涯规划的重视，在辅导过程中要增强成员的自我认知能力、获取信息能力、生涯管理能力，在团体心理辅导结束后，对成员的生涯决策能力进行评估。

综上，在本次团体心理辅导中，增强成员对自我性格的认识并做好职业准备，通过成员共享职业信息与求职渠道，寻找适合自己的理想职业，同时运用正确的方法规划自己的职业生涯，提高职业生涯规划能力。

13.4　文献分析与借鉴

李斌（2005）认为职业生涯团体心理辅导能够提高女大学生的职业决策自我效能感。经过团体心理辅导，女大学生对自我评价、收集信息、选择目标、制定规划、问题解决能力的信心提高，焦虑程度降低，自我取向的成就动机提高。职业生涯团体心理辅导是一种有效的干预职业决策自我效能感的方式。

张立杰（2012）认为大学生求职过程中存在不良的求职心理特征：求闲求便心理、功利心理、依赖犹豫心理、自卑自负盲目心理、急躁焦虑与偏执心理、攀比嫉妒心理、安全稳定心理、从众心理、逃避失落心理，由于种种原因大学生职业选择理念相对落后、大学生缺乏对职业生涯规划的认知。

白丹红（2014）认为团体心理辅导增强了大学生的就业信心、职业认识、自我认知、规划认知，使生涯定向更清晰；同时对学生的人际关系、创新精神、自信心和意志品质都有很大提高。

范立刚（2022）认为团体心理辅导对改善大学生不良就业心态具有积极作用，不仅是一种有效的干预方式，而且在大学生中接受度高，因此团体心理辅导不仅是调整大学生不良就业心态的必要途径，而且具有经济性和高效性。

许琳玲（2022）通过生涯团体心理辅导对大学生进行连续8次的生涯团体心理辅导干预，通过前后比较发现生涯团体心理辅导可以有效提升大学生的自我效能感，进而提高规划与管控能力。

综上所述，团体心理辅导能提高大学生的就业信心与职业认知，调节大学生求职过程中的不良心理反应。本研究将借鉴已有研究中的有效方法，提高大学生的自我效能感，增强职业规划认知，培养大学生积极的就业观。

13.5　方案设计与内容

13.5.1　团体心理辅导名称

放飞期望——大学生职业心理与求职面试班级团体心理辅导。

13.5.2　团体心理辅导性质

封闭性、结构性团体。

13.5.3　团体心理辅导次数

8 次，每次 90 分钟。

13.5.4　团体心理辅导地点

团体心理辅导教室。

13.5.5　方案内容

辅导单元	单元主题	针对问题	单元目标	单元方案：活动与作业	准备事项
初始阶段	欢迎新同伴	初次见面，团员之间不熟悉，不知道规范。	（1）活跃团体气氛，消除团员之间的陌生感，增强团员熟悉度。 （2）分组与相互认识。 （3）初步建设团队，增强成员在团体中的参与感与归属感。 （4）共同制订团队守则，协助成员树立积极主动的态度和规则意识。	（1）领导者自我介绍（10 min）； （2）伊比丫丫（10 min）； （3）大风吹（15 min）； （4）"滚雪球"式的自我介绍（30 min）； （5）我们的承诺（20 min）； （6）布置作业：准备小组展示（5 min）。	纸、笔、多媒体设备、伊比丫丫歌词

续表

辅导单元	单元主题	针对问题	单元目标	单元方案：活动与作业	准备事项
转换阶段	了解自己	大家对自我认识不足，凝聚力不高。	（1）通过大家的第一次合作，增强团队精神和凝聚力。 （2）树立正确的自我观念，进一步认识自己。 （3）结合自我与他人的互动进行自我认识、自我反思、自我探索。	（1）小组展示（30 min）； （2）20 个"我是谁"（25 min）； （3）在动植物中找自己（10 min）； （4）乔哈里视窗（20 min）； （5）课后作业：思考职业方向（5 min）。	印有乔哈里视窗的A4 纸、纸、笔、多媒体设备
转换阶段	寻找职业方向	自我探索不足，职业兴趣与职业方向不明确。	（1）深入了解自己，寻找职业方向。 （2）加强自我探索，激发职业兴趣，定位职业方向。 （3）完成职业测试，初步确定自己的职业方向。	（1）看见自己（15 min）； （2）未来职业画像（20 min）； （3）生涯度假计划（30 min）； （4）霍兰德职业测试（20 min）； （5）课后作业：了解职业趋势（5 min）。	纸、笔、多媒体设备、霍兰德职业测试表
工作阶段	探寻就业形势	大家对就业趋势不太了解，主要热衷于升学考研。	（1）了解自己的就业趋势。 （2）增加求职信息渠道，提高信息获取能力。 （3）了解职业用人需求，增强生涯准备能力。 （4）探寻自己与目标岗位的差距，弥补能力的不足。	（1）开火车（20 min）； （2）头脑风暴（10 min）； （3）我是就业分析师（30 min）； （4）职业能力鱼骨图（25 min）； （5）课后作业：制作求职简历（5 min）。	纸、笔、多媒体设备
工作阶段	简历大公开	团员制作简历能力水平低。	（1）提高注意力，加深相互了解。 （2）团队成员进行积极的自我展示，活跃团体气氛。 （3）学会制作优秀简历，了解简历制作时应该遵循哪些规则。 （4）寻找简历漏洞解决办法，优化简历内容。	（1）雨点变奏曲（15 min）； （2）棒打薄情郎（15 min）； （3）谁真谁假（25 min）； （4）简历漏洞对对碰（30 min）； （5）课后作业：准备求职面试（5 min）。	纸、笔、多媒体设备、报纸、敲打的工具
工作阶段	我的求职面试	求职面试信心不足	（1）感受团队力量，活跃团体气氛。 （2）团队成员做自我介绍，学习自我介绍的技巧，提高表达能力。 （3）模拟求职面试，正确认识自己的优劣势，提高语言沟通能力。	（1）欢迎歌（20 min）； （2）大环套小环（20 min）； （3）进化论（10 min）； （4）模拟招聘现场求职（35 min）； （5）课后作业：撰写职业规划（5 min）。	纸、笔、多媒体设备

续表

辅导单元	单元主题	针对问题	单元目标	单元方案：活动与作业	
工作阶段	职业价值观	偏离正确的职业价值观，团队奉献精神不高。	（1）提升团队精神，学会使用团队的智慧解决难题。 （2）提高奉献精神和团队凝聚力。 （3）全体成员树立正确的价值观。 （4）明确职业生涯目标，制作职业生涯规划。	（1）同舟共济（15 min）； （2）心有千千结（15 min）； （3）价值观拍卖（25 min）； （4）我的生命线（30 min）； （5）课后作业：思考未来职业生涯中会遇到的困难（5 min）。	废报纸、胶带、白纸、笔、多媒体设备
结束阶段	未来共展望	团体分离焦虑，解决问题能力水平低。	（1）发现自己的优点，重拾信心，正确认识自己。 （2）感恩过去，巩固友谊，计划未来。 （3）以仪式感的方式进行告别。	（1）穿越时空隧道（25 min）； （2）夸夸群（20 min）； （3）绳结寄语（10 min）； （4）丢毛绒球（20 min）； （5）约定计划（15 min）。	红色毛绒球、纸、笔、多媒体设备

13.5.6　方案详解

1）单元一：欢迎新同伴

活动名称1	领导者自我介绍
活动目标1	领导者进行自我介绍，说明团体心理辅导规则、性质，活跃团体气氛。
活动流程1	领导者以热情状态对全体成员表示欢迎，并对本次团体相关情况进行简单介绍，澄清成员期待，明确活动次数和时间等。
活动名称2	伊比丫丫
活动目标2	学生能够把身体打开，自然地与伙伴互动，建立与活动场的联系。
活动流程2	①老师首先教成员们唱《伊比丫丫》这首歌。 ②放音乐让成员们熟悉音乐节奏，熟悉歌曲。 ③跟随音乐节奏进行活动（按压肩膀、推推前面成员、拍拍自己手臂等）。
活动名称3	大风吹
活动目标3	进一步增强团体互动，消除成员之间的陌生感，活跃团体气氛。

活动流程 3	全体围坐成圈，主持人开始说："大风吹!"大家问："吹什么?"主持人会说某一种特征（吹现在有坚定职业目标的人、现在为就业做准备的人、吹三次从未移动过的人），有该特征的人，则要移动另换位置；主持人抢到位置，使得一人没有位置成为新主持人再吹。
活动名称 4	"滚雪球"式的自我介绍
活动目标 4	对成员进行分组，促进成员相互认识，初步建立团队，增强个人归属感。
活动流程 4	①全体成员以 123456654321 的顺序进行报数，报数相同的成员为一组，将成员分成6 组。 ②在小组内按顺时针方向，从某个成员开始用一句话介绍自己。要求：这句话必须包括爱好、品质、喜欢的职业、欣赏的人和昵称这 5 个信息。 ③从第二个人开始，每个人介绍自己时必须从上一个人讲起，直到最后一个人都必须从第一个人讲起。 ④当所有人介绍完之后，可以用随机抽问的方式进行考察，对没有回答上来的成员设置相应的惩罚，比如唱歌、跳舞或者进行其他方面的才艺展示。
活动名称 5	我们的承诺
活动目标 5	建立安全、友善、信任的团体气氛；制定团体规范，约束自我。
活动流程 5	①领导者说明订立团体规范的原因。 ②团体成员共同讨论和制定团体规范: a.注意集中(我承诺将注意力集中在课堂上!);b.暂停评价（我承诺对别人的观点暂停评价!）;c.坦诚开放（我承诺对所有的成员坦诚开放!）;d.保密守时（我承诺做到保守秘密、严格守时!）;e.积极倾听（我承诺表现最高品质积极倾听!）。 ③写在白纸上，形成《团体契约书》。 ④成员宣誓承诺，并签名，以示自己愿意遵守这些团体规范注意事项。
课后作业	每一个组员要复习本组所有成员的信息，并且以小组为单位，每一组要设计自己的组名、口号和团队展示，展示形式不限，在下一次活动中用 3 分钟进行表演。

2）单元二：了解我自己

活动名称 1	小组展示
活动目标 1	提高成员之间的合作意识，增强成员的参与感与荣誉感，提高团队凝聚力。
活动流程 1	每组选择一位成员抽签，按照抽签的顺序进行 3 分钟的团队展示。
活动名称 2	20 个 "我是谁"
活动目标 2	促进成员进一步了解自我，建立正确的自我观念。

续表

活动流程2	①领导者可以先找出一个成员示范，连续让他回答"我是谁？"当他说出一些众所周知的特征时，如"我是男人"，领导者告诉大家，这种回答不反映个人特征，尽量选择一些能反映个人风格的语句。 ②然后领导者让大家开始边思考边回答"我是谁"这个问题，至少写出20个回答。 ③当领导者看到小组内所有人都写完时，请团体成员在小组（5～6人）内交流。 ④任何人都抱着理解他人的心态，去认识团体中每一个独特的人，最后领导者请每个小组代表发言，交流活动感受。
活动名称3	在动植物中找自己
活动目标3	使成员能够开始试着从外部向内部探索自我，思考自我。
活动流程3	①领导者取出事先准备好的动植物名称的卡片（每张卡片写一个动物或植物名称，根据班级学生数量准备卡片）。 ②学生在音乐的伴奏下随机抽取卡片，根据自己抽取的动物或植物特点，再结合自己的情况，说出自己的特点。 ③在向成员介绍自己的特点时，结合自己手中所抽取动物或植物的特点进行描述，描述时可以这样进行："我是……我的特点是……"
活动名称4	乔哈里视窗
活动目标4	进一步通过自我和他人进行自我认识、自我反思、自我探索。
活动流程4	①大家围坐成一个大圈，每个人发一张A4纸，纸上有如下乔哈里视窗。 表格内容见下 ②领导者要求成员填写姓名在相应位置，介绍并解释乔哈里视窗，要求在相应的区域写下自己眼中的自己。 ③在领导者说"停止"时，将自己的乔哈里视窗纸依次向自己左手边传递给其他成员，接到他人的乔哈里视窗纸时，迅速对姓名作出反应，用第一反应写下对其他成员的评价和看法的关键词，是否署名依据自愿原则。 ④领导者计时并发出指令，大约20秒进行一次传递，直到自己的纸回到自己的手里。
课后作业	根据自己和他人对自我的认识，思考职业方向。

乔哈里视窗表格：

姓名：	自己知道	自己不知道
他人知道	A. 开放区（公众我）	B. 盲目区（背脊我）
他人不知道	C. 隐藏区（隐私我）	D. 未知区（潜在我）

3）单元三：寻找职业方向

活动名称 1	看见自己
活动目标 1	使成员深入了解自己、感受本我，提高自我意识，寻找职业方向。
活动流程 1	①讲解冥想动作：邀请所有成员围成圆圈，老师也坐在圆上，老师播放一些比较舒缓和放松的音乐；让所有人盘坐，挺直背部，放松肩膀手臂，闭上眼睛，寻找自己最舒服的姿势。 ②进入冥想：请成员们闭上眼睛，带领成员进行几次深度呼吸，再回到自然呼吸；想象有一双仁慈温暖的眼睛注视着自己，自上而下从额头到脸部、脖子、肩膀、胸前、手臂到背部、腰部、腿部进行身体扫描，再想象这双眼睛从外到内的关心，看到自己的心，想象自己心的颜色，看看心中的自己应该是怎样的职业模样，并且记住这些信息。 ③回到现实：提示即将回到现实，进行几次深呼吸，倒数 10 个数，每倒数一个数字，给予一条积极暗示，记住刚才所提及的信息，数完时，睁开眼睛，将双手从侧面和前面抬起各两次，结束冥想，放松双腿。并且将刚刚记住的信息用笔和纸写下来，可以以此为参考，寻找自己的职业方向。
活动名称 2	未来职业画像
活动目标 2	探寻自己曾经做过的关于事业发展的憧憬，为以后的职业做好准备。
活动流程 2	发给每个人一张纸，让大家依据冥想的内容，画出自己对现阶段就业的看法、自己曾经有过的职业梦想、自己以后的就业方向。然后，领导者现场举行一个随意座谈会，让大家随意谈谈自己的职业观、理想职业，以及对自我的认识。
活动名称 3	生涯度假计划
活动目标 3	促进成员在职业倾向的自我探索，定位职业方向。
活动流程 3	①成员分成每五个人一组。 ②领导者向大家介绍活动如下：假设你有七天假期，打算前往马尔代夫附近的一个新开发的岛屿群度假。旅行社的经理说："这是我们和当地的旅游业合作开发的新路线，一共有六个不同风情的岛屿，各有特色： 第一个岛代号是 A，特色是岛上充满了小型美术馆与音乐馆，当地原住居民保留了传统的舞蹈、音乐与绘画，许多文艺界的朋友都喜欢来这里找寻灵感。 第二个岛代号是 S，岛上发展出一套别具特色的教育方式，社区自成一个服务网络，互助合作。岛上居民个性温和，十分友善，且乐于助人。 第三个岛代号是 E，特色是岛民豪爽热情，善于岛际贸易，到处是高级旅馆、乡村俱乐部、高尔夫球场、熙熙攘攘，十分热闹。来往者以企业家、政治家、律师居多。 第四个岛代号是 C，十分现代化，已有先进的都市形态，以完善的户政管理、地政管理、金融管理见长，岛民个性冷静保守，处事有条不紊。 第五个岛代号是 R，特色是岛上保留有热带的原始植物林，其中有相当规模的动物园、植物园、水族馆，岛上居民热衷于打造器物，制造器械。

续表

活动流程 3	第六个岛代号是 I，本岛与其他岛屿距离较远，偏处一隅。由于地理位置关系，容易夜观星象，也有助于思考。整座岛屿布满天文馆、科博馆，以及与科学有关的图书馆。岛上居民喜好沉思，很喜欢与来自各地的哲学家、科学家、心理学家等交换心得。 ③领导者提问团队成员：了解六座岛屿的性质后，你觉得在哪些岛上度假最舒适？扣除来回飞行共一天，你可以选择在三个岛上各停留几天？ ④以小组讨论的方式开展活动，并填写表格空白处与小组成员进行分享。 表格如下： ⑤小组讨论结束后，引导成员发言，大家倾听他人的想法和观点，意识到每个人都各有所长和各有所爱。

我最想去的是：	岛	天
其次是：	岛	天
最后是：	岛	天

活动名称 4	霍兰德职业测试
活动目标 4	完成职业测试，了解自己适合的职业。
活动流程 4	①完成霍兰德职业测试。 ②成员需要根据兴趣测试结果来进行自我分析，将理想职业和自己适合的职业相联系，初步确定自己的职业方向。
课后作业	根据自己初步确定的职业方向，了解该职业的就业趋势。

4）单元四：探寻就业形势

活动名称 1	开火车
活动目标 1	活跃气氛，增加成员参与热情，提高成员的亲密感和注意力。
活动流程 1	①领导者向成员介绍活动规则和方法。 ②组内围成圈，第一人说"开呀开呀开火车，×××的火车就要开"。×××地方代表自己的户籍地址。 ③大家一起问："往哪开？"第一个人就说第二个人的地方，例如"往北京开"。 ④依次进行，如果对方稍有迟疑，没有反应过来就算输掉活动，输了的成员进行表演。
活动名称 2	头脑风暴
活动目标 2	了解就业形势和影响因素，最终确定职业方向，增强生涯准备能力。
活动流程 2	大家在白纸上写上目前的就业形势和影响目前就业形势的因素如政府政策、学校就业指导方针、地方人才引进措施、经济发展要求、家庭影响等；结合自己的性格特点与就业形势最终确定自己的职业方向，并寻找该职业的能力需求。
活动名称 3	我是就业分析师

活动目标 3	探讨职业方向和自己目标职业的能力需求，增强信息获取能力。
活动流程 3	①成员随机分成两组，扮演就业分析师，向本组成员讲解自己的职业方向及相应的职业能力需求，包括个性特质、通用职业能力需求与专业技能需求，以及这个方向发展的现状和前景，其他成员应认真倾听并给予适当的反馈。 ②讲解结束后，两个小组重新合为一组，团体成员间分享如何收集感兴趣的职位招聘信息，了解它的用人要求，以及帮助就业还需要收集哪些信息，如何收集，并做记录。 ③每两个小组派一名代表上台发言分享小组讨论结果。
活动流程 4	职业能力鱼骨图
活动目的 4	了解自己与职业所需能力的差距，寻找提高能力的办法。
活动流程 4	①根据自己的实际情况，思考自己的理想职业是什么？理想职业对应的专业有哪些？理想职业所需的知识与能力有哪些？ ②结合自身的实力与职业所需的能力要求做比较，先画一条横线，选择这条线其中一个点，在这一点标上"<"符号。 ③上面写工作岗位所需要的实力，下面写自己目前还需要做哪些努力。 ④完成鱼骨图之后，小组成员讨论分享，其中一人分享时，其他成员仔细倾听，并且回应"你会做到的"或者"你可以的"。
课后作业	初步制作个人简历。

5）单元五：简历大公开

活动名称 1	雨点变奏曲
活动目标 1	活跃课堂气氛，提高大家的注意力，增加活动乐趣。
活动流程 1	①领导者介绍规则，刮风是手掌互拍，小雨是拍大腿，中雨是拍肚子，大雨是拍手，狂风暴雨是边跺脚边拍手再摇晃身体。 ②领导者随机说出不同信号，成员做出相应动作。 ③难度升级，所有人在场内走动，刮风时要与最近的成员互拍肩膀，大雨时与最近成员拍手，狂风暴雨时与成员击掌并摇晃身体。 ④每一轮活动结束后，领导者进行统计，看哪一个小组所有成员都没有错误，给予掌声奖励。
活动名称 2	棒打薄情郎
活动目标 2	增进团体凝聚力；增加团体成员的互动，加深成员之间的友谊。

续表

活动流程2	①用旧报纸卷成一根纸棒。 ②全员围圈而站，默默回忆其他成员的五个信息。选一个执棒者站在圈中央。 ③执棒者随意抽问某个成员关于组内某成员的一个信息，如果对方不能立即回答，则会受当肩一棒，然后由他执棒去考查别人。
活动名称3	谁真谁假
活动目标3	提前抓住简历亮点，寻找优秀简历信息，清晰简历制作规则。
活动流程3	①每人准备三句介绍自己的话语，两真一假。小组成员通过之前的了解，猜测哪个是假的。 ②每位成员猜测后让成员分享自己设计的个人简历，同时每一位小组成员根据简历做出评价，并为最好的简历投票，说明理由。 ③最后全体成员讨论填写简历应该遵守哪些原则。
活动名称4	简历漏洞对对碰
活动目标4	成员了解面试时简历会出现的问题，以此规避简历制作出现的错误。
活动流程4	①团体分为四个小组，每个小组内部讨论出一个简历制作时会出现的错误，并给出解决方案。 ②然后四个小组相互交换改正方案，再次组内讨论，提出不同于原始组的解决问题方案。 ③最后大家一起分享讨论多个方案带来的启示与收获。
课后作业	修改简历，并准备求职面试。

6）单元六　我的求职面试

活动名称1	欢迎歌
活动目标1	活跃团体气氛，提高团队凝聚力，使团体成员迅速融入集体。
活动流程1	①成员两人一组手牵手，排成两列，跟随老师不断变换队形在教室内走动。 ②两列分开，左边的成员模仿最喜欢的职业形象分别与对面的每位成员握手打招呼。 ③打完招呼后，所有成员手拉手围成一个圆圈，要求每位成员抓紧两边成员的手不能放开，然后钻洞打结，直到所有成员都无法移动。 ④让成员们在拥挤的状态下感受20秒钟，再慢慢解开这个结。
活动名称2	大环套小环
活动目标2	让成员了解面试求职时做自我介绍的技巧，提高语言表达能力。

活动流程 2	①全体成员围成一个外圈和内圈，两两对立相站，内圈成员向外圈成员做面试时的自我介绍，时间为 3 分钟。 ②3 分钟后领导者会发出敲打声，然后外圈成员再向内圈成员进行介绍，一轮介绍后，内圈成员顺时针方向移动一个位置继续向外圈成员介绍，再次重复上述步骤。最后外圈成员分享印象最深刻的那个人。
活动名称 3	进化论
活动目标 3	加强团队建设；选出面试者与面试官，为下一轮活动做准备。
活动流程 3	①所有人按主持人指示蹲下，扮演菜鸟，相互找同伴猜拳，获胜者进化为普通人，可以半蹲，并做小动作。 ②然后普通人与普通人猜拳，获胜者进化为高手，输者退化为菜鸟，菜鸟和菜鸟猜拳，获胜者才能再进化为普通人。 ③高手可以站立，高手与高手猜拳，胜者进化为智者，智者可以做大动作。 ④先成为智者的 5 人作为面试官，其余人则扮演面试者进入下一轮活动。
活动名称 4	模拟招聘现场求职
活动目标 4	模拟求职者与 HR（人力资源管理）招聘会现场，增加成员对面试的了解，提高沟通能力。
活动流程 4	①领导者提前拟定招聘启事，启事内容根据成员的专业和求职目标拟定。 ②团体成员随机分为两组，上一轮活动获胜的智者与领导者一同担任 HR 角色，其余成员模拟求职者选择适合自己的职位，带上简历，来到模拟现场进行求职。 ③求职过程中，领导者负责提问，其他担任 HR 的成员负责打分并记录求职者的优缺点，给予每个模拟面试者反馈。面谈时间控制在 5 分钟，反馈时间不超过 3 分钟。
课后作业	回顾自己以前的梦想，制作职业规划。

7）单元七：职业价值观

活动名称 1	同舟共济
活动目标 1	增强集体荣誉感，提高奉献精神，使团队更加团结友爱。
活动流程 1	①以一张报纸为船，想象大家在一片汪洋上。 ②小组每个成员都必须上船，身体的任何部位不能触碰地面，集体站立十秒算成功。 ③不断减少报纸面积（1/2 张、1/4 张），继续挑战，此时告诉大家：风雨更加强烈，为了大家都在船上，可以选择放弃一个伙伴。 ④结束后分享各自的感受心得。
活动名称 2	心有千千结
活动目标 2	增强团体成员的体验感，提高大家的团队精神和凝聚力。

续表

活动流程2	①每个小组围成圈站好，大家手拉着手，记住左边和右边的人。 ②然后把手松开，随意在圈内变化位置，当主持人说"停"，大家站在当前位置不动。 ③用左手去拉原先左边的人的右手，右手拉原先右边人的左手。 ④所有人都拉好之后听主持人发令"开始"，便开始解开现在的结；不可以松手，可以采用钻、拉、跨等方式。 ⑤结束后询问大家的感受进行总结，并将话题转移到职业观的矛盾上。
活动名称3	价值观拍卖
活动目标3	使大家树立正确的职业观和价值观，提高活动乐趣，树立竞争意识。
活动流程3	①助手分发职业价值观预购物资。 ②规则：假设每个人有1200元，每项职业价值观底价400元，每次加价不得低于100元，最后成员们进行竞拍。

工作价值项目	顺位	预估价	成交价	得标人
a. 为大众福利尽一份力				
b. 追求美感与艺术氛围				
c. 寻求创意，发展新事物				
d. 独立思考，分析事理				
e. 有成就感				
f. 独立自主，依己意行事				
g. 受他人推崇并尊敬				
h. 发挥督导或管理他人的能力				
i. 有丰厚收入				
j. 生活安定有保障				
k. 良好舒适的工作环境				
l. 与主管平等且融洽地相处				
m. 与志同道合的伙伴一起工作				
n. 能选择自己喜爱的生活方式				
o. 工作富有变化不单调				

活动名称4	我的生命线
活动目标4	寻找曾经的梦想，坚定自己的职业选择，制作职业生涯规划。

活动流程4	①领导者带领成员了解"生命线"是什么。 ②听着音乐，深呼吸、放松、再呼吸、再放松：让自己沉静下来，安静、独自、真实地面对自己的内心。 ③画线：把纸横向放好，在白纸的顶端中部写上"××的生命线"，从左至右画一条长长的横线。 ④然后给这条线加上个箭头，让它成为一条有方向的线。 ⑤在原点处标上0，在箭头处标上自己预计的岁数。 ⑥抚摸这条线的起点和终点，标注过去经历的重要事件。第一步：请根据你规划的生命长度，找到你目前所在的那个点，标出来，这个点的左边，代表着过去的岁月，右边代表着你的未来。第二步：把过去的梦想和与此相关的重大影响事件标出来，先在线上找出是哪一个点（几岁），再确定是该点的上方还是下方的位置标注（上方代表成长，下方代表着后退，梦想直接标注）。过去的部分完成后，你看一看，数一数，在影响梦想的重大事件中，位于横线之上的部分多，还是位于横线之下的部分多？上升和下落的幅度怎样？ ⑦规划未来：根据过去的经历和梦想，写出自己未来的职业规划和生涯目标。 ⑧职业规划写完后，小组讨论分享并提出具体的改进意见。
课后作业	写出详细的职业规划。

8）单元八：未来共展望

活动名称1	穿越时空隧道
活动目标1	回顾自己的过去，树立正确的归因方式，克服职业生涯遇到的困难。
活动流程1	①成员在纸上画一条时间轴，在这个时间轴上，标注出自己的三个要素：第一，给自己快乐或者信心的事件；第二，打击自己信心或者让自己难过的事件；第三，感到困难的事件。 ②首先小组内进行分享和讨论，讨论要点第一是什么让我可以感到快乐或有信心；第二是什么让我难过或没有信心；第三是我为什么会出现畏难情绪。小组派代表进行总结发言。 ③领导者就成员的归因风格进行分析，并介绍归因相关理论，帮助、鼓励成员树立积极的归因风格。 ④接下来，成员在纸的背面再画一条时间轴，表示从今天开始的下一个月，在这个时间轴上画出这个月自己的计划，写下对自己积极归因的要求。
活动名称2	夸夸群
活动目标2	增强对未来的信心，克服畏难情绪，发现自己独一无二的优点。
活动流程2	①领导者指定一个人，这个人说出自己和其他成员的优点。 ②第一个人说完后，下一位成员继续夸赞自己和他人的优点，直到每一位小组成员发言完毕。

续表

活动名称 3	绳结寄语
活动目标 3	回忆过去，感恩过去，获得能量，巩固友谊。
活动流程 3	①播放音乐，简单冥想导入，回忆这几天的团体心理辅导经历，并回忆这些天帮助自己的人，以及小组成员一起快乐的时刻。 ②每人拥有一根手链，每组会有许多根小绳，每位成员都可以给他人的手链系上绳结，并对他说一句祝福语。
活动名称 4	丢毛绒球
活动目标 4	成员之间相互分享，感受收获，以仪式感的环节结束团体心理辅导。
活动流程 4	①所有成员围坐一圈，领导者准备一个红色毛线球。 ②领导者抓着毛线球的一头将毛线球投向任何一个人，接到的人讲出这几天的收获和感受，随后将其扔给下一个人，下一个人同样谈感受和收获，直到所有人手中都牵着毛线球。 ③最后毛线球呈现出一个红色的网络，让成员意识到大家是一个密不可分的集体。 ④领导者总结：让每个人带着所有人的祝福去努力实现自己的生涯目标。
活动名称 5	约定计划
活动目标 5	为未来的活动做计划，巩固友谊，增强团队凝聚力。
活动流程 5	①成员们各得到一张白纸，在白纸上写下自己的职业规划与期望，小组内进行分享，并给予建议。 ②带着自己的期望共同合影留念，以口号结束团体心理辅导。 ③商议团体心理辅导结束后举行聚会的时间、地点、活动，以此联络大家的感情。

13.6 效果评估与评价

13.6.1 成员评估

1）问卷调查

再次对班级成员进行《大学生职业价值观量表》调查，与前期结果进行对比。

2）个人评价

学员填写《团体满意度自我评量表》。

3）个案访谈

对问卷调查结果提升非常显著和分数不理想的成员再次访谈，从提升显著的成员那里获得成功经验，从分数不理想的成员那里询问具体问题，看看是否是活动设计或操作的缺陷，如是成员个人问题，建议进行个体咨询处理。

13.6.2 领导者评估

1）领导者自评

领导者填写《团体领导者个人评核量表》，总结和分析此次团体心理辅导过程中的优缺点。

2）观察员评估

观察员通过对领导者带领团体心理辅导的过程的观察，对领导者进行全方位的评估，主要目的是给领导者提供第三者视角的观察所得，供领导者思考与改进。

3）督导评估

领导者提供方案、操作视频、评估结果等与督导进行探讨，对团体心理辅导效果进行评估。

13.6.3 整体评价

（1）本篇团体心理辅导方案——职业心理与面试求职是符合学生需要的。对学生进行一系列的主题调查，问卷调查和访谈调查之后，确保该主题是学生所需要的，能够有效解决学生现实中的求职问题。

（2）本篇团体心理辅导方案的目标是针对调查出来的问题解决的，每个阶段目标也是围绕总目标的达成开展的。

（3）本篇团体心理辅导方案的设计依据是十分充分的。调查与访谈为团体心理辅导方案设计提出求职问题，理论指导与启示为团体心理辅导方案设计提供解决问题的思路，文献借鉴与参考有利于求职方案中具体问题的解决，并且在文献借鉴的基础上进行修改和完善。

（4）本篇团体心理辅导方案的设计结构是具有顺序性和逻辑性的。职业心理与面试求职方案通过初期阶段、转换阶段、工作阶段、结束阶段四个阶段，从"认识自己"到"求职面试"再到"职业规划"，逻辑清晰，方案层层递进，对前期调查出的问题一一解决。

（5）本篇团体心理辅导方案的设计内容上具有创新性。紧跟时代潮流趋势"大学生就业难的问题"，创新性地解决求职中的"职业选择问题""简历漏洞问题""求职面试问题""职业规划问题"，并且根据该班学生的特征不断创新，可操作性强，具有实践意义。

彭永新，龙立荣，2021. 大学生职业决策自我效能测评的研究 [J]. 应用心理学（2）：38–43.

邢秀茶，曹雪梅，2023. 大学生人际交往团体心理辅导的实效研究 [J]. 心理科学（6）：1142–1143.

王玮，李春晖，王欣，2006. 团体心理辅导对大三学生职业生涯决策的影响研究 [J]. 中国临床心理学杂志（6）：649–651.

李斌，王欣，2006. 职业生涯团体心理辅导对女大学生职业决策自我效能的影响 [J]. 中国心理卫生杂志（11）：765–767.

王力，柳恒超，李中权，等，2007. 情绪调节量表的信度和效度研究 [J]. 中国行为医学科学，16（9）：3.

刘伟，吕晶，谢刚，等，2007. 应用团体综合干预疗法提高研究生对挫折的耐受能力 [J]. 中国组织工程研究与临床康复（17）：3451–3453，3456.

毕重增，黄希庭，2009. 青年学生自信问卷的编制 [J]. 心理学报，41（5）：444–453.

赵富才，周君倩，2009. 大学生情绪管理团体辅导活动的设计与实施 [J]. 中国健康心理学杂志，17（11）：1391–1392.

王稳建，陈理，陈愉炯，2009. 团体心理辅导对新生班级凝聚力和环境适应作用的实验研究 [J]. 广西教育（12）：64–65，71.

汤冬玲，董妍，俞国良，等，2010. 情绪调节自我效能感：一个新的研究主题 [J]. 心理科学进展，18（4）：598–604.

胡朝兵，毛兴永，张兴瑜，2010. 大学新生心理需求调查与对策探讨 [J]. 当代教育科学（23）：47–50.

杨婉秋，张河川，2010. 对 45 名大学生恋爱心理问题的团体心理辅导 [J]. 中国心理卫生杂志，24（4）：300–303.

熊娇，杜云飞，杜华，2012. 大学班级凝聚力问卷编制 [J]. 重庆理工大学学报（社会科学），26（8）：101–105.

熊婕，周宗奎，陈武，等，2012.大学生手机成瘾倾向量表的编制 [J].中国心理卫生杂志（3）：222-225.

李娇，苏曼，孙璐，2013.大学生恋爱关系困扰的干预及效果 [J].中国健康心理学杂志，21（4）：599-602.

张晓旭，朱海雪，2014.正念认知疗法对手机依赖大学生的干预效果 [J].心理与行为研究，12（3）：391-394.

方鸿志，范会勇，李红霞，等，2015.大学生抗挫折能力问卷的编制与检验 [J].中国健康心理学杂志，23（7）：1031-1035.

郑文，丁新华，2015.团体辅导对改善大学生学业拖延的效果研究 [J].心理研究，8（5）：78-82.

邓征星，王丹，邓磊，2016.大学生手机依赖认知行为团体干预研究 [J].当代教育理论与实践，8（11）：145-147.

和娟，杨玲枝，俞世伟，2016.团体辅导对大学生极端心理危机事件的影响 [J].中国健康心理学杂志，24（2）：271-274.

张璐，2018.团体心理辅导在大学生职业生涯规划中的应用 [J].课程教育研究（28）：179-180.

张亚利，李森，俞国良，2020.简版一般拖延量表在中国大学生群体中的信效度检验 [J].中国临床心理学杂志，28（3）：483-486.

杨钰立，王均莉，张苑筑，2020.焦点解决取向团体辅导对大学生学业拖延的改善 [J].江苏教育（80）：29-32.

安宏玉，王少强，2021.基于生命教育的团体心理辅导对大学生心理危机的干预研究 [J].山西青年职业学院学报，34（1）：22-24.

孙天鹏，2021.高职院校大学生拖延现状及干预研究 [J].重庆：重庆师范大学.

樊富珉，1996.团体咨询的理论与实践 [M].北京：清华大学出版社.

郑日昌，1999.大学生心理诊断 [M].济南：山东教育出版社.

傅安球，2006.心理咨询师培训教程 [M].上海：华东师范大学出版社.

胡朝兵，张兴瑜，2013.班级团体心理辅导的设计与操作 [M].重庆：西南师范大学出版社.

胡朝兵，张大均，2014.团队合作学习的研究与实践 [M].北京：科学出版社.

徐西森，2003.团体动力与团体辅导 [M].广州：世界图书出版社.